双 一 流 学 科 建 设 系 列 教 材

行政法案例研习

（第一辑）

罗智敏 主编

中国政法大学出版社

2020·北京

图书在版编目（ＣＩＰ）数据

行政法案例研习. 第一辑/罗智敏主编.—北京:中国政法大学出版社,2020.2（2020.11重印）
ISBN 978-7-5620-9284-1

Ⅰ.①行… Ⅱ.①罗… Ⅲ.①行政法－案例－中国 Ⅳ.①D922.105

中国版本图书馆CIP数据核字(2019)第252066号

书　名	行政法案例研习·第一辑 XINGZHENGFA ANLI YANXI DIYIJI
出版者	中国政法大学出版社
地　址	北京市海淀区西土城路 25 号
邮　箱	fadapress@163.com
网　址	http://www.cuplpress.com (网络实名：中国政法大学出版社)
电　话	010-58908466(第七编辑部) 010-58908334(邮购部)
承　印	保定市中画美凯印刷有限公司
开　本	720mm×960mm　1/16
印　张	19
字　数	315 千字
版　次	2020 年 2 月第 1 版
印　次	2020 年 11 月第 2 次印刷
定　价	75.00 元

编写说明

因学科内容繁杂、概念抽象和教学课时限制，行政法成为中外法学院公认的难学难教课程。针对行政法教学问题，我国行政法学者进行了有益的尝试，其中一项是开展案例教学。通过案例教学，行政法原理、规范和实践被有机地结合起来，学生在了解行政实践和司法实务的同时，更加注重法律规范的引用、解释和应用，提升论证说理能力。

中国政法大学法学院行政法研究所长期致力于行政法教学方法的改良，近些年每年召开"法治人才培养与行政法教学方法"相关主题的研讨会，与会专家的发言也引发了编者对行政法教学方法，特别是案例教学的反思。当前出版市场上也有许多行政法案例分析和评述的著作，这些书籍对本科生及研究生行政法案例教学起到了基础性的作用，但仍然有着进一步提升的空间：首先，许多行政法案例教程在案件分析上简单地截取案件基本事实和核心论证，没有完整地展示法院裁判的论证过程，学生缺乏代入感，对行政法学理的理解也就无法深入；其次，有些教程的作者在评述案件时并没有对相关理论问题展开论述和比较；最后，作为与社会现实关系紧密的部门法，行政法必须时刻做好解决社会争端的准备，社会的迅速发展和法律法规的更新都要求我们行政法案例教学与时俱进，而目前一些案例分析教材所选取的个别案件已经较为陈旧。中国政法大学法学院行政法研究所承担着行政法教学科研的基本任务，鉴于案例教学的需要，研究所组织全所老师撰写了全新的案例分析教程，经过充分讨论之后，选取了16个典型案例。

关于本书的写作，有以下几点需要予以说明：

（1）案例来源。本书择取的案例主要是来自于最高人民法院公布的指导性案例、最高人民法院公报案例以及最高人民法院行政审判庭编写的《中国行政审判指导案例》（第1卷）、《中国行政审判案例》（第2卷、第3卷、第4卷）等和各大法律数据库中的生效裁判。这样能够保证读者自己寻找案例、分析案情和裁判理由。

（2）分析体例。本书创新地采用全景式方法展现案件的事实、裁判和理论要点。每个案例的分析包括以下七个部分：案例名称、关键词、案情、裁判要旨、裁判理由与论证、涉及的重要理论问题、后续影响。在案件事实的陈述上，要求各位撰稿人采用法院查明的事实，避免过长论述。在裁判理由与论证部分则要求作者们完整展示法院裁判的论证过程，方便学生理解；对裁判关键论述的引用做到使用双引号，保证分析的严谨性。在重要理论问题的论述上，要从理论渊源、裁判背景和关联裁判上论述，有着充分的理论深度。每个案例分析保证在15 000字左右。

（3）适用对象。本书既适合作为本科生及研究生的教学和研究参考书目，也适合司法实践部门及社会各界参考适用。

本书的编写分工如下（按照作者姓氏拼音顺序排列）：

卞修全　"北雁云依"诉济南市公安局历下区分局燕山派出所行政登记案

　　　　陆良县人民检察院诉陆良县住房和城乡建设局不履行法定职责案

马　允　华源医药股份有限公司诉国家工商总局商标局等商标行政纠纷案

　　　　黄泽富、何伯琼、何熠诉四川省成都市金堂工商行政管理局行政处罚案

蔡乐渭　方林富炒货店诉西湖区市场监督管理局广告行政处罚案

　　　　何亮琪诉南京市鼓楼区人民政府房屋拆迁行政强制案

成协中　沈希贤等诉北京市规划委员会建设工程规划许可案

　　　　于艳茹诉北京大学撤销博士学位案

罗智敏　沙明保等诉马鞍山市花山区人民政府房屋强制拆除行政赔偿案

王成栋　个旧市检察机关诉个旧市国土资源局不履行法定职责案

解恒顺诉孟州市人民政府申请公开政府信息案

张冬阳　尹荷玲诉台州市国土资源局淑江分局土地行政批准案

陈超诉济南市城市公共客运管理服务中心客运管理行政处罚案

张　力　龙门县南昆山中科电站诉广东省林业厅撤销行政许可案

赵　宏　罗镕荣诉吉安市物价局物价行政处理案

刘广明与张家港市人民政府再审行政裁定案

　　感谢各位作者耐心细致的工作，感谢行政法专业 2016 级研究生于玮宁同学对本书文字及脚注的处理，特别感谢中国政法大学出版社张琮军先生的大力支持和辛苦付出。

　　行政法案例教材多种多样，本书在写作分析上做了些许尝试和创新，编者也准备继续其他案例丛书的编写。限于编写者的水平和视野，可能存在未能认识到的问题，欢迎各方面的专家、老师、同学和其他读者提出批评和建议。

编者

2019 年 8 月 31 日

目 录

◆ 行 政 法 ◆

◆ 行政诉讼法 ◆

行政法

一、行政行为

案例一　龙门县南昆山中科电站诉广东省林业厅撤销行政许可案

张　力*

【案例名称】

龙门县南昆山中科电站诉广东省林业厅撤销行政许可案［最高人民法院（2016）最高法行再 104 号行政判决］

【关键词】

撤销行政许可　信赖利益保护　行政合法性　司法审查标准　裁量权

【基本案情】

广东省广州市中级人民法院一审查明的事实如下：2007 年 11 月 10 日，南昆山中科电站（以下简称中科电站）向广东省林业局（现广东省林业厅）提出使用林地申请。广东省林业局经审查，于 2008 年 2 月 29 日向中科电站作出粤林地许准（2008）163 号《使用林地审核同意书》，同意水电站使用龙门县南昆山生态旅游区管理委员会的林地 3.87 公顷，并要求原告要按照有关规定办理建设用地审批手续，依法缴纳有关占用征用林地的补偿费用，建设用地批准后，需要采伐林木的，要依法办理林木采伐许可手续。2013 年 3 月 29

＊ 作者简介：张力，中国政法大学法学院行政法研究所副教授，硕士生导师。

日，有群众向被告反映，2006 年惠州市龙门县南昆山管委会和中科电站非法占用林地、盗伐林木事项。被告经过审查，于 2014 年 4 月 23 日对原告作出粤林审撤字（2014）1 号撤销行政许可决定书，其内容为：本机关于 2008 年 2 月 29 日准予你单位水电站建设项目使用龙门县南昆山旅游区管理委员会林地 3.87 公顷的许可事项（粤林地许准［2008］163 号），后经调查，发现你单位 2007 年申请办理使用林地手续时存在以下问题：未经批准便擅自使用该处林地；擅自使用的林地面积已达到刑事立案标准；惠州市林业局对你单位作出的惠林罚书字（2006）第 06 号处罚决定（该行政处罚决定已于 2014 年 4 月 15 日被撤销）存在以行政处罚代替刑事处罚的情形。根据《中华人民共和国行政许可法》[1]（以下简称《行政许可法》）第 69 条第 1 款第 4 项之规定，现决定撤销该行政许可事项。撤销该行政许可后，已根据原行政许可建设的项目保留现状，待刑事案件结案后再作处理。

一审法院另查明，2006 年 7 月 14 日，惠州市林业局作出的惠林罚书字（2006）第 06 号《林业行政处罚决定书》，对林某某（工作单位为中科电站）于 2003 年至 2005 年期间擅自超出批准范围占用林地以及毁坏林木的行为予以罚款。2014 年 4 月 15 日，被告对惠州市林业局作出粤林函（2014）197 号《关于撤销惠林罚字（2006）第 06 号行政处罚的通知》，决定撤销上述《林业行政处罚决定书》，请惠州市林业局将案件移交森林公安机关侦查处理。龙门县公安局于 2014 年 5 月 21 日对惠州市林业局作出龙公（森）不立字（2014）00003 号不予立案通知书，其内容为：你单位于 2014 年 4 月 25 日提出移送的中科电站非法占用农用地案，我局经审查认为中科电站的行为不构成犯罪，根据《中华人民共和国刑事诉讼法》（以下简称《刑事诉讼法》）第 110 条之规定，决定不予立案。

一审法院经审理后认为，在本案中，广东省林业厅认为中科电站违法使用林地面积 58.2 亩的行为已涉嫌犯罪，其依据是《最高人民法院关于审理破坏林地资源刑事案件具体应用法律若干问题的解释》第 1 条。因此，在尚未依法接受刑事处罚的情况下，广东省林业厅作出的粤林地许准［2008］163 号《使用林地审核同意书》属于对不符合法定条件的申请人准予行政许可的

---

[1] 本书所引用的《中华人民共和国行政许可法》均为 2019 年修改前的版本。

情形，遂作出被诉的粤林审撤字〔2014〕1号《撤销行政许可决定书》，决定撤销前述《使用林地审核同意书》，属于自我纠错行为，符合《行政许可法》第69条第1款、《国家林业局关于涉嫌犯罪的非法占用林地项目办理征占用林地审核审批手续有关问题的通知》（以下简称《征占用林地审批通知》）的规定，并无不当。中科电站以广东省林业厅未给予其行使陈述申辩权的机会以及其符合林地使用条件为由主张撤销被诉的《撤销行政许可决定书》证据不足，不予支持。中科电站如认为广东省林业厅的上述行为损害其合法权益，可另寻其他法律途径予以解决。综上，依照《中华人民共和国行政诉讼法》（以下简称《行政诉讼法》）第69条之规定，判决驳回中科电站的诉讼请求。

作为二审法院，广东省高级人民法院除认同一审法院判决外，针对本案中的撤销许可程序是否违法的问题，认为《行政许可法》在第四章严格规定了行政许可及其变更、延续的程序，而有关撤销许可的内容规定在该法第六章中，没有规定相应的程序。广东省林业厅在作出涉案撤销许可决定时，如果给予中科电站陈述意见和申辩的机会，将会更符合正当程序的要求，但其未事先通知中科电站，未给予中科电站陈述意见和申辩的机会，亦未明显违反法律规定，故对广东省林业厅的撤销决定不作程序违法的认定，也不采纳中科电站据此提出的撤销主张。中科电站在相关处罚程序终结后，可另行提出占用林地的许可申请。

中科电站仍不服，向最高人民法院申请再审，后者于2016年10月31日裁定提审，并于2017年2月21日作出再审判决。

本案涉及的法律条款有：

《行政许可法》第5条第1款规定：

"设定和实施行政许可，应当遵循公开、公平、公正的原则。"

《行政许可法》第7条规定：

"公民、法人或者其他组织对行政机关实施行政许可，享有陈述权、申辩权；有权依法申请行政复议或者提起行政诉讼；其合法权益因行政机关违法实施行政许可受到损害的，有权依法要求赔偿。"

《行政许可法》第8条规定：

"公民、法人或者其他组织依法取得的行政许可受法律保护，行政机关不得擅自改变已经生效的行政许可。

行政许可所依据的法律、法规、规章修改或者废止，或者准予行政许可所依据的客观情况发生重大变化的，为了公共利益的需要，行政机关可以依法变更或者撤回已经生效的行政许可。由此给公民、法人或者其他组织造成财产损失的，行政机关应当依法给予补偿。"

《行政许可法》第 16 条规定：

"行政法规可以在法律设定的行政许可事项范围内，对实施该行政许可作出具体规定。

地方性法规可以在法律、行政法规设定的行政许可事项范围内，对实施该行政许可作出具体规定。

规章可以在上位法设定的行政许可事项范围内，对实施该行政许可作出具体规定。

法规、规章对实施上位法设定的行政许可作出的具体规定，不得增设行政许可；对行政许可条件作出的具体规定，不得增设违反上位法的其他条件。"

《行政许可法》第 69 条第 1 款规定：

"有下列情形之一的，作出行政许可决定的行政机关或者其上级行政机关，根据利害关系人的请求或者依据职权，可以撤销行政许可：

（一）行政机关工作人员滥用职权、玩忽职守作出准予行政许可决定的；

（二）超越法定职权作出准予行政许可决定的；

（三）违反法定程序作出准予行政许可决定的；

（四）对不具备申请资格或者不符合法定条件的申请人准予行政许可的；

（五）依法可以撤销行政许可的其他情形。"

此外，本案还涉及国家林业局颁布的规范性文件：

《国家林业局关于涉嫌犯罪的非法占用林地项目办理征占用林地审核审批手续有关问题的通知》（林资发〔2007〕30 号）规定：

"各省、自治区、直辖市林业厅（局），内蒙古、吉林、龙江、大兴安岭森工（林业）集团公司，新疆生产建设兵团林业局：

《最高人民法院关于审理破坏林地资源刑事案件具体应用法律若干问题的解释》（法释〔2005〕15 号）（以下简称《解释》）已于 2005 年 12 月 30 日起施行，2006 年 1 月 11 日，国家林业局森林公安局下发的《关于执行〈最高人民法院关于审理破坏林地资源刑事案件具体应用法律若干问题的解释〉的通知》（林公治［2006］2 号），对执行《解释》的具体问题也做出了明确规定。但有个别省（区）上报我局的一些征占用林地项目已涉嫌犯罪且未依法进行刑事处罚，为切实依法履行好征占用林地审核审批管理职责，依法处理涉嫌犯罪的非法占用林地行为，现就有关问题通知如下：

一、对涉嫌犯罪的征占用林地项目，凡尚未依法进行刑事处罚的，各级林业主管部门不得办理审核同意或批准的行政许可决定，有关林业主管部门应当根据《行政执法机关移送涉嫌犯罪案件的规定》（国务院第 310 号令），及时将项目所涉案件移送司法机关。

二、对已经依法处罚的非法占用林地项目，建设单位申请办理征占用林地审核审批手续的，应要求其在申请材料中提供对非法占用林地行为依法处罚办结的情况说明并附相关证明材料。"

【裁判要旨】

1. 行政许可一经作出，即具有公定力、确定力，对于行政机关和相对人都产生约束力。对于行政机关而言，其自我纠错将会受到严格限制，只有符合法定情形的，行政机关才有权予以撤销或变更。

2. 在已经作出行政许可的情况下，撤销许可应当受到更加严格的限制。对当事人权利存在瑕疵、但已经取得许可后的撤销决定，人民法院对该行为合法性的审查标准应更加严格，非合理理由行政机关不得撤销已经作出的行政行为。

3. 《行政许可法》对撤销行政许可的程序虽未作出具体规定，但根据总则第 5 条和第 7 条的规定，撤销行政许可亦属于实施行政许可。因此，行政机关在未事先告知相对人的情况下，即作出撤销行政许可的决定，严重侵犯了相对人所享有的陈述权、申辩权，同时违反了《行政许可法》规定的公开原则，属于严重违反法定程序。

【裁判理由与论证】

在再审判决中，最高人民法院撤销了一审、二审判决，同时一并撤销了广东省林业厅作出的粤林审撤字［2014］1 号《撤销行政许可决定书》。在判决说理环节，最高人民法院指出本案的争议焦点是粤林审撤字〔2014〕1号《撤销行政许可决定书》是否合法，而对其合法性的判断主要集中在两个问题上：一是广东省林业厅作出被诉撤销许可决定是否正确地适用了法律；二是其作出该撤销许可决定的程序是否合法。

对于第一个问题，最高人民法院在判决说理中将其拆解为两个子问题：第一个子问题是，国家林业局《征占用林地审批通知》中关于"涉嫌犯罪不得办理审核同意或批准的行政许可决定"之规定是否与上位法相抵触。对此，最高人民法院认为其没有与《中华人民共和国森林法》（以下简称《森林法》）等上位法相抵触。理由是，国家林业局《征占用林地审批通知》属于规范性文件，其无权增设行政许可的条件，但可以在不违反上位法规定的前提下对上位法有关行政许可的条件进行解释和明确。按照《森林法》及其实施条例等上位法的规定，获得林地使用许可必须经过审核批准，如果未经批准擅自使用林地则不具有合法性。在法律和行政法规没有修改、全国非法使用林地形势严峻的情况下，国家林业局用规范性文件对建设项目使用林地审核审批行政许可事项作出具体要求，属于解释性和实施性的规定，而非创设性的规定，且与《森林法》及其实施条例等上位法的规定并不抵触，可以参照执行。

第二个子问题是，在本案中，"涉嫌犯罪"是否属于《行政许可法》第69条第1款第4项规定的"不具备申请资格或不符合法定条件"。对此，最高人民法院给出了否定的答案，其理由有三：首先，即使根据国家林业局《征占用林地审批通知》的规定，如果已经依法接受处罚，非法占用林地亦非占用林地许可的否定条件。本案中，中科电站在申请占用林地许可时其非法占地行为已接受惠州市林业局的行政处罚，广东省林业厅作出粤林地许准〔2008〕163号《使用林地审核同意书》的事实亦表明当时已许可其使用涉案林地。况且，国家林业局《征占用林地审批通知》的事实要件当中有时间要求，即发现"涉嫌犯罪"的情形是在相对人申请使用林地许可时，而非审批许可之后。

其次，广东省林业厅粤林地许准〔2008〕163号《使用林地审核同意书》一经作出，即具有公定力、确定力，对于行政机关和相对人都产生约束力。对于行政机关而言，其自我纠错将会受到严格限制，只有符合法定情形的，行政机关才有权予以撤销或变更。根据《行政许可法》第8条规定："行政机关不得擅自改变已经生效的行政许可。行政许可所依据的法律、法规、规章修改或者废止，或者准予行政许可所依据的客观情况发生重大变化的，为了公共利益的需要，行政机关可以依法变更或者撤回已经生效的行政许可。"对于相对人而言，中科电站在接受超审批范围使用林地的行政处罚后，对超审批范围使用的林地逐级层报广东省林业厅提出申请，并获得了使用林地许可。广东省林业厅未考虑中科电站已获得许可多年的实际情况，于2014年作出被诉撤销行政许可决定，有违信赖利益保护原则。此外，广东省林业厅在作出涉案撤销行政许可决定时，未将国家林业局《征占用林地审批通知》作为认定"不具备申请资格或不符合法定条件"的依据，在诉讼中提出以该通知为依据明显不当。且国家林业局已于2016年4月25日决定将《征占用林地审批通知》废止。

最后，在已经作出行政许可的情况下，撤销许可应当受到更加严格的限制。对当事人权利存在瑕疵、但已经取得许可后的撤销决定，人民法院对该行为合法性的审查标准应更加严格，非合理理由行政机关不得撤销已经作出的行政行为。就本案而言，中科电站超审批范围占用林地的事实于申请许可前即已存在，广东省林业厅若严格依照《征占用林地审批通知》的规定予以审核，可不予颁发许可证；作出许可后发现原先已存在的事实，在何种情况下才能撤销是审查撤销许可行为合法性的必要内容。是否构成犯罪以及如何处理并不当然影响已被处罚后的非法占地实际使用问题，"涉嫌犯罪"不足以构成撤销许可的事由。广东省林业厅撤销惠州市林业局的行政处罚和涉案许可后，惠州市林业局曾将中科电站非法占用农用地案移交龙门县公安局处理，但该局作出不予立案通知。虽然该刑事案件重新提起公诉且目前处于中止诉讼状态，但中科电站的非法占地行为是否构成犯罪至今未经司法程序确认，故广东省林业厅以涉嫌犯罪为由撤销已经核准的许可缺乏法律依据。

综合对两个子问题的见解，最高人民法院最终判定广东省林业厅作出被诉撤销许可决定属于错误地适用了法律。

对于第二个问题，由于一审法院和二审法院略有争议，最高人民法院也作出了进一步说明，"《行政许可法》对撤销行政许可的程序虽未作出具体规定，但该法总则第5条第1款规定：'设定和实施行政许可，应当遵循公开、公平、公正的原则'；第 7 条规定：'公民、法人或者其他组织对行政机关实施行政许可，享有陈述权、申辩权……'。撤销行政许可亦属于实施行政许可。本案中，广东省林业厅在未事先告知的情况下，即作出撤销中科电站行政许可的决定，严重侵犯了中科电站依据前述法律规定享有的陈述权、申辩权，同时违反了前述法律规定的公开原则，属于严重违反法定程序。原审判决对于广东省林业厅的撤销许可决定不作程序违法的认定错误，本院予以纠正"。

【涉及的重要理论问题】

本案涉及行政许可的撤销问题，对该问题最直接的规定是《行政许可法》第 69 条，即行政机关违法发放许可或是发放有误时，事后可以撤销该许可。此时，撤销是"行政机关纠正有瑕疵或者违法许可行为的一种行政处理措施"。[1] 此外，与行政许可的撤销相关的类型还有两种：一是指向相对人获得许可后的违法活动，而与许可机关的行为无关，这便与吊销近似甚至相同，只是由于立法者的措辞选择表述为撤销。如《中华人民共和国母婴保健法实施办法》第 42 条规定，"进行胎儿性别鉴定两次以上的或者以营利为目的的进行胎儿性别鉴定的，并由原发证机关撤销相应的母婴保健技术执业资格或者医师执业证书"。对此，有学者明确将之界定为行政处罚，认为这属于剥夺相对人合法取得的法律资格。[2] 二是在具体行政管理领域中，根据单行法律、法规的规定，相对人不再符合许可条件的，行政机关有权撤销其许可。如2019 年修订前的《中华人民共和国食品安全法实施条例》第 21 条规定，行政机关"应当加强对食品生产经营者生产经营活动的日常监督检查；发现不符合食品生产经营要求情形的，应当责令立即纠正，并依法予以处理；不再符合生产经营许可条件的，应当依法撤销相关许可"。在这里，撤销许可并非由于发证机关违法或有误，而是因为相对人不能继续保持原先的许可条件。

在本案中，被告所指的撤销是事后发现不符合许可条件的撤销，一审法院和二审法院均认同被告以原告"涉嫌犯罪"为由的自我纠错行为，亦即，

---

〔1〕 李孝猛："行政许可撤销行为的法律属性"，载《华东政法学院学报》2005 年第 3 期。

〔2〕 蔺耀昌、胡丙超："撤销许可的法律性质及效力研究：以撤销司法鉴定许可为例"，载《行政法学研究》2007 年第 4 期。

认同国家林业局对《中华人民共和国林业法》（以下简称《林业法》）及其实施条例所设定许可条件的细化，再审法院认同国家林业局的细化规定，但对中科电站在申请许可时是否构成"涉嫌犯罪"存有较大疑虑，进而质疑"涉嫌犯罪"构成事后撤销许可决定的单一理由。有鉴于此，围绕再审法院对争议焦点的分析，本案涉及的重要理论问题有如下四个。

一、依法行政原则的边界

依法行政原则是行政法学科中最古老和核心的原则之一，说其古老是因为现代意义上的行政法正是基于依法行政原则生成和发展起来的。它是区分古代"行政法"与近现代行政法的核心标准。在所谓古代"行政法"的范畴内，与行政管理相关的法律规范的总和便可称之为"行政法"，换言之，这类"行政法"更近似于一种治民之法或管理指南、手册，其规范性色彩较淡。近现代意义上的行政法必然伴随着形式法治的确立而兴起和发展，接近于一种治官之法，在这当中，最核心的表现形式就是规范层面的依法行政原则的要求。从这层意义来看，行政活动必然需要与法律规范相关联，此即"无法律则无行政"的意涵所在。

根据德国学者奥托·迈耶所述，依法行政原则具体包括法律的法规创造力、法律优位、法律保留三部分内容。其一，所谓法律的法规创造力特指法律的拘束能力，即要求有关主体承担某项义务的能力，行政机关也负有义务排除有违上述义务的状态，而且在其概念源头，法规创造力是由立法机关制定的法律所垄断的。其二，法律优位则指法律对于行政权的优越地位，法律对行政有指导作用，行政不得抵触法律，否则其效力将有归于消灭之虞，由于这是消极地要求行政活动不得违背法律规定，因此也称被之为消极意义的依法行政原则。其三，法律保留通常表现为人们常说的"法无授权即禁止"，行政机关涉及公民权利义务的行政活动只有在有法律授权的情况下才能进行，属于积极意义的依法行政原则。

在本案当中，被告广东省林业厅主张撤销此前颁发的《使用林地审核同意书》属于自我纠错行为，其隐含的原则便是依法行政原则，即根据《行政许可法》第69条，尤其是《征占用林地审批通知》及其背后《林业法》的规定，既然已经发现了行政机关此前与法不符的错误，那么，就应当予以矫正。这一矫正指向两个主体，一是作为相对人的中科电站，亦即，此前的行政许可因为违法，故不应对其发生效力，采用撤销的方式意在遵循依法行政原则，特别是依法行政原则中法律优位的要求，使效力归于消灭；二是指向下级机关惠州市林业局，表现为撤销其惠林罚书字（2006）第 06 号《林业行政处罚决定书》，表面看该处罚决定与中科电站是否可以获得行政许可并无直接关联，但究其实质，乃是广东省林业厅对中科电站是否具备获得行政许可条件的再次判断，而此次判断也是对先前判断的纠正与覆盖。

然而，在依法行政原则指示下的"自我纠错"是否就不存在任何限制呢？答案显然是否定的。从《行政许可法》第 69 条第 3 款规定来看，撤销"可能对公共利益造成重大损害的，不予撤销"，可见，目前立法者明确承认的约束至少有一个，即来自公共利益要求的约束。如果坚持依法行政原则，奉行有错必纠会给公共利益造成重大损害，那么，该原则就需要适当后退一步，让此前违法的行政许可效力延续下去。此外，是否还存在其他约束呢？一审和二审法院并未深入探索，但值得思索的一点是，依法行政原则亦非毫无例外，关键点在于如何论证可能的例外情形，如何为限制该原则提供正当化论证，对此，再审法院提供了新的思路。

二、如何判断部门规范性文件与上位法不抵触

长期以来，无论是全国人大及其常委会制定的法律，还是最高人民法院制定的司法解释，对规章以下规范性文件的合法性标准均未有明确规定。在行政许可领域，基于《行政许可法》第 16 条的规定，下位法可以在法律设定的行政许可事项范围内，对实施该行政许可作出具体规定。但在具体规定中，不得增设行政许可或是违反上位法的其他条件。虽然该条款只是规定了法规、规章的细化规则，未明确将规章以下规范性文件纳入其中，但若遵循"举重以明轻"的法律逻辑，规章以下规范性文件对上位法所设定的行政许可的细化规定，同样也应当遵守上述规则。

2018 年，最高人民法院制定了《关于适用〈中华人民共和国行政诉讼法〉的解释》（以下简称《行诉解释》），该解释第 148 条规定，"规范性文件不合法"的情形有五项：（一）超越制定机关的法定职权或者超越法律、法规、规章的授权范围的；（二）与法律、法规、规章等上位法的规定相抵触

的；（三）没有法律、法规、规章依据，违法增加公民、法人和其他组织义务或者减损公民、法人和其他组织合法权益的；（四）未履行法定批准程序、公开发布程序，严重违反制定程序的；（五）其他违反法律、法规以及规章规定的情形。本案发生在2018年之前，加之被告在撤销行政许可过程中，实际上并未依据作为部门规范性文件的《征占用林地审批通知》，因此中科电站也没有提出对该规范性文件的审查请求，故无论是一审、二审法院还是再审法院，均无从审查。但是，由于《行政许可法》第69条作为"桥梁条款"的存在，法院在审查时，必须回溯考察被告当初准予行政许可的条件，这便使得与许可条件相关的《征占用林地审批通知》变得重要起来，成为判断本案所涉行政行为——撤销行政许可决定合法性的基本前提。

那么，《征占用林地审批通知》是否与上位法相抵触呢？在行政许可案件中，主要应从两个层面判断。首先，《征占用林地审批通知》是否创设了新的行政许可？如果创设了，显然超越了自身权限，并与上位法不符。对这一点的评判涉及"对涉嫌犯罪的征占用林地项目，凡尚未依法进行刑事处罚的，各级林业主管部门不得办理审核同意或批准的行政许可决定"这一表述的理解。要求申请者在申请时不得具有"涉嫌犯罪且刑事处罚程序未完结"的情形，这是否属于新增行政许可呢？答案显然是否定的。据此，便进入到下一步，即《征占用林地审批通知》有关申请行政许可的规定是否因为增设许可条件而与上位法相抵触，换言之，前述表述是否构成增设违反上位法的条件？对此，原告认为"涉嫌犯罪且刑事处罚程序未完结"仅属于行政许可的鱼面清单，而不构成一种条件。因为如果该情形构成一种条件，经由《行政许可法》第69条的"桥梁作用"，很可能将导致本案所涉《使用林地审核同意书》的被撤销。对此，被告进行了极有针对性的答辩，曾主张"如果被告作出的撤销决定对原告的合法权益造成损害，则其可依法申请国家赔偿"。究其原因，在于《行政许可法》第69条的天生缺陷。学界有观点认为该条款与《行政许可法》第8条一样，体现了信赖利益保护原则，如果该观点成立，第69条恐怕也只是部分体现了该原则。

从信赖利益保护原则的保护方式来看，首先需要考虑的保护方式应当是存续保护，即基于法的安定性需求，维系原行政行为的效力。这在一定程度上，甚至要对抗行政合法性原则。但是，《行政许可法》第69条却赋予行政机关自行决定撤销与否的裁量权，更多侧重信赖利益保护原则的另一种保护方式，即财产保护方式。这也是本案被告主张原告可以在撤销后寻求国家赔偿的法律依据。而若要维系原行政行为效力，则需要证成该撤销"可能对公共利益造成重大损害"，难度极大。

如前所述，由于《征占用林地审批通知》本身并没有成为本案的争议焦点，因此再审法院对"涉嫌犯罪且刑事处罚程序未完结"究竟是属于一种负面清单，还是构成行政许可的条件也没有作出明确的答复，但从其判决可以发现，再审法院至少从功能必要性角度，认为《征占用林地审批通知》本身与上位法并不抵触，这似乎表明其倾向于将《征占用林地审批通知》定位于行政许可条件。

三、撤销已生效行政许可的条件

在确认《征占用林地审批通知》所规定的"对涉嫌犯罪的征占用林地项目，凡尚未依法进行刑事处罚的，各级林业主管部门不得办理审核同意或批准的行政许可决定"与上位法不抵触之后，从《行政许可法》第 69 条的规范结构来看，要论证被告撤销行政许可的决定有合法性缺陷的难度不小，这恐怕也是一审和二审法院均认定被告撤销行政许可的决定在实体上合法的原因。

在判决书中，再审法院再次集中了争议焦点，并将问题转化为：作出许可后发现原已存在的事实（涉嫌犯罪），在何种情况下才能撤销？对该问题的回答同样可以拆解成两个层面：第一个层面属于就事论事的层面，如果"涉嫌犯罪且刑事处罚程序未完结"确属不应准予许可的情形，那么，在作出许可决定时原告并未"涉嫌犯罪"，更不存在未完结的刑事处罚程序，只是在事后才因"涉嫌犯罪"处于刑事处罚程序中，这是否构成具有否定许可决定意义的条件？再审法院根据《征占用林地审批通知》自身的规定，认为"涉嫌犯罪"这一事实要件有时间要求，即并非在许可之后，据此对上述问题给出了否定的答案。

更加具有实践指导意义而且体现再审法院塑造规则"野心"的在于第二个层面的回应。再审法院认为，中科电站因占用林地而"涉嫌犯罪"的事实属于被告原本可以拒绝准予许可的事由，但准予许可之后，"涉嫌犯罪"便并非撤销行政许可的充分条件。该层面的回应直接指向《行政许可法》第 69 条的不足。在再审法院看来，在考察已生效行政许可的撤销条件时，第 69 条的规定固然是基础，但其核心原则应在于信赖利益保护原则，由此决定对行政机关的自我纠错行为，亦即本案中的撤销许可施加更为严格的限制。在行政诉讼中，即便当事人权利存在瑕疵，但只要已经取得许可，那么法院对撤销行为的合法性审查应当秉持更加严格的标准，这意味着审查的重点除了第 69 条规定的各种情形，还包括行政机关裁量权的行使。换言之，再审法院尝试围绕行政许可撤销决定的裁量权行使问题，探索相应规则，进而限定撤销已生效行政许可的条件。

据此，再审法院对《行政许可法》第 69 条的审视有别于一审和二审法院。该条第 1 款确立的是一个简单的"符合条件——可以撤销"结构，在这个结构中，主导逻辑是行政合法性逻辑，信赖利益保护原则实际上反映在该条第 4 款规定的"依照本条第 1 款的规定撤销行政许可，被许可人的合法权益受到损害的，行政机关应当依法给予赔偿"这一表述当中。而为了消灭既有行政许可的效力，行政机关可以承受后续可能出现的国家赔偿后果。一审和二审法院均接受该逻辑结构，但是，再审法院发现了该条款中长期以来被忽视的一个关键点，即前述第 1 款结构的后半部分所隐含的裁量权问题，这表现为立法者所使用的"可以撤销"的措辞。"可以"意味着这里存在裁量空间，也意味着该结构的前半部分即"符合条件"并不必然推导出撤销的法律后果。司法系统长期以来的忽视，或者说对行政机关的"尊重"绝非理所当然，而是需要适当的论证。再审法院重新发掘了这一点，并将信赖利益保护原则引入这一论证过程，一方面，这直接阻断了对行政机关予以"尊重"的证成，将后者的裁量活动置于司法审查，而且是较强的审查标准之下；另一方面，更是将此原则注入对第 69 条第 1 款的理解中，一定程度上丰富了对《行政许可法》第 69 条内容的理解。

既然将信赖利益保护原则引入对《行政许可法》第 69 条第 1 款的理解，并明确要求对行政机关自我纠错的撤销裁量权进行严格审查，那么，接下来的问题便是如何确立较强的司法审查标准？对此，信赖利益保护原则恐怕只能提供一个原则性的指导，即要求对撤销决定予以更为严格的审查。至于如何审查，以及是否意味着该原则可以直接阻断撤销许可的决定，再审法院均未明确。从理论来看，信赖利益保护原则追求原行政行为效力的维系，与行政机关的撤销决定存在天然的紧张关系或者说利益平衡关系。而更为关键的问题是如何确立对撤销裁量权的审查标准。对此，可以采用现有的滥用职权或明显不当的合法性审查标准，同时围绕信赖利益保护与行政合法性之间的利益平衡展开说理。不过，值得玩味的是，再审法院最后是以"被诉撤销许可决定主要证据不足、适用法律法规错误，违法法定程序"为由撤销被诉行政行为的，这当中并无与裁量权相关的滥用职权或明显不当等事由。其原因恐怕在于当下对滥用职权或明显不当标准的理解中并不包含另一种与裁量权行使相关的活动，即裁量权行使惰怠。换言之，在本案中，广东省林业厅在事后面对中科电站"涉嫌犯罪"的事实时，既可以以不符合准予许可条件为由撤销原行政许可，也可以选择援引信赖利益保护原则不撤销许可决定。但是，被告广东省林业厅没有充分意识到裁量权的存在，更没有考虑到要对自己的撤销决定从裁量权行使角度进行说理，这从其答辩内容当中可见一斑，如其认为"撤销原告作出的错误的行政许可，属于自我纠错行为，不存在由原告陈述和申辩后不予纠正的可能"，但这实际上是错误地理解了《行政许可法》第69条第1款的核心要旨。因此，从这个角度来看，再审法院自然会在判决书中认为被告行政机关的撤销决定缺少合理的理由——裁量权行使的理由。也正是从这个角度来看，广东省林业厅属于"适用法律法规错误"。

可惜的是，尽管再审法院反复强调对于已经发生效力的行政行为，若撤销，应当遵循严格的限制，同时对此需要施以更为严格的司法审查标准。但是，通观判决内容，再审法院最终还是没有提出如何严格限制撤销，以及更为严格的司法审查标准内容是怎样的。在某种程度上，再审法院多少还有些扰乱视线，如援引《行政许可法》第8条有关撤回的规定，这与本案的焦点问题实际上关联较远。再审法院暗示行政机关错误地理解了《行政许可法》第69条第1款，对撤销决定严格地限制应将信赖利益保护原则纳入其中，并将其作为裁量权行使的相关考虑因素之一，随后，再审法院便止步于此，没有进一步指出该原则在第69条第1款所设计的裁量权行使规则体系中的地位，以及其与其他可能需要考虑因素的关系应如何在更加严格的司法审查标准中找到合适的位置。这既令人心生遗憾，同时也不免让人产生一个新的疑问：如果本案中的广东省林业厅意识到此处裁量权的存在，并对信赖利益保护原则的作用予以考虑，但最终仍作出撤销行政许可的决定，那么这是否能够通过法院所说的更为严格的司法审查标准呢？一言以蔽之，再审法院寻求的是否仅仅只是行政机关意识到此处存在信赖利益保护原则适用的可能性，抑或该原则相较于行政合法性原则处于更为优越的地位？

四、撤销已生效行政许可的程序

在再审法院看来，对撤销已生效行政许可更为严格的限制既来自实体方面，如前述信赖利益保护原则的引入，同时也来自程序方面。然而，如果原告主张对撤销行政许可在程序上施以更为严格的限制，其依据是什么？换言之，原告是否享有要求针对撤销行政许可决定采取更为严格限制的程序性权利？

现行《行政许可法》确实只对行政机关作出或拒绝准予行政许可的过程予以程序上较为详细的规定，第四章"行政许可的实施"对从申请和受理到最终的作出或拒绝都有规定，如其第 36 条明确规定了"申请人、利害关系人有权进行陈述和申辩。行政机关应当听取申请人、利害关系人的意见"；第 47 条则规定了"行政许可直接涉及申请人与他人之间重大利益关系的，行政机关在作出行政许可决定前，应当告知申请人、利害关系人享有要求听证的权利"等等。可见，在行政许可的作出环节，相对人乃至利害关系人的陈述权、申辩权，甚至特定情况下获得听证的权利都是有保障的。但是，在行政机关作出行政许可之后，对其撤销的规定仅仅体现在《行政许可法》第 69 条当中，并且均为实体性规定，完全未涉及与之相关的程序要求，那么，这是否意味着对此没有陈述、申辩乃至听证等程序要求呢？

在本案被告广东省林业厅看来，其作出撤销行政许可的决定已经"依法告知当事人救济权利和途径"，这种事后告知行政行为内容和救济方式的做法便满足了撤销行政许可的程序要求。一审法院认同被告对程序要求的这一理解，认为原告在撤销行政许可过程中并不享有陈述、申辩的权利。有趣的是，二审法院对被告未经原告陈述、申辩便撤销行政许可的行为有些疑虑，也意识到正当程序原则的价值和对本案可能的影响，并据此展开了更为细致的说理和回应："《行政许可法》于第四章严格规定了行政许可及其变更、延续的程序，而有关撤销许可的内容规定在该法第六章中，也没有规定相应的程序。被上诉人在作出涉案撤销许可决定时，如果给予上诉人陈述意见和申辩的机会，将会更符合正当程序的要求"，随后，二审法院话锋一转，认为被告广东省林业厅尽管"未事先通知上诉人，未给予上诉人陈述意见和申辩的机会，亦未明显违反法律规定"。综合一审和二审法院的立场和观点，可以发现，它们对撤销行政许可的程序要求均采取较为宽松的审查标准，仅仅只是根据《行政许可法》第69条的规定便推导出无需对撤销行政许可的行为从程序上给予更为严格的限制。

那么，这是否就意味着对于已生效行政许可的撤销，在程序上就没有严格限制的规范基础呢？如果结合本案原告的诉请，把该疑问转换为一个正式的问题，便是：被许可人在行政机关撤销已生效的行政许可过程中，是否享有陈述、申辩权？从行政法理论研究和实践经验来看，对此的论证最有可能从两个角度展开：第一个角度来自依托正当程序原则的论证，该原则与《行政诉讼法》第70条所规定的违反法定程序相结合，常常成为人民法院撤销被诉行政行为的依据。自20世纪80年代末行政诉讼制度在我国正式确立以来，已有众多案件表明，即便法律法规没有明确规定某项程序，如要求说明理由、听取陈述申辩等，人民法院依然有可能以"违反法定程序"为由作出撤销判决。[1]从行政机关的角度来看，似乎会感到冤枉，因为法律法规确实没有明文规定相关程序，但是，从正当程序原则的要求来看，在对相对人作出不利决定之前，应当对其说明理由，并给予其陈述、申辩的权利。通过《行政诉讼法》的上述规定，人民法院不时会对"法定程序"中的"法"进行更为广义的理解，尤其是超越形式法治的理解，从实质法治的角度去理解"法定程序"应当包括哪些内容。此时，结合本案来看，是否要给予原告陈述、申辩的权利便不能仅仅根据《行政许可法》文本上的规定，而是要考虑正当程序原则有哪些程序上的要求。值得注意的是，正当程序原则并非纯粹学理上的原则，它在作为政策的《全面推进依法行政实施纲要》中同样也有所反映。根据后者的规定，"行政机关实施行政管理，除涉及国家秘密和依法受到保护的商业秘密、个人隐私的外，应当公开，注意听取公民、法人和其他组织的意见；要严格遵循法定程序，依法保障行政管理相对人、利害关系人的知情

---

〔1〕 章剑生："对违反法定程序的司法审查——以最高人民法院公布的典型案件（1985~2008）为例"，载《法学研究》2009年第2期。

权、参与权和救济权。行政机关工作人员履行职责，与行政管理相对人存在利害关系时，应当回避"。这些要求通过对"法定程序"的广义理解，尤其是对有关陈述、申辩权的理解，具备了一种补充实定法明文规定的可能性，只是这种可能性何时能够转化为现实，还需要人民法院在个案中评判，而这正是二审法院态度暧昧的缘故，即一方面承认如果赋予原告陈述、申辩的权利将更符合正当程序的要求，另一方面又认为未给予此类权利也不构成明显违反法定程序。

如果说前述第一个角度属于体现司法能动性的话，那么相比之下，从体系解释出发的第二个角度则显得较为谨慎保守。有趣的是，再审法院在撤销已生效行政许可的条件问题上采取了能动立场，甚至是在用信赖利益保护原则重新塑造对《行政许可法》第69条第1款的理解，但在撤销已生效行政许可的程序问题上却采取了更为谨慎保守的立场，没有选择用正当程序原则来替换对"法定程序"的理解，而是从体系解释的角度，坚持用《行政许可法》的文本来论证原告享有陈述、申辩等权利。在其看来，既然《行政许可法》在总则部分的第5条规定了行政许可的实施"应当遵循公开、公平、公正的原则"，第7条也规定了"公民、法人或者其他组织对行政机关实施行政许可，享有陈述权、申辩权"，那么，这两个条款便应具有统摄整个行政许可制度的作用。更为关键的是，实施不仅包括行政许可的作出，还包括变更、撤销等活动，如此，便将撤销行政许可纳入到实施的语义中来，进而同样应当遵循与实施相关的程序，亦即前述第5条和第7条规定的公开要求与听取陈述、申辩的要求。再审法院选择的这一解释方法大大减轻了自身的论证负担，较之前一个角度，显然更便于避免理论和实践中的一些争议。

综上，对于已生效行政许可的撤销程序，同样需要施以限制。从信赖利益保护原则来看，由于相对人已经取得行政许可，对于行政行为的延续持有合法期待，因此较之申请环节，这里的程序应当更为严格。从字面来看，《行政许可法》似乎没有直接规定撤销应当遵循何种程序，但通过体系解释可以看到，程序公开以及听取当事人的陈述、申辩是最为基本的要求，而这也不违反正当程序的精神。

【后续影响及借鉴意义】

作为最高人民法院裁判的案件，"龙门县南昆山中科电站诉广东省林业厅撤销行政许可案"无疑对后续类似行政案件有着一定指导和约束意义。尤其是在与一审和二审法院观点的对比中，我们更可以清楚地看到最高人民法院对于撤销已生效行政许可的条件和程序的审查秉持更为严格的立场。《行政许可法》与市场经济的发展具有极为密切的联系，行政许可更是十分直接的市场规制手段，在规制工具的谱系中属于干预较深的一种。对于相对人来说，行政许可是在赋予财产性权利或是创设个人自由。[1]因此，撤销行政许可往往意味着对财产性权利或个人自由的剥夺，而非简单地对一种政府给予的利益的取消。撤销与准予行政许可相同，对市场经济活动均有非常直接的影响，也对市场主体的预期有着很大影响。如果可以随意撤销行政许可，或是放纵行政机关在这个问题上的裁量权，那么，必然会影响到市场经济活动的可预期性，影响市场经济的法治环境，影响基本的营商环境。

有鉴于此，信赖利益保护原则便显得尤为重要，它既是法的安定性要求，同时也体现了政府的诚实信用。在本案中，最高人民法院希望在一定程度上弥补《行政许可法》第69条的不足，通过重申该条第1款作为裁量权行使条款的属性，来约束行政机关随意撤销已生效行政许可的行径。这或许是本案最终裁判中最具有未来指导意义的内容，也是最高人民法院在本案中"最大的野心"。不过，有必要一提的是，最高人民法院实践其"野心"的方式又是巧妙和恪守本分的，并未明显超出《行政许可法》的文本规定。与之相比，它对撤销已生效行政许可的必要程序论证反倒显得较为谨慎。尽管我国并非判例法国家，截至目前，本案也没有被列入指导性案例，但是，最高人民法院的这一裁判思路对后来者多少也将产生影响。在未来的司法实践中，人民法院对已生效行政许可的撤销条件如何施以更为严格的限制，对行政机关的此类撤销决定如何构建更为严格和清晰的司法审查标准，必将进行进一步的探索。

---

[1] 陈端洪："行政许可与个人自由"，载《法学研究》2004年第5期。

案例二　方林富炒货店诉西湖区市场监督管理局广告行政处罚案

蔡乐渭[*]

【案例名称】

方林富炒货店诉西湖区市场监督管理局广告行政处罚案［浙江省杭州市中级人民法院（2018）浙01行终511号行政判决］

【关键词】

市场监管　广告　行政处罚　行政裁量　比例原则

【基本案情】

方林富和庞清连系夫妻。2014年10月28日，庞清连取得注册号为330106600360345的《个体工商户营业执照》，经营范围包括预包装食品、散装食品的零售等。原告系该《个体工商户营业执照》登记的字号。

2015年11月5日，杭州市西湖区市场监督管理局接到消费者投诉举报后至原告所在的店铺进行现场检查，发现原告店铺西侧墙上印有两块"方林富炒货店杭州最优秀的炒货特色店铺""方林富杭州最优秀的炒货店"内容的广告牌；店铺西侧柱子上印有一块"杭州最优炒货店"字样的广告牌；店铺展示柜内放置有两块手写的商品介绍板，上面分别写了"中国最好最优品质荔枝干"和"2015年新鲜出炉的中国最好最香最优品质燕山栗子"的内容，展

---

* 作者简介：蔡乐渭，中国政法大学法学院行政法研究所副教授，硕士生导师。

示柜外侧的下部分贴有一块广告，上面写了"本店的栗子，不仅是中国最好吃的，也是世界上最高端的栗子"；对外销售的栗子所使用的包装袋上印有"杭州最好吃的栗子"和"杭州最特色炒货店铺"的内容。

西湖区市场监督管理局对上述广告内容进行拍照取证并制作了现场检查笔录，于当日立案。11 月 6 日，西湖区市场监督管理局对原告委托代理人方林富制作询问笔录。2016 年 1 月 8 日，西湖区市场监督管理局向原告送达行政处罚听证告知书。1 月 12 日，原告提出听证申请。西湖区市场监督管理局于 2 月 1 日组织听证，于 3 月 22 日经集体讨论后作出 534 号处罚决定并送达原告。处罚内容为：责令停止发布使用顶级词汇的广告，并处罚款人民币 20 万元。

原告不服，于 3 月 29 日向杭州市市场监督管理局申请行政复议，杭州市市场监督管理局于 4 月 5 日受理行政复议申请，同日向西湖区市场监督管理局发送行政复议答复通知。4 月 18 日，西湖区市场监督管理局提交行政答复书及作出处罚决定的证据及依据。5 月 6 日，原告查阅了西湖区市场监督管理局提交的答复、证据及依据。5 月 25 日，杭州市市场监督管理局以所涉相关法律适用问题需向上级主管部门进行请示为由中止案件审理并通知当事人，后于 7 月 11 日恢复审理。7 月 13 日，杭州市市场监督管理局经负责人批准决定延长审理期限至 2016 年 8 月 10 日，并通知双方当事人。8 月 10 日，杭州市市场监督管理局作出 139 号复议决定并送达原告，行政复议决定维持被告的行政决定。原告不服，向杭州市西湖区人民法院提起行政诉讼。

一审法院认为，根据《中华人民共和国广告法》[1]（以下简称《广告法》）第 6 条第 2 款规定，被告西湖区市场监督管理局作为行使工商行政管理职能的部门，具有对本行政区域内的广告进行监督管理的法定职权。原告介绍店铺形象的宣传用语受广告法的调整。《广告法》第 9 条第 3 项规定禁止使用的广告用语，不仅包括已列举的"国家级""最高级""最佳"，还包括与这些用语表达含义相当的绝对化用语。原告发布的广告内容违反了《广告法》第 9 条第 3 项的规定，原告的违法事实成立。被诉行政处罚决定责令原告停止发布使用绝对化用语的广告，有相应的事实和法律依据。

---

〔1〕 本书所引用的《中华人民共和国广告法》均为 2018 年修改前的版本。

关于罚款数额，法院认为，罚款是行政处罚的种类之一，对广告违法行为处以罚款，除了应适用《广告法》的规定，还应遵循《中华人民共和国行政处罚法》（以下简称《行政处罚法》）的规定。《行政处罚法》第 27 条第 1款规定了从轻、减轻的情形，其中"从轻处罚"是指在最低限以上适用较低限的处罚，"减轻处罚"是指在最低限以下处罚。具体到本案，被告西湖区市场监督管理局适用了从轻处罚，将罚款数额裁量确定为《广告法》规定的最低限即 20 万元。根据《行政诉讼法》第 77 条第 1 款规定，行政处罚明显不当的，人民法院可以判决变更。本案 20 万元罚款是否明显不当，应结合《广告法》禁止使用绝对化用语所需要保护的法益，以及案件的具体违法情形予以综合认定。

法院认为，在广告中使用绝对化用语，不仅误导消费者，不当刺激消费心理，造成广告乱象，而且贬低同行，属于不正当的商业手段，扰乱市场秩序。原告的广告违法行为既要予以惩戒，同时也应过罚相当，以起到教育作用为度。原告系个体工商户，在自己店铺和包装袋上发布了相关违法广告，广告影响力和影响范围较小，客观上对市场秩序的扰乱程度较轻微，对同行业商品的贬低危害较小。同时，广告针对的是大众比较熟悉的日常炒货，栗子等炒货的口感、功效为大众所熟悉，相较于不熟悉的商品，广告宣传虽会刺激消费心理，但不会对消费者产生太大误导。综合以上因素，法院认为原告的案涉违法行为情节较为轻微，社会危害性较小，被告对其处以 20 万元罚款，在处罚数额的裁量上存在明显不当。据此，法院判决：一、变更杭州市西湖区市场监督管理局于 2016 年 3 月 22 日作出的（杭西）市管罚处字〔2015〕534 号行政处罚决定中"处以罚款 20 万元"为"处以罚款 10 万元"；二、撤销杭州市市场监督管理局于 2016 年 8 月 10 日作出的（杭）市管复决字〔2016〕139 号行政复议决定。

一审判决之后，原告不服，提起上诉。二审法院经审理后，维持了一审判决。

本案涉及的法律条款有：

《广告法》第 9 条规定：

"广告不得有下列情形：……（三）使用'国家级'、'最高级'、'最佳'等用语。"

《广告法》第 57 条规定：

"有下列行为之一的，由工商行政管理部门责令停止发布广告，对广告主处 20 万元以上 100 万元以下的罚款，情节严重的，并可以吊销营业执照，由广告审查机关撤销广告审查批准文件、一年内不受理其广告审查申请；对广告经营者、广告发布者，由工商行政管理部门没收广告费用，处 20 万元以上 100 万元以下的罚款，情节严重的，并可以吊销营业执照、吊销广告发布登记证件：

（一）发布有本法第 9 条、第 10 条规定的禁止情形的广告的；……"

《行政处罚法》第 4 条规定：

"行政处罚遵循公正、公开的原则。

设定和实施行政处罚必须以事实为依据，与违法行为的事实、性质、情节以及社会危害程度相当。"

《行政处罚法》第 27 条规定：

"当事人有下列情形之一的，应当依法从轻或者减轻行政处罚：

（一）主动消除或者减轻违法行为危害后果的；

（二）受他人胁迫有违法行为的；

（三）配合行政机关查处违法行为有立功表现的；

（四）其他依法从轻或者减轻行政处罚的。

违法行为轻微并及时纠正，没有造成危害后果的，不予行政处罚。"

【裁判要旨】

《广告法》中的"介绍"包括直接介绍商品或者服务，也包括介绍企业形象等间接宣传，因为间接宣传的目的和作用仍然是使消费者对企业认可，从而购买其商品或者服务。

"罚款是行政处罚的种类之一，对广告违法行为处以罚款，除了应适用《广告法》的规定，还应遵循《行政处罚法》的规定。""本案 20 万元罚款是否明显不当，应结合《广告法》禁止使用绝对化用语所需要保护的法益，以及案件的具体违法情形予以综合认定。"

【裁判理由与论证】

原告在起诉中主要提出了以下不服的理由：一是被诉处罚决定适用法律错误，不能适用《广告法》进行定性处罚；二是认定事实不清；三是违法情节轻微，被告对其处以 20 万元罚款畸重。被告则认为，其行政处罚行为认定事实清楚、证据确凿，适用法律法规正确，行政程序合法，裁量得当，请求驳回原告的诉讼请求。

在判决中，法院对原被告争议的问题一一进行了回应和论证。认为原告的行为属于《广告法》的调整范围，并且违反了《广告法》的规定，同时也指出被告的行政处罚决定明显不当，并予变更。

一、有关原告的行为是否由《广告法》调整

原告诉称，其使用的"杭州最优秀的炒货特色商铺""杭州最优秀的炒货店""杭州最优炒货店""杭州最特色炒货店铺"用语均是在介绍经营场所，不是介绍商品或服务，不能适用《广告法》进行定性处罚。对此，法院认为，原告的主张是不能成立的。《广告法》中的"介绍"包括直接介绍商品或者服务，也包括介绍企业形象等间接宣传，因为间接宣传的目的和作用仍然是使消费者对企业认可，从而购买其商品或者服务。《广告法》第 2 条第 1 款规定："在中华人民共和国境内，商品经营者或者服务提供者通过一定媒介和形式直接或者间接地介绍自己所推销的商品或者服务的商业广告活动，适用本法。"原告发布"中国最好最优品质荔枝干""2015 年新鲜出炉的中国最好最香最优品质燕山栗子""杭州最好吃的栗子"属于对商品的直接介绍；原告发布"方林富炒货店杭州最优秀的炒货特色店铺""方林富杭州最优秀的炒货店""杭州最优炒货店""杭州最特色炒货店铺"属于对店铺的介绍，均属于《广告法》的调整范畴。

二、被诉行政行为认定事实是否清楚，原告的行为是否违反《广告法》

原告诉称，被诉行政处罚决定认定"最好""最优""最香""最特色""最高端"违反了《广告法》第 9 条第 3 项的规定，但没有明确"最特色"的用语是违反了"国家级"还是"最高级"抑或"最佳"等用语的规定，属

于认定事实不清。同时，原告系个体工商户，其行政责任应由经营者承担，故行政处罚对象应是经营者庞清连。对此，法院认为，原告的行为违反了《广告法》第9条第3项的规定，"广告不得有下列情形：……（三）使用'国家级'、'最高级'、'最佳'等用语"。该项规定禁止使用的广告用语，不仅包括已列举的"国家级""最高级""最佳"，还包括与这些用语表达含义相当的绝对化用语。本案中，被告西湖区市场监督管理局提交的涉案现场及包装袋照片、询问笔录等证据可以证明原告发布的广告内容违反了《广告法》第9条第3项的规定，原告的违法事实成立。同时，法院也认为，被告将原告作为行政处罚的对象也并无不当，"'杭州市西湖区方林富炒货店'系个体工商户营业执照上登记的字号，被诉处罚决定以该字号为被处罚人，并无不当"。

三、行政处罚是否明显不当并可予以变更

（一）被告是否仅依据《广告法》实施行政处罚即可，抑或尚需按照《行政处罚法》的规定实施行政处罚

原告提出，其违法情节轻微，被告对其处以20万元罚款畸重。被告则认为，其根据本案实际情况，依据《广告法》第57条规定，对原告罚款20万元，已是在《广告法》规定幅度内最轻的行政处罚，因此处罚合法、裁量得当。对此，法院认为，罚款是行政处罚的种类之一，对广告违法行为处以罚款，除了应适用《广告法》的规定，还应遵循《行政处罚法》的规定。进而，法院认为，《行政处罚法》第4条第2款规定了过罚相当原则；第5条规定了处罚与教育相结合原则；《行政处罚法》第27条第1款规定了从轻、减轻的情形，其中"从轻处罚"是指在最低限以上适用较低限的处罚，"减轻处罚"是指在最低限以下处罚。具体到本案，被告西湖区市场监督管理局适用了从轻处罚，但本案20万元罚款是否明显不当，还应结合《广告法》禁止使用绝对化用语所需要保护的法益，以及案件的具体违法情形予以综合认定。

（二）原告的违法行为情节是否轻微，原告的行政处罚是否明显不当

法院认为，"原告在广告中使用绝对化用语，不仅误导消费者，不当刺激消费心理，造成广告乱象，而且贬低同行，属于不正当的商业手段，扰乱市场秩序，该广告违法行为既要予以惩戒，同时也应过罚相当，以起到教育作

用为度"。

在明确被诉行政处罚决定已是《广告法》规定的该类广告违法行为中最轻一档处罚即"从轻处罚"的情形下，要判断该行政处罚决定是否"明显不当"，就必须考察该违法行为之情节是否属于《行政处罚法》所规定的可予减轻处罚的情形。对此，法院认为，"根据案涉违法行为的具体情况，来考量违法情节及危害后果。首先，原告系个体工商户，在自己店铺和包装袋上发布了相关违法广告，广告影响力和影响范围较小，客观上对市场秩序的扰乱程度较轻微，对同行业商品的贬低危害较小。其次，广告针对的是大众比较熟悉的日常炒货，栗子等炒货的口感、功效为大众所熟悉，相较于不熟悉的商品，广告宣传虽会刺激消费心理，但不会对消费者产生太大误导，商品是否真如商家所宣称'最好'，消费者自有判断。综合以上因素，本院认为原告的案涉违法行为情节较为轻微，社会危害性较小，对此处以 20 万元罚款，在处罚数额的裁量上存在明显不当"。

(三) 法院对行政机关的行政处罚决定是否具有变更权

法院判决认为，法院作为司法机关，对行政机关的裁量，一般予以认可，但是，根据《行政诉讼法》第 77 条第 1 款规定，行政处罚明显不当的，人民法院可以判决变更。据此，法院判决，将被诉行政处罚所确定的 20 万元罚款数额变更为 10 万元。

【涉及的重要理论问题】

本案涉及的是行政处罚问题。行政处罚是最常见的行政行为种类，自 1996 年《行政处罚法》颁布实施以来，特别是随着各个具体领域有关行政处罚的法律规范的完善，行政处罚方面的依法行政问题应该说得到了较好的解决。但尽管如此，仍不时有一些有关行政处罚问题的争议，最高人民法院颁布的案例中也有不少涉及行政处罚。[1] 就本案而言，原告提出的质疑包括其

---

〔1〕 最高人民法院颁布的指导性案例中，至今共有行政处罚案件 4 个，包括：指导案例 5 号：鲁潍（福建）盐业进出口有限公司苏州分公司诉江苏省苏州市盐务管理局盐业行政处罚案；指导案例 6 号：黄泽富、何伯琼、何熠诉四川省成都市金堂工商行政管理局行政处罚案；指导案例 60 号：盐城市奥康食品有限公司东台分公司诉盐城市东台工商行政管理局工商行政处罚案；指导案例 90 号：贝汇丰诉海宁市公安局交通警察大队道路交通管理行政处罚案。

行为是否属于《广告法》调整，行政主体事实认定是否清楚，处罚对象是否正确，行政处罚是否明显不当。从具体案情看，前两个问题恐主要是原告方的诉讼策略，其最核心的质疑在于认为行政处罚是畸重的。但在认为行政处罚畸重时，原告方未对该行政处罚决定为何畸重进行说明。被告方的答辩则对原告的主张进行了反驳，认为行政处罚决定认定事实清楚、适用法律法规正确、程序正当、裁量适当，因而是合法有效的行政处罚行为。法院判决书在说理部分，除对原被告的主张进行回应之外，还重点说明了法院对明显不当的行政处罚行为具有进行变更的权限及本案行政处罚是否明显不当的问题。有鉴于此，下文将案件涉及的理论问题归纳为以下部分：有关《广告法》在本案中的适用及原告方违法事实认定问题、个体工商户有行政违法行为时的处罚对象问题、行政处罚中的从轻减轻处罚问题、法院的变更判决问题。

一、有关《广告法》在本案中的适用及原告方行政违法事实认定问题

广告法是调整广告关系的法律规范的总称。此处的广告关系，包括广告管理者、广告主、广告经营者、广告发布者等主体之间因广告活动而形成的社会关系。《广告法》第 2 条规定："在中华人民共和国境内，商品经营者或者服务提供者通过一定媒介和形式直接或者间接地介绍自己所推销的商品或者服务的商业广告活动，适用本法。"本案中，被告欲依据《广告法》对原告进行处罚，则必须确定，原告的行为属于《广告法》所调整的范围，或者说，原告的行为属于《广告法》所称的商业广告活动。但恰恰在此点上，原告提出了不同意见，认为其使用的"杭州最优秀的炒货特色商铺""杭州最优秀的炒货店""杭州最优炒货店""杭州最特色炒货店铺"等用语均是在介绍经营场所，不是介绍商品或服务，不能适用《广告法》进行定性处罚。如此一来，本案是否属于《广告法》所调整的范围，根本的问题就在于，原告的活动是否属于商业广告活动。

那么，原告的行为到底是不是商业广告活动呢？依据《广告法》第 2 条第 1 款规定，广告活动是"商品经营者或者服务提供者通过一定媒介和形式直接或者间接地介绍自己所推销的商品或者服务的商业广告活动"。诚然，本案中原告的行为，的确并不都是在直接介绍自己的服务和产品，至少其中一部分只是在介绍自己的店铺。但是，对何谓介绍自己所推销的商品和服务不

能作僵化的理解，所谓的介绍不仅包括直接的介绍，也包括间接的介绍。正如法院在判决中指出的，"广告法中的'介绍'包括直接介绍商品或者服务，也包括介绍企业形象等间接宣传，原告对店铺的介绍或宣传，其最终的目的仍然指向介绍自己的商品或服务，并让消费者接受和购买自己所推销的商品与服务"。在这个意义上，原告的行为即使表面上只是介绍其店铺，也属于《广告法》所规定的广告活动。

事实上，在本案中，原告除了发布介绍其店铺的宣传语之外，其中另有一部分宣传语，是直接地介绍其推销的产品，包括"中国最好最优品质荔枝干""2015年新鲜出炉的中国最好最香最优品质燕山栗子""杭州最好吃的栗子"等，这些都属于对所推销商品的直接介绍，这些广告语的发布，毫无疑问地属于广告活动。

由此可见，本案中原告的宣传活动，无论是介绍其店铺的活动，还是宣传其商品的活动，都属于《广告法》所界定的商业广告活动。也即，本案中原告的行为应受《广告法》的规范。

有关原告的行为是否属于《广告法》所规定的违法行为问题，原告主张，被诉行政处罚决定认定"最好""最优""最香""最特色""最高端"违反了《广告法》第9条第3项的规定，但没有明确"最特色"的用语是违反了"国家级"还是"最高级"抑或"最佳"等用语的规定，属于认定事实不清。在这里，原告仅仅是主张行政处罚"没有明确'最特色'的用语是违反了'国家级'还是'最高级'抑或'最佳'等用语的规定"，因而属于认定事实不清。但事实上，对于原告此处的主张，即使作最极端的理解，也无非是认为，要认定某一行为违反《广告法》第9条第3项规定的行为，必须该行为出现并且仅仅出现"国家级""最高级""最佳"三类表述方为可能。

要解决上述问题，就需要明确，《广告法》第9条第3项的规定，其内涵到底为何。的确，该项中仅列举了"国家级""最高级""最佳"三个表述，但从《广告法》的立法目的及该条的语境看，"国家级""最高级""最佳"三个表述，并不意味着《广告法》要求相关广告用语中必须要有与其完全地、僵化地一致的表述才属违法。该项规定的内涵毋宁是要求商业广告活动中不得出现此类绝对化的用语，以致贬低其他经营者，误导消费者。不仅如此，该项的表述在列举了"国家级""最高级""最佳"三个用语之外，还用了

"等"字，这意味着，在商业广告活动中，不仅前述三个用语是不得使用的，可能造成相同或类似影响的其他用语也是不得使用的。正如法院在判决中指出的"该项规定禁止使用的广告用语，不仅包括已列举的'国家级'、'最高级'、'最佳'，还包括与这些用语表达含义相当的绝对化用语"。基于上述理由，以及案件中双方都认可的基本事实，本案中原告发布的广告内容确已违反了《广告法》第9条第3项的规定，也即，其违反《广告法》的行政违法事实是成立的。

二、有关个体工商户有行政违法行为时的处罚对象问题

原告诉称，原告是个体工商户，其行政责任应由经营者承担，行政处罚对象应是经营者庞清连。原告的核心观点在于，被诉行政处罚决定在处罚对象的认定上是错误的，因而，该行政处罚是违法的。此处行政处罚对象是否错误，关键是在于，对于个体工商户的违法行为，处罚对象应该是个体工商户的经营者，还是作为相对独立于经营者的个体工商户自身。一定程度上，也可以认为该问题的本质在于个体工商户是否有独立作为接受行政处罚主体的资格。

有关行政处罚的对象，《行政处罚法》第3条第1款规定："公民、法人或者其他组织违反行政管理秩序的行为，应当给予行政处罚的，依照本法由法律、法规或者规章规定，并由行政机关依照本法规定的程序实施。"据此，在行政处罚中，处罚的对象可能是公民，也可能是法人，还可能是法人之外的其他组织。从广义上讲，个体工商户是否可作为受行政处罚的对象，端视其与经营者之间是否存在相对独立的关系。就本案所涉及的个体工商户存在行政违法行为时受行政处罚对象是个体工商户自身还是其经营者问题，只要"个体工商户"相对于其经营者而言具有一定的独立性，其即可能作为独立的受处罚的主体。

笔者认为，在此类案件中，个体工商户是具备受处罚的主体资格的，理由如下。

首先，在我国，个体工商户是不同于公民也不同于法人的一类特殊的组织。在1986年通过的《中华人民共和国民法通则》（以下简称《民法通则》）中，有四个条文共八处涉及"个体工商户"概念，规定了其可以起独立的字号，也

规定了其在商标权、名称权、债权债务等方面的权利与义务。[1] 在 2017 年通过的《中华人民共和国民法总则》（以下简称《民法总则》）中，仍明确规定"自然人从事工商业经营，经依法登记，为个体工商户。个体工商户可以起字号"。[2] 个体工商户当然不同于法人，否则也没有必要对其进行专门的规定。同时，个体工商户也不同于作为自然人的公民，其具有相对独立的主体资格。进而，个体工商户的行为并不等同于其经营者的行为，否则，《民法通则》和《民法总则》对个体工商户进行专门规定并赋予其相应的起字号等权利就失去了意义。

其次，《广告法》第 2 条在明确商品经营者或者服务提供者的商业广告活动受《广告法》的调整之后，进一步明确，无论是广告主、广告经营者还是广告发布者，都包括自然人、法人或者其他组织三种形式。[3] 换言之，不是自然人也不是法人的个体工商只要具有一定的独立资格，以自己的名义开展相应活动，就可成为《广告法》中的"其他组织"。结合前文论及的《民法通则》与《民法总则》中规定的个体工商户的主体资格，在广告领域中，个体工商户若以其字号名义开展相应的广告活动，则其行为责任应首先由该字号承担。也即，个体工商户若违反《广告法》的规定，则应以其开展广告活动时的字号的名义承担行政责任，在接受行政处罚时成为行政处罚的对象。

再次，个体工商户作为行政处罚对象的资格，也可从《行政诉讼法》及相关司法解释的规定中进一步得到印证。2018 年发布的《最高人民法院关于适用〈中华人民共和国行政诉讼法〉的解释》第 15 条第 2 款规定："个体工商户向人民法院提起诉讼的，以营业执照上登记的经营者为原告。有字号的，以营业执照上登记的字号为原告，并应当注明该字号经营者的基本信息。"这一规定意味着，若个体工商户有字号，则该字号首先要作为个体工商户的权利与义务的承担者。也就是说，特定经营者只有在个体工商户没有字号的情

---

〔1〕 参见《民法通则》第 26 条、第 28 条、第 29 条、第 96 条、第 99 条。

〔2〕 参见《民法总则》第 54 条。

〔3〕 《广告法》第 2 条第 2 款、第 3 款、第 4 款分别规定："本法所称广告经营者，是指接受委托提供广告设计、制作、代理服务的自然人、法人或者其他组织。""本法所称广告发布者，是指为广告主或者广告主委托的广告经营者发布广告的自然人、法人或者其他组织。""本法所称广告代言人，是指广告主以外的，在广告中以自己的名义或者形象对商品、服务作推荐、证明的自然人、法人或者其他组织。"

形下，才作为行政诉讼的原告，成为相关权利义务的承担者。

须明确的是，在本案行政处罚作出时，《民法总则》与《行诉解释》都尚未出台，但即使这样，将个体工商户作为行政处罚的对象也是站得住脚的。

三、有关行政处罚中的"从轻处罚"与"减轻处罚"问题

行政处罚不仅应该是合法的，而且还应该是符合比例原则的。《行政处罚法》第4条第2款规定："设定和实施行政处罚必须以事实为依据，与违法行为的事实、性质、情节以及社会危害程度相当。"这一规定是行政机关在作出行政处罚决定过程中进行裁量的总体要求，也即行政处罚必须按照比例原则的要求，而不能脱离比例原则进行处罚，以至于出现过罚不相当的情形。而一个过罚相当的行政处罚，需要考虑违法行为的事实、性质、情节以及社会危害程度等因素。结合本案的案情，行政机关在作出行政处罚决定时，需考虑是否存在从轻处罚和减轻处罚的情形。

顾名思义，行政处罚中的"从轻处罚"是指行政机关在实施行政处罚的时候，于法定的处罚幅度内选取较低的档次或程度进行处罚；"减轻处罚"则是在法定的处罚幅度下限之下进行处罚。但在个案中，对特定的违法对象是否应从轻或减轻处罚，到底应从轻处罚还是减轻处罚，按照什么样的条件及标准进行从轻或减轻处罚，却并不如概念本身的字面意思那样清晰，而是需要结合不同法律的规定、违法行为的情节、后果等因素，综合考虑后予以确定。

（一）《行政处罚法》对"从轻处罚"与"减轻处罚"的一般规定

《行政处罚法》第27条规定："当事人有下列情形之一的，应当依法从轻或者减轻行政处罚：（一）主动消除或者减轻违法行为危害后果的；（二）受他人胁迫有违法行为的；（三）配合行政机关查处违法行为有立功表现的；（四）其他依法从轻或者减轻行政处罚的。"按此规定，只要具备上述情形的，行政机关都可以且应当从轻或减轻处罚。但在特定个案当中，到底是否具备上述情形，遇有上述情况时是应予从轻处罚还是减轻处罚，从轻或减轻处罚后具体予以什么样的处罚，则须由行政机关根据具体案情予以确定。

（二）《行政处罚法》与专门的法律中有关行政处罚之规定的关系

有关行政处罚的从轻与减轻问题，《行政处罚法》主要规定了行政处罚的

比例原则及从轻与减轻处罚的一般要求，并未对任何具体违法行为的处罚幅度及其裁量进行规定，具体的处罚幅度往往规定于特定领域的法律之中。如此，就可能出现一种情况：当专门法律规定了处罚的幅度但并未规定是否可从轻或减轻处罚时，到底是仅按专门法律进行处罚，还是须结合《行政处罚法》的规定，综合考虑是否可从轻或减轻处罚？此时，由于专门法律本身已经规定了行政处罚的幅度，那么行政机关可视情节予以从轻处罚是自不待言的。是否可减轻处罚则涉及《行政处罚法》与专门法律规定的关系问题，或者说是一般法与特别法的关系。

在行政处罚领域，《行政处罚法》系一般法，其规定是所有行政机关在作出行政处罚行为时都必须遵守的，除非其后制定的特别法律有不同的规定。换言之，在行政机关作出行政处罚的过程中，无论是对《行政处罚法》的规定，还是专门领域的法律规定，在它们之间不相冲突的情形之下，都是必须予以遵守的。更具体地说，当在后制定的有关行政处罚的特别法对减轻处罚没有作专门的排除性规定时，则行政机关在作出该领域的行政处罚涉及可能减轻处罚时，不仅要遵守该领域特别法的规定，还要遵守《行政处罚法》的规定。

（三）本案中被诉行政处罚决定的裁量

就本案所涉及的广告行政处罚而言，后于《行政处罚法》制定的《广告法》并没有对减轻处罚作出排除性的规定，故《广告法》的规定和《行政处罚法》的规定，是行政机关对违法广告活动进行行政处罚时都必须遵守的。行政机关在认定方林富炒货店的广告活动存在违法情形后，拟作出行政处罚，一方面需考虑《广告法》所规定的处罚幅度；另一方面还要考虑根据《行政处罚法》的规定，违法行为人是否存在应予以减轻处罚的情形。若方林富炒货店的违法行为存在应予以减轻处罚的情形，则应依法予以减轻处罚。

根据《广告法》第57条第1项的规定，发布有《广告法》第9条规定的禁止情形的广告的，由工商行政管理部门责令停止发布广告，对广告主处20万元以上100万元以下的罚款，情节严重的，并可以吊销营业执照。若行政处罚时仅适用《广告法》的规定，在认定方林富炒货店的行为违反《广告法》第9条第3项规定的情形下，对其可施加的罚款行政处罚，其幅度是20

万元至 100 万元。正是依据这一思路，被告杭州市西湖区市场监督管理局认为其行政处罚行为是合法且适当的。

而在明确对广告违法行为的行政处罚需同时适用《广告法》与《行政处罚法》的情形下，行政机关需要考虑的不仅仅是《广告法》对此种违法行为处以什么幅度的行政处罚，还要考虑应否适用《行政处罚法》所规定的减轻处罚规定。具体而言，即要考虑方林富炒货店的行为是否符合《行政处罚法》第 27 条所规定的四种应当依法从轻或者减轻行政处罚的情节。

需要进一步考虑的是，《行政处罚法》第 27 条所规定的四种应当依法从轻或者减轻行政处罚的情节，包括从轻处罚与减轻处罚两种情形。若仅认定违法行为人的行为具有所列四种情形之一，则只能得出至少应当从轻处罚的结论，至于是否应当减轻处罚，仍然需要行政处罚机关根据违法行为人的具体违法情节、行为危害后果等因素予以认定。

（四）可予以减轻处罚的情形

如前所述，在专门的法律对某类违法行为的处罚幅度已作出规定的情形下，行政机关作出行政处罚时自然应考虑是否从轻之问题。故下文仅讨论根据《行政处罚法》第 27 条的规定，行政机关在作出行政处罚时如何认定是否减轻处罚的问题。同时，因本案中的违法行为人不涉及受他人胁迫、配合行政机关查处违法行为有立功表现的情形，也不存在其他依法从轻或者减轻行政处罚的情形，故只结合违法行为的情节，讨论有关主动消除或者减轻危害后果的问题。

按《行政处罚法》第 27 条的规定，减轻处罚的情形之一是违法行为人主动消除或减轻违法行为危害后果。此处的主动，是否意味着违法行为在未经任何人提示或要求的情形之下就予以消除危害？从条文的内容看，此项规定重在违法行为危害后果之消除或者减轻，而不在有无经人提示或要求，更不关注何人提示或要求，因此，只要非被迫消除或减轻危害后果的，都可认为是主动消除危害后果。[1]本项要求违法行为人对危害后果的改变包括"消除"和"减轻"两种，且条文中并没有规定是否消除了危害后果即予减轻处

---

[1] 事实上，在本案被告作出的行政处罚决定书中，即已认定原告"主动中止违法行为"。参见（杭西）市管罚处字〔2015〕534 号行政处罚决定书。

罚、减轻了危害后果即予从轻处罚。从逻辑上看，无论是消除了危害后果，还是减轻了危害后果，只要其对违法情节的影响，可使得危害后果足够轻微，则皆可减轻处罚。也就是说，即使仍然有一定的危害后果发生，仍然是可视情节予以减轻处罚的，至于具体是否应减轻处罚，以及减轻到何种程度，则由行政机关裁量。

四、有关行政诉讼中对行政处罚的变更判决问题

（一）行政诉讼中的变更判决及其一般规定

变更判决是法院经审理后，对被诉行政行为的内容直接予以变更的判决。基于司法与行政所扮演的角色不同，在行政诉讼制度设计中，法院原则上只审查行政行为的合法性问题，而不审查其合理性问题，更不会对行政行为的内容进行直接的变更。[1]但作为合法性审查的例外，《行政诉讼法》第77条规定，"行政处罚明显不当，或者其他行政行为涉及对款额的确定、认定确有错误的，人民法院可以判决变更"。根据该条规定，进行变更判决的情形只有两种，一是行政处罚明显不当的，二是涉及对款额的确定、认定确有错误的。需要注意的是，此处规定的是法院可以判决变更，而非必须判决变更，这意味着在前述情形下，法院也可不作出变更判决而作出其他判决，如根据《行政诉讼法》第70条第6项的规定作出撤销判决。

之所以在第70条规定对明显不当的行政处罚可予判决撤销之后，又规定法院可以作出变更判决，其原因在于，一是防止出现行政机关在撤销判决之后，又重新作出与原被诉行政行为接近甚至一样的行政行为，从而导致原告的合法权益无法得到有效的保护；二是在前述情形之下，由法院直接判决变更，既不会有司法权僭越而行使了行政权的问题，又有利于尽快地解决行政纠纷，同时也更有利于节省司法与行政资源。

（二）法院如何认定行政处罚明显不当

明显不当是行政行为的正当性问题，而非合法性问题。就行政处罚行为而言，法院考虑被诉行政处罚决定是否存在明显不当从而是否应予判决变更

---

[1] 《行政诉讼法》第6条规定："人民法院审理行政案件，对行政行为是否合法进行审查。"

时，意味着该行政处罚行为在通常意义上的合法性上是得到认可的。故审查的焦点也就集中于处罚决定的幅度问题。更具体地说，在于是否出现了应从轻处罚而没有从轻处罚的问题，或是否出现了应减轻处罚而没有减轻处罚的问题。就本案而言，由于《广告法》对原告的违法行为规定的处罚幅度是20万至100万元，而被告所作的处罚决定是其中的最低档20万元，也即不存在应从轻处罚而未予从轻的问题。因此，在本案中要考虑行政处罚行为是否仍存在明显不当的情形，实质就是考虑其是否存在应根据《行政处罚法》的规定予以减轻处罚的问题。

根据前文的分析，本案中欲适用减轻处罚，须考虑原告违法行为的事实、性质、情节及危害性后果，特别是要考虑原告的行为是否存在《行政处罚法》第27条第1项所规定的主动消除或者减轻违法行为危害后果的情形。由于本案的事实是确定的，性质也是明确的，故是否可减轻处罚，考虑的主要因素在于本案的情节与危害后果。有关违法情节，本案的违法情节是明确的，即在商品包装上及店铺中使用了违反《广告法》第9条所禁止的绝对化的广告用语，而在经指出此种做法违反《广告法》的规定之后，原告也认识到自己行为的违法性，采取措施减轻了危害后果。而就危害后果来看，原告的违法行为客观上存在《广告法》所确定的危害后果，但此危害后果按一般公众的理解，算不上严重，就如法院所论证的，首先，原告系个体工商户，在其店铺和包装袋上发布了相关违法广告，广告影响力和影响范围较小，客观上对市场秩序的扰乱程度较轻微，对同行业商品的贬低危害较小。其次，广告针对的是大众比较熟悉的日常炒货，栗子等炒货的口感、功效为大众所熟悉，相较于不熟悉的商品，广告宣传虽会刺激消费心理，但不会对消费者产生太大误导，商品是否真如商家所宣称"最好"，消费者自有判断。

根据上述分析，原告的违法情节属于轻微，危害后果亦不严重。然而，违法情节轻微、危害后果不严重不必然属于可减轻处罚的情形，到底在特定轻微违法情节和轻微危害后果的情形下，是否要减轻处罚，还需要执法者根据一般人的认识，结合自己的专业理解予以判决。到了司法审查阶段，也需要法官据前述标准判断行政处罚行为是否存在"明显不当"的情形。具体到本案，一家个体工商户在其商品包装上和店铺中使用了绝对化的用语对商品进行介绍，虽属违法应予以处罚，但径直按照《广告法》的规定对其处以高达20万元的罚款，显然超出了人们通常的认识，这也是该案之所以引起舆论关注甚至在一定范围引起轰动的原因。而这种"轰动"，因其一定程度上反映了一般公众对处罚公正与否的认识，因此不仅在事实上"可能"影响了法院对该案的判决，对行政行为进行了变更，也"应该"是法院认定行政行为是否"明显不当"并考虑是否予以判决变更的因素。

（三）未尽的问题：本案变更判决是否仍然存在更大的余地

一如法院在判决中所指出的，法院作为司法机关，对行政机关的裁量，一般应予以认可，但是，根据《行政诉讼法》第77条第1款的规定，行政处罚明显不当的，人民法院可以判决变更。本案变更判决的作出，也正表明了法院行使了此种变更权。但就本案而言，问题还在于，既然法院作出了变更判决，那么，对该行政处罚决定的变更，到底"变"到何种程度为适当？法院将罚款数额从20万元变更为10万元，是否就是真正达到了公正的目标？如果已经达到，理由何在？如果没有，那么变更为多少才是合适的？这些问题都有进一步研究的价值。另外，本案判决对原行政处罚的数额进行了变更，使得行政处罚由从轻处罚变为减轻处罚，但却没有就这一变更范围的理由进行论证，一定意义上仍可以说是一个缺憾。

【后续影响及借鉴意义】

（一）后续影响

本案自发生之日起，就引起了社会各界的广泛关注，媒体对其也进行了广泛报道。在百度中，以"方林富炒货店""西湖区市场监管局"为关键词进行搜索，结果高达42 000个；以"方林富炒货店""西湖区市场监管局""一审"为关键词进行搜索，结果高达6000余个；以"方林富炒货店""西湖区市场监管局""二审"为关键词进行搜索，结果高达5860余个。[1]

在行政与司法实践领域，自本案判决后，亦多有行政机关在作出行政处罚决定时参考借鉴了该案。如温州市市场监督管理局在多个案件中皆明确指出，"本局在作出被诉处罚决定时已经充分考虑原告违法行为的相应情节，依

---

〔1〕 参见百度搜索，最后访问时间：2019年3月17日。

法慎重行使自由裁量权，处罚内容参考、借鉴杭州方林富案件的司法审理结果"。[1]

在学界，也有不少研究者对该案进行了研究探讨。其中多数研究都着眼于行政处罚中比例原则的适用；[2] 也有人讨论过罚相当原则的认定标准问题及其在类似案件中的裁判规则问题；[3] 还有人以此案为分析对象讨论不予行政处罚的适用情形。[4]

（二）《广告法》有关此类违法行为的行政处罚幅度是否过高

本案中，被告西湖区市场监督管理局依据《广告法》的规定，在 20 万元至 100 万元的罚款幅度内，对原告作出了罚款 20 万元的行政处罚。显而易见，这一处罚被各界认为是畸重的，也被法院认为是明显不当而予以变更。但若不考虑行政处罚过程中《行政处罚法》第 27 条的适用，而就《广告法》自身的规定来看，该法第 57 条规定，对违反《广告法》第 9 条第 3 项有关使用"国家级""最高级""最佳"等绝对化用语的行为，"对广告主处 20 万元以上 100 万元以下的罚款，情节严重的，并可以吊销营业执照，由广告审查机关撤销广告审查批准文件、一年内不受理其广告审查申请；对广告经营者、广告发布者，由工商行政管理部门没收广告费用，处 20 万元以上 100 万元以下的罚款，情节严重的，并可以吊销营业执照、吊销广告发布登记证件"，这种行政处罚规定是否太过严厉？

诚然，我们可以理解，《广告法》之所以作出此种相对严厉的处罚规定，是因为在现实生活中，有许多广告使用绝对化用语，误导消费者，贬低竞争对手，造成了较大的危害后果。但仍然要认识到，许多情形之下，使用绝对化广告用语的，并不是达到一定规模的企业，而是一些小微企业与个体工商户，这些主体之中有些甚至一年的营业额也未达到 20 万元。同时，根据比例

---

[1] 参见浙江省温州市鹿城区人民法院（2018）浙 0302 行初 248 号、250 号、251 号、253 号、254 号、278 号行政判决书。

[2] 夏羽："我国行政处罚合理性问题的案例分析"，载《中小企业管理与科技》（中旬刊）2017 年第 5 期。

[3] 闫大莹、王俐智："论过罚相当原则的认定标准和裁判规则——以'杭州最优炒货店案'为视角"，载《榆林学院学报》2019 年第 1 期。

[4] 戴滢、黄梦颖、何申申："论不予行政处罚的适用情形——以'方林富炒货店案'为分析对象"，载《改革与开放》2018 年第 16 期。

原则，行政处罚应当是"过罚相当"的，无论违法主体的规模大小，他们的类似违法行为之危害后果并不必然都是足够严重的。若对此类违法行为一律处以 20 万元至 100 万元的罚款或更重的行政处罚，无疑超出了人们一般所认识的公正范围。尽管人们可以结合本案的情况，期待行政机关在行政处罚的过程中充分考虑违法情节与危害后果，适用《行政处罚法》的相关规定减轻处罚，但若对于某一类违法情形，在很多时候都需要减轻处罚才符合人们的一般公正理念的时候，这恰恰说明相关法律中有关的行政处罚规定是存在值得商榷之处的。

案例三　黄泽富、何伯琼、何熠诉四川省成都市金堂工商行政管理局行政处罚案

马　允[*]

【案例名称】

黄泽富、何伯琼、何熠诉四川省成都市金堂工商行政管理局工商行政处罚案［四川省成都市中级人民法院（2006）成行终字第 228 号行政判决］

其他来源：《最高人民法院公报》2012 年第 12 期（总第 194 期）；最高人民法院关于发布第二批指导性案例的通知（2012 年 4 月 9 日）

【关键词】

行政处罚　没收较大数额财产　听证　正当程序

【基本案情】

原告黄泽富、何伯琼、何熠诉称：被告四川省成都市金堂工商行政管理局（以下简称金堂工商局）行政处罚行为违法，请求人民法院依法撤销成工商金堂处字（2005）第 02026 号《行政处罚决定书》，返还电脑主机 33 台。

被告金堂工商局辩称：原告违法经营行为应当受到行政处罚，对其进行行政处罚的事实清楚、证据确实充分、程序合法、处罚适当；所扣留的电脑主机是 32 台而非 33 台。

法院经审理查明：2003 年 12 月 20 日，四川省金堂县图书馆与原告何伯

---

* 作者简介：马允，中国政法大学法学院行政法研究所讲师，硕士生导师。

琼之夫黄泽富联办多媒体电子阅览室。经双方协商，由黄泽富出资金和场地，每年向金堂县图书馆缴管理费2400元。2004年4月2日，黄泽富以其子何熠的名义开通了ADSL84992722（期限到2005年6月30日），在金堂县赵镇桔园路一门面房挂牌开业。4月中旬，金堂县文体广电局市场科以整顿网吧为由要求其停办。经金堂县图书馆与黄泽富协商，金堂县图书馆于5月中旬退还黄泽富2400元管理费，摘除了"金堂县图书馆多媒体电子阅览室"的牌子。2005年6月2日，金堂工商局会同金堂县文体广电局、金堂县公安局对原告金堂县赵镇桔园路门面房进行检查时发现，金堂实验中学初一学生叶某、杨某、郑某和数名成年人在上网游戏。原告未能出示《网络文化经营许可证》和营业执照。金堂工商局按照2016年修订前的《互联网上网服务营业场所管理条例》第27条"擅自设立互联网上网服务营业场所，或者擅自从事互联网上网服务经营活动的，由工商行政管理部门或者由工商行政管理部门会同公安机关依法予以取缔，查封其从事违法经营活动的场所，扣押从事违法经营活动的专用工具、设备"的规定，以成工商金堂扣字（2005）第02747号《扣留财物通知书》决定扣押原告的32台电脑主机。何伯琼对该扣押行为及扣押电脑主机数量有异议，遂诉至法院，认为工商局实际扣押了其33台电脑主机，并请求撤销该《扣留财物通知书》。2005年10月8日金堂县人民法院作出（2005）金堂行初字第13号《行政判决书》，维持了成工商金堂扣字（2005）第02747号《扣留财物通知书》，但同时确认金堂工商局扣押了何伯琼33台电脑主机。同年10月12日，金堂工商局以原告的行为违反了《互联网上网服务营业场所管理条例》第7条、第27条的规定作出了成工商金堂处字（2005）第02026号《行政处罚决定书》，决定"没收在何伯琼商业楼扣留的从事违法经营活动的电脑主机32台"。

四川省金堂县人民法院于2006年5月25日作出（2006）金堂行初字第3号行政判决：一、撤销成工商金堂处字（2005）第02026号《行政处罚决定书》；二、金堂工商局在判决生效之日起30日内重新作出具体行政行为；三、金堂工商局在本判决生效之日起15日内履行超期扣留原告黄泽富、何伯琼、何熠的电脑主机33台所应履行的法定职责。宣判后，金堂工商局向四川省成都市中级人民法院提起上诉。成都市中级人民法院于2006年9月28日以同样的事实作出（2006）成行终字第228号行政判决，撤销一审行政判决第三项，对其他判项予以维持。

【裁判要旨】

听证程序是指行政机关为了查明案件事实、公正合理地实施行政处罚，在作出行政处罚决定前通过公开举行由有关利害关系人参加的听证会广泛听取意见的程序。《行政处罚法》第 42 条规定，行政机关作出责令停产停业、吊销许可证或者执照、较大数额罚款等行政处罚决定之前，应当告知当事人有要求举行听证的权利。因此，在没收较大数额财产的行政处罚中，行政机关未告知当事人有要求听证的权利的，违反法定程序，行政处罚亦不合法。

【裁判理由与论证】

法院在生效裁判中归纳了四个争议焦点，分别阐述如下：

一、关于职权依据的问题

根据《互联网上网服务营业场所管理条例》第 4 条的规定，金堂工商局对本区域内互联网上网服务营业场所经营单位登记注册和营业执照及查处无照经营活动负有行政管理职责，其执法主体适格。

二、关于适用法律的问题

《无照经营查处取缔办法》是针对从事各项经营活动的单位和个人制定的、带有普遍约束力的法规，而《互联网上网服务营业场所管理条例》是为了加强对互联网上网服务营业场所的管理，规范经营者的经营行为，保障互联网上网服务经营活动健康发展而专门制定的法规，属特别法。根据《无照经营查处取缔办法》（现已失效）第 14 条第 2 款"对无照经营行为的处罚，法律、法规另有规定的，从其规定"的规定，各行业对无照经营行为有特别规定的，应当依照特殊规定执行。金堂工商局在对黄泽富等三人进行检查时，虽以"营业执照"为检查项目，但在检查过程中发现黄泽富等三人在未取得文化行政部门的批准和公安机关核发的《网络文化经营许可证》，及未经工商行政管理部门核准登记的情况下，擅自设立互联网上网服务营业场所，从事互联网上网服务经营活动，违反《互联网上网服务营业场所管理条例》第 7 条的规定，并根据该条例第 27 条的规定对黄泽富等三人进行处罚，其适用法律正确。

三、关于事实问题

黄泽富等三人主张金堂工商局扣押电脑主机的数量为 33 台，而处罚决定没收电脑主机 32 台，属认定事实不清。扣押财产与行政处罚是两个不同的行政行为，何伯琼诉金堂工商局扣押财产一案，已经金堂县人民法院作出的（2005）金堂行初字第 13 号行政判决予以确认，因此该扣押财产行为的合法性应受生效判决羁束，故黄泽富等三人诉金堂工商局扣押电脑主机的数量不准确及扣押行为违法不属本案审理范围。原审法院认定"金堂工商局在检查时现场有电脑 33 台，虽有扣押清单证明金堂工商局扣押电脑主机是 32 台，但金堂工商局现举不出所差 1 台电脑主机是黄泽富等三人转移的证据，该责任应由金堂工商局承担"，并以此判决金堂工商局在本判决生效之日起 15 日内履行超期扣押黄泽富、何伯琼、何熠的电脑主机 33 台所应履行的法定职责，超越了本案的审理范围，应予撤销。

四、关于程序问题

《行政处罚法》第 42 条规定："行政机关作出责令停产停业、吊销许可证或者执照、较大数额罚款等行政处罚决定之前，应当告知当事人有要求举行听证的权利。"虽然该条规定没有明确列举"没收财产"，但是该条中的"等"系不完全列举，应当包括与明文列举的"责令停产停业、吊销许可证或者执照、较大数额罚款"类似的其他对相对人权益产生较大影响的行政处罚。为了保证行政相对人充分行使陈述权和申辩权，保障行政处罚决定的合法性和合理性，对没收较大数额财产的行政处罚，也应当根据《行政处罚法》第 42 条的规定适用听证程序。关于没收较大数额的财产标准，应比照《四川省行政处罚听证程序暂行规定》第 3 条"本规定所称较大数额的罚款，是指对非经营活动中的违法行为处以 1000 元以上，对经营活动中的违法行为处以 20 000 元以上罚款"中对罚款数额的规定。因此，金堂工商局没收黄泽富等三人 32 台电脑主机的行政处罚决定，应属没收较大数额的财产、对黄泽富等三人的利益产生重大影响的行为，金堂工商局在作出行政处罚前应当告知被处罚人有要求听证的权利。本案中，金堂工商局在作出处罚决定前只按照行政处罚一般程序告知黄泽富等三人有陈述、申辩的权利，而没有告知听证权利，违反了法定程序，依法应予撤销。

【涉及的重要理论问题】

经四川省成都市中级人民法院选送和四川省高级人民法院推荐，最高人民法院于 2012 年 4 月 9 日将"黄泽富、何伯琼、何熠诉四川省成都市金堂工商行政管理局行政处罚案"作为指导性案例 6 号在第二批指导性案例中予以发布。该案主要争议焦点涉及行政机关作出"没收较大数额涉案财产"的行政处罚时，是否应当适用听证程序的问题。最高人民法院行政庭在作出同意将该案列入指导性案例的意见时指出，该案"对行政处罚规定的较为原则的听证程序的适用范围进行了细化，准确把握了听证程序的立法原意适用原则，对处理类似案件具有一定指导意义"，肯定了该案的理论和实践价值。该案判决不仅涉及行政处罚程序的重要理论问题，尤其是正当程序原则在行政处罚领域中的适用问题，其所适用的法律推理方法也颇具理论研究价值。然而，该案亦存在诸多未竟问题，尤其是其作为指导性案例的参照适用的问题，下文将分述之。

一、多元法律推理方法的综合适用

《行政处罚法》第 42 条规定："行政机关作出责令停产停业、吊销许可证或者执照、较大数额罚款等行政处罚决定之前，应当告知当事人有要求举行听证的权利；当事人要求听证的，行政机关应当组织听证。"围绕作出没收较大数额财产的行政处罚决定能否涵摄进第 42 条，法院在判决中采用了多种不同的法律推理方法，包括演绎、归纳、类比、设证推理等。

首先，法院运用典型的三段论演绎推理的方式来构建判决的宏观结构。本案中的大前提是行政机关在作出特定类型的行政处罚决定时，应当告知相对人有申请听证的权利；小前提是本案中行政机关并没有告知原告黄泽富等人享有听证的权利；结论是本案中行政机关做出的处罚决定因程序违法，应当予以撤销。在构建本案的大前提时，需要回归到《行政处罚法》第 42 条的规定，对其进行法律解释，从而确保大前提为真。

在选择法律解释方法时，文义解释是所有解释的首要出发点。杨仁寿曾言"典型的解释方法,是先依文义解释,而后继以论理解释……如法文之文义明确,无复数解释之可能性时,仅能为文义解释"。[1]本案中,从文义解释来看,对《行政处罚法》第42条中的"等"字可以有闭合式和开放式两种不同的理解方式,即等内等和等外等两种解释结果。虽然成都市中级人民法院在判决中直接认定"等字系不完全列举"而未对文义解释可能存在的复数解释可能性进行阐述,最高人民法院在其组织编写的指导性案例6号"理解与参照"中对这一点进行了补足。[2]实际上,就法律规范中的"等"字应当作何理解,最高院在2004年印发的《关于审理行政案件适用法律规范问题的座谈会纪要》曾明确指出,"法律规范在列举其适用的典型事项后,又以'等''其他'等词语进行表述的,属于不完全列举的例示性规定。以'等''其他'等概括性用语表示的事项,均为明文列举的事项以外的事项,且其所概括的情形应为与列举事项类似的事项"。尽管该纪要明确表明了最高人民法院对"等"字的文义解读的一般性理解,但纪要本身并不是权威的立法解释,而且也无助于解决本案涉及的"没收较大数额财产"是否可纳入"等"字范畴的问题,仅仅表明最高人民法院就这一问题秉持的态度。

在文义解释可能得出复数结果时,法院判决引入了目的解释的方法来论证"没收较大数额财产"为何应当纳入处罚听证的范围。判决指出,"为了保证行政相对人充分行使陈述权和申辩权,保障行政处罚决定的合法性和合理性",应当对"等"字进行扩张性解释使其涵盖没收较大数额财产这一处罚决定。用章志远的话来说,此即"文义解释退场、目的解释出场"。[3]原判决仅用简单的两句话就完成了对司法说理中的目的解释方法的运用,并未对立法本意是什么以及如何探知立法本意进行说明,未免失之简单(后文将对此展开分析)。欲探寻立法目的和立法原意,立法背景资料是必要的辅助性材料。最高人民法院在其"理解与参照"中进一步援引了《行政处罚法》的立法史、立法答复和司法答复等资料,对原判决的说理进行了补充,以表明将

〔1〕 杨仁寿:《法学方法论》,中国政法大学出版社1999年版,第101页。

〔2〕 姚宝华:"《黄泽富、何伯琼、何熠诉四川省成都市金堂工商行政管理局行政处罚案》的理解与参照",载《人民司法》2014年第6期。

〔3〕 章志远:"法定行政程序的扩张性解释及其限度——最高人民法院6号指导案例之评析",载《浙江社会科学》2013年第1期。

"没收较大数额财产"纳入处罚听证范围是立法本意所在。首先，第八届全国人大法律委员会在审议《行政处罚法》草案时，当时的草案中并没有"等"字，而是以煞尾的方式对三种应适用听证程序的处罚种类进行了列举，即责令停产停业、吊销营业执照和较大数额罚款。"等"字的加入是立法者为扩大处罚听证范围有意为之，是对人大代表针对《行政处罚法（草案）》所列举听证范围过窄的质疑的回应。除此之外，最终出台的法律文本还将"吊销营业执照"扩展为"吊销许可证和营业执照"。这表明立法机关在当时已经认识到听证范围较窄，因此通过添加"等"字的立法技巧，为扩大听证范围埋下伏笔。甚至可以说，该"等"字就是特意为"没收较大数额财产"预留的。其次，由于实践中争议较大，公安部曾专门就没收较大数额的违法所得或非法财物是否适用听证程序请示全国人大常委会法工委。后者在答复中明确指出，第42条的"等"字属于开放式的不完全列举。此二者皆为对《行政处罚法》立法目的的探寻，以表明将"没收较大数额财产"纳入听证范围符合立法者原意。也有学者对立法原意的此番解释提出质疑，例如黄玉寅指出，"既然与吊销营业执照具有同质性的吊销许可证并未用'等'字加以涵摄，而是补充进草案，那么何以证明与较大数额罚款具有同质性的没收较大数额违法所得或非法财物就一定隐含在'等'字中"。此外，全国人大法工委国家法行政法室编写的《〈中华人民共和国行政处罚法〉释义》与《〈中华人民共和国行政处罚法〉讲话》两本书表明应当列入听证范围的处罚事项限于《行政处罚法》明确规定的三种。因此，作者指出"从立法原意的视角管制，'列举煞尾'更贴近立法者对《行政处罚法》第42条的理解"。[1]换言之，最高人民法院对立法原意的解读仅是其"一家之词"，是对立法原意"列举煞尾"的误读。

除此之外，最高人民法院在"理解与参照"中还特别强调了其在司法答复中对该问题秉持的一贯态度。2004年最高人民法院给新疆高级人民法院《关于没收财产是否应进行听证及没收经营药品行为等有关法律问题的答复》中曾明确指出，"人民法院经审理认定，行政机关作出没收较大数额财产的行政处罚决定前，未告知当事人有权要求举行听证或者未按规定举行听证的，

---

〔1〕 黄玉寅："论地方行政机关对'行政一体'原则的摆脱——基于对《行政处罚法》第42条中'等'字的探究"，载《政治与法律》2013年第4期。

应当根据《行政处罚法》的有关规定，确认该行政处罚决定违反法定程序"。关于这一答复的效力，其在行政与功能上类似于司法解释，但尚不完全具备司法解释所具有的拘束力。学者指出，即便将司法答复视为功能意义上的司法解释，它所具有的效力也仅仅是一种限于法院系统内部的司法强制力，而无法直接强制约束行政机关。[1]

其次，除适用演绎推理搭建判决的整体框架之外，在微观层面，法院在判决中使用了归纳推理的方式，总结概括了第 42 条明确列举的三项应当进行听证的行政处罚决定（即责令停产停业、吊销许可证或者执照、较大数额罚款）的共性，即"对相对人权益产生较大影响"。此一归纳推理的应用既是为完善演绎推理之大前提而为的一个必要步骤，其所得出的结论（即应适用听证程序的行政处罚决定是那些对相对人权益产生较大影响的处罚）亦为后续的类比推理奠定了基础。[2]

再次，法院在本案中还创造性地使用了类比推理的方法。类比推理是"经由共同属性来使两个规范命题获得类似处理的方法"。[3] 不等同于归纳推理或演绎推理，类比推理本质上是一种填补法律漏洞的"法律创造"活动。[4] 在本案中，法官即指出"没收较大数额财产"虽然不属于明确列举的应当纳入听证程序的法定处罚种类之一，但是它与其他三类明确列举的种类一样，都具有"对相对人权益产生较大影响"这一特征，因此，本着"相同行为相同对待，不同行为不同对待"这一基础理念，没收较大数额财产这一类处罚应当获得与其他三类相同的法律对待，即适用听证程序。概言之，类比推理的结果是将没收较大数额财产纳入了"等"字的射程范围，建构了大前提的真实性，从而完成判决演绎推理的整体建构。

有学者指出，在指导性案例 6 号中，"类比推理是整个案件的核心步骤，法官正是运用这一推理方法，扩展了法律规则的范围，其本质正是'造法'

---

〔1〕 黄玉寅："论地方行政机关对'行政一体'原则的摆脱——基于对《行政处罚法》第 42 条中'等'字的探究"，载《政治与法律》2013 年第 4 期。

〔2〕 孙光宁："法律推理在司法中的融贯运作——以最高人民法院发布的'指导案例 6 号'为分析对象"，载《法商研究》2013 年第 6 期。

〔3〕 孙光宁："法律推理在司法中的融贯运作——以最高人民法院发布的'指导案例 6 号'为分析对象"，载《法商研究》2013 年第 6 期。

〔4〕 杨登峰："指导案例 6 号的未竟之业"，载《法治现代化研究》2017 年第 3 期。

行为"。[1]正是因为类比推理所具有的"法律创造"性质，在适用类比推理时需要进行充分的说理，确定不同类事物之间的相似点，从而奠定类比推理的基础。除了"对相对人权益产生较大影响"这一一般性标准之外，法院判决中还添加了对于"较大数额"的说理。关于"较大数额"的判断标准，法院参照了"较大数额罚款"的认定标准，比照《四川省行政处罚听证程序暂行规定》第 3 条"本规定所称较大数额的罚款，是指对非经营活动中的违法行为处以 1000 元以上，对经营活动中的违法行为处以 20 000 元以上罚款"的规定进行了适用。本案中没收的 30 余台电脑价值 10 万元左右，属于"较大数额"，因此应当适用听证程序。这一推理方式可谓之"微观意义上的类比推理"，[2]增强了宏观类比推理的说理性，强化了类比推理在本案中的适用效果。就本案中类比推理产生的整体效果而言，孙光宁作出了中肯的评价，"该案法官通过多种比较形成了判决结论，而进行这些比较的正是类比推理的运作过程。该案的判决结果有利于规范行政机关的具体行政行为，增强对行政相对人程序权利的保障，符合行政程序法追求的宏观目的，这也是运用类比推理所产生的积极效果"。[3]

最后，除了综合运用演绎、归纳和类比推理之外，孙光宁指出法官在判决中还适用了设定推理的方式，即"从一系列既定的事实和条件中获得一种假设命题，一旦作为结论的假设能够成立，那么它就能够对那些事实进行解释"。[4]在指导性案例 6 号中，法官通过法感形成了初步的有利于相对人的判决结果的总体走向，然后整体考量了相关法规的目的、类似案件中最高人民法院提供的参考、正当程序原则、对行政行为的规制等要素，最终形成了严格要求行政机关保护相对人的程序性权益的判决结果。

综上所述，尽管成都市中级人民法院在判决中的说理略显简单，最高人

---

〔1〕 孙光宁："法律推理在司法中的融贯运作——以最高人民法院发布的'指导案例 6 号'为分析对象"，载《法商研究》2013 年第 6 期。

〔2〕 孙光宁："法律推理在司法中的融贯运作——以最高人民法院发布的'指导案例 6 号'为分析对象"，载《法商研究》2013 年第 6 期。

〔3〕 孙光宁："法律推理在司法中的融贯运作——以最高人民法院发布的'指导案例 6 号'为分析对象"，载《法商研究》2013 年第 6 期。

〔4〕 孙光宁："法律推理在司法中的融贯运作——以最高人民法院发布的'指导案例 6 号'为分析对象"，载《法商研究》2013 年第 6 期。

民法院在将本案列入指导性案例时，对原判决中欠缺的说理部分进行了适当补充，综合运用不同法律推理方法完成了对原判决的"二次建构"。

二、正当程序原则在行政处罚领域的体现

正当程序（due process）原则是普通法发展的产物，最初发轫于英国普通法上的自然公正（natural justice）原则。它在产生之初包含了两个基本要素：一是回避制度，即任何人不得做自己案件的法官；二是任何人在受到处罚或其他不利处分之前，应当公正地被听取意见，公民有为自己辩护的权利。后者历经判例发展，形成了现代英国正当程序原则包括的三项具体内容：（1）公民有在合理时间内得到通知的权利；（2）公民有了解行政机关的论点和根据的权利；（3）公民有为自己辩护的权利。在美国，正当程序原则作为一项宪法原则体现在宪法第五修正案[1]中，通过《联邦行政程序法》持续的司法适用成为美国联邦行政的核心问题之一。有关正当程序原则所保障的权益范围，英美法在传统上采取所谓的"权利与特权二分理论"，认为只有权利（right）属于正当程序原则的保护范围，而特权（privilege）除外。随着社会权作为基本权利越来越多地被承认，英美国家逐渐摒弃了上述二分法，英国提出了合法期待理论，认为只要相对人对社会性权利形成合法期待，此种"特权"性利益即可受到正当程序原则的保护；而美国提出了"资格理论"，认为是否给予某种"特权"或"福利"以正当程序的保护，核心在于当事人是否已经获得了在法律上拥有该特权或福利的资格。[2]

关于正当程序原则在我国行政法上中的地位和作用，无论是司法实践[3]还是学界[4]都进行了非常多的探索。虽然成都市中级人民法院的判决中并没

---

〔1〕 第五修正案："不经正当法律程序，不得被剥夺生命、自由或财产"（No person shall … be deprived of life, liberty, or property, without due process of law）。

〔2〕 杨登峰："法无规定时正当程序原则之适用"，载《法律科学》2018 年第 1 期。

〔3〕 例如在"张成银诉徐州市人民政府房屋登记行政复议决定案"（载《最高人民法院公报》2005 年第 3 期）中，法院认为，尽管行政复议法没有明确规定行政复议机关必须通知第三人参加复议，但是根据正当程序的要求，行政机关在可能作出对他人不利的行政决定时，应当专门听取利害关系人的意见。

〔4〕 何海波："司法判决中的正当程序原则"，载《法学研究》2009 年第 1 期；章剑生："对违反法定程序的司法审查——以最高人民法院公布的典型案件（1985-2008）为例"，载《法学研究》2009 年第 2 期；于立深："违反行政程序司法审查中的争点问题"，载《中国法学》2010 年第 5 期等。

有明确提及"正当程序"的字眼，但是最高人民法院在有关该案裁判要点的理解与说明中对原判决进行了"深加工"，明确指出正当程序原则对该案判决的影响："正当程序原则是最低限度的程序正义要求。当行政机关作出行政处罚时，应当告知当事人有要求举行听证的权利而没有告知的，或者未依法举行听证的，人民法院应当根据《行政诉讼法》第54条的规定，以违反法定程序为由，撤销或部分撤销原具体行政行为，并可以判决行政机关重新作出具体行政行为。"[1]

听证程序是正当程序原则的核心组成部分。作为一种重要的行政程序，它将诉讼程序中的抗辩机制引入到了行政程序中，其目的在于查清事实、发现真相，给予当事人就重要的事实表达意见的机会。尽管听证程序是保护相对人权益、促进依法行政、确保行政民主公开的重要途径，但从世界范围来看，听证程序的适用范围需要受到一定的限制，其根本原因在于公正与效率的矛盾以及对成本与效益的综合考量。从成本收益的角度来分析，行政处罚中的听证程序可能带来的收益包括：（1）帮助行政机关获取执法所需信息，尤其是与案件事实有关的、仅通过一方主体难以精确获得的信息，用叶俊荣的话说，听证程序能够在一定程度上产生"资讯加值"。[2]这进一步催生出"决策加值"的效果，即行政处罚决定品质的提升[3]；（2）可能提高当事人自觉接受处罚的比率，使得行政处罚后续的执行程序更为流畅；（3）减少司法对行政处罚决定的后续审查义务，节省司法成本；（4）促进行政机关依法进行行政处罚。从成本角度而言，按照《行政处罚法》的相关规定，完整的听证程序包括通知当事人、确定听证主持人、当事人的陈述申辩和质证、听证笔录的制作和签章等，重要的是行政机关须自行承担组织听证的费用。上述程序无不给行政机关带来了人力、时间和金钱成本，行政效率也可能面临下降的风险。然而，需要注意到完整的成本收益分析不能止于上述的简单罗列，而是需要进行更细致的比对分析，毕竟相对人在听证程序中可能主动提供很多事实信息，从而帮助行政机关省下许多直接进行调查或研究的委办成

---

〔1〕 姚宝华："《黄泽富、何伯琼、何熠诉四川省成都市金堂工商行政管理局行政处罚案》的理解与参照"，载《人民司法》2014年第6期。

〔2〕 叶俊荣：《面对行政程序法》，台北元照出版公司2002年版，第291页。

〔3〕 黄玉寅："论地方行政机关对'行政一体'原则的摆脱——基于对《行政处罚法》第42条中'等'字的探究"，载《政治与法律》2013年第4期。

本，反而有可能节省行政成本。[1] 在不同的个案情境下，成本收益分析的结论可能是不同的。

基于上述理由，听证程序并不是所有行政程序的必备要素，其适用范围需受到一定的限制。确定听证范围须遵循一定的原则，马怀德认为该原则包括个人利益与公共利益的均衡原则，以及成本不大于效益原则。[2] 就前者而言，在有可能严重侵害个人利益的情形下适用听证程序，如果个人利益与国家公共利益发生严重冲突，则应优先考虑公共利益，不适用听证程序。后者指进行听证的成本不大于其综合效益的前提下进行听证程序。就各国的法治实践来看，在判断听证程序适用范围的标准上，一般遵循行为标准和利益标准，前者指根据行为的性质和种类规定适用听证程序的范围，此立法模式在大陆法系国家较为常见，后者指根据相对人在行政程序中的利益范围来确定听证范围，如上文所述，英美法系在判例法的基础上发展出判断正当程序原则，尤其是正式的听证程序是否适用的利益区分标准。当然这两类标准的区分并不是截然对立的，而是相互联系的。在确定听证适用范围的问题上，行为的种类与其所侵害的利益类型之间有着紧密的对应关系。除此之外，下文分析将会展示除行为性质和利益范围标准外，西方国家还综合考虑其他因素对是否适用正式听证程序进行判断。就我国而言，我国《行政处罚法》第 42 条在规定听证适用范围时，采取了对行为种类进行列举的立法方式，而通过指导性案例 6 号，司法明确了"对相对人权益造成较大影响"这一共性特征。

三、指导性案例 6 号的局限性和待决问题分析

（一）适用听证程序的行政处罚范围的一般性标准提取

《行政处罚法》第 42 条明确列举的需要进行听证的处罚种类包括三种，即责令停产停业、吊销许可证或者执照、较大数额罚款，本案判决通过对"等"字进行扩张解释，将"没收较大数额财产"纳入须听证的处罚种类。法院在判决中隐约提炼了三个标准作为其适用类比推理的一般性判断标准：

---

〔1〕 叶俊荣：《面对行政程序法》，元照出版公司 2002 年版，第 298 页。
〔2〕 马怀德："论听证程序的适用范围"，载《中外法学》1998 年第 2 期。

一是类似；二是对相对人权益产生较大影响；三是数额较大。[1] 那么这三个标准是否必须同时满足方可作为适用类比推理的前提条件呢？不然。首先，标准三并不普适，而是限于与财产有关的处罚种类，包括罚款、没收等。如果把三个标准同时满足作为类比推理的前提条件，那么该案的射程范围将仅仅局限于与财产有关的财产罚种类，有过窄之嫌，因此把标准三视为可选标准为宜。其次，除了标准三相对可量化之外，前两个标准实际上仍存在非常大的解释空间。标准一属形式判断，而标准二属结果判断。满足标准二即对相对人权益产生较大影响的并不一定满足标准一，满足标准一即具有种类上的相似性也不必然满足标准二。[2] 这便留下了一些待决问题，即对于其他未明确列举的行政处罚，尤其是与三种明确列举的处罚不相类似的其他处罚种类，是否也应适用听证？基于指导性案例 6 号的该一般性标准如何在他案中具体适用？

首先，从处罚种类而言，责令停产停业、吊销许可证或执照属于典型的行为罚，而较大数额罚款属于财产罚。如果适用"类似"标准，那么该案例的裁判要旨射程范围是否能够突破行为罚和财产罚的类型，而进入例如人身罚、声誉罚等处罚种类呢？这一问题在一些新型的"其他处罚种类"的适用方面尤甚，例如当下在医药、环境、食品监管等领域广为使用的曝光、黑名单、公布违法事实等措施，它们虽然看起来只是影响到相对人的声誉，但是考虑到在上述领域中声誉与市场价值的紧密联系以及当下互联网传播的速度和范围，实际上这些声誉罚对相对人的权益影响的程度和范围并不亚于行为罚和财产罚，甚至有过之而无不及，因为对声誉的损害往往难以补救。指导性案例 6 号的射程范围能否囊括这些新兴的处罚种类，并未明确。如果按照"类似"标准，这些"其他处罚种类"似乎并不能被当然纳入听证范围；但是如果按照"较大影响"标准，则指导性案例 6 号的射程范围将突破财产罚和行为罚的行为种类，而扩展到几乎所有种类的行政处罚中。

就典型的人身罚——拘留而言，显然它对相对人的权益侵害程度最大，

---

〔1〕 章志远："法定行政程序的扩张性解释及其限度——最高人民法院 6 号指导案例之评析"，载《浙江社会科学》2013 年第 1 期。

〔2〕 当然，这取决于如何对"类似"标准进行内涵的界定，包括种类的类似以及结果上（对相对人权益影响程度）的类似，这里仅将其限于种类类似这一狭义范畴。

如果比照指导性案例 6 号的类比推理和举轻明重的精神，那么拘留应当然适用于听证程序。然而，通过考察立法原意和进行法释义学分析，这一结论恐不能成立，实际上将拘留排除出听证范围反而是立法机关的明确意旨。例如《中华人民共和国治安管理处罚法》（以下简称《治安管理处罚法》）第 98 条规定，"公安机关作出吊销许可证以及处 2000 元以上罚款的治安管理处罚决定前，应当告知违反治安管理行为人有权要求举行听证"。该条文仅仅列举了吊销许可证和 2000 元以上罚款两种需要适用听证的处罚，而且没有一个兜底的"等"字。这意味着通过将"等"视为不完全列举并进行扩张性解释的路径在治安管理处罚领域行不通。此外，《公安机关办理行政案件程序规定》第 123 条明确将《行政处罚法》第 42 条中的"等"字替换为"（四）法律、法规和规章规定违法嫌疑人可以要求举行听证的其他情形"。杨登峰指出这一条款用一个兜底条款宣示了"听证法定原则"，从而排除了可以通过法律解释的方法来对听证范围进行扩大或限缩的可能，明确将拘留排除在听证范围之外。[1] 换言之，这意味着至少在治安管理处罚法领域，指导性案例 6 号的类比推理并不能得到"类比"适用。如果我们将相对人在其人身权利可能受到重大不利影响时有获得听证的权利视为"正当程序"的应有之义，立法对拘留适用听证程序的明确排除就引申出背后更深层次的理论问题，即《治安管理处罚法》等相关法律是否违背行政法的基本法律原则？马怀德曾言，"立法之所以将最为严厉的行政拘留排除在听证范围之外，其原因可能是'向行政机关妥协的结果'，也是'中国国情'决定的。无论什么理由，它在理论上和逻辑上都是无法成立的"，因此他认为应当将限制人身自由的行政处罚决定纳入听证程序，这也应当是行政程序法发展的必然趋势和要求。[2] 杨登峰指出"正当程序原则对于成文法规定程序的补充与修正功能并不是绝对的，与一个国家的宪法制度有着紧密的关联性"。[3] 由于正当程序原则在我国并不是一个宪法性原则，而且受制于人民代表大会这一基本政治制度，既然立法者在《治安管理处罚法》中明确排除了拘留决定作出前的听证程序，那么法院就不能通过司法推理的方式扩展行政机关程序性义务的范围。

---

〔1〕 杨登峰："指导案例 6 号的未竟之业"，载《法治现代化研究》2017 年第 3 期。
〔2〕 马怀德："论听证程序的适用范围"，载《中外法学》1998 年第 2 期。
〔3〕 杨登峰："指导案例 6 号的未竟之业"，载《法治现代化研究》2017 年第 3 期。

其次，对在指导性案例 6 号射程范围内的行为罚和财产罚中的其他类型的处罚，如何对指导性案例 6 号进行"参照"适用呢？例如作为行为罚的暂扣许可证或执照是否要纳入听证范围？暂扣许可证或执照（A1）与吊销许可证或执照（A2）相比，性质相同或相近，意即满足了一般性标准中的第一个"类似性"标准，但是处罚力度上明显 A1<A2，但这并不意味着 A1 必然不会对相对人的权益产生较大影响，尤其是在一些对工程或设备连续运转依赖性较高的行业或领域，暂扣许可证或执照以及由此产生的不确定性和对市场带来的恐慌可能会对企业带来致命影响。换句话说，与较大数额罚款（B1）和没收较大数额财产（B2）相比，虽然 A1 与之性质不同，但是处罚力度上可能会更重，对相对人权益的影响也可能更重。按照上述推理，暂扣许可证或执照这种处罚也并不应该必然排除在听证程序的范围之外，而是要对它是否会对相对人权益造成重大影响进行个案分析。这样的分析结论实际上会对法律文本本身形成挑战，因为如此一来，第 42 条的"等"字既包括没收较大数额财产，也可能包括暂扣许可证或执照，适用听证程序的行政处罚范围几乎囊括了《行政处罚法》第 8 条明确列举的除警告以外的所有行政处罚。这样的解释结果可能与立法者根据处罚种类对听证适用范围进行限缩的立法本意相悖。

（二）正当程序原则的内在张力

起源于英国并在美国得到极大发展的正当程序原则，现已成为衡量一国行政法治发展程度的重要标志。在法定程序有疏漏或不足时，作为法律原则的正当程序对成文法具有重要的补充功能。但需要注意的是无论在哪个国家，正当程序的要求都是多元且多变的，它包含着一系列具体的程序规则，例如回避、告知、说明理由、听取意见、送达等。以 2004 年国务院《全面推进依法行政实施纲要》为例，其所提出的程序正当性的基本要求是"行政机关实施行政管理，除涉及国家秘密和依法受到保护的商业秘密、个人隐私以外，应当公开，注意听取公民、法人和其他组织的意见；要严格遵守法定程序，依法保障行政管理相对人、利害关系人的知情权、参与权和救济权"。所以正当程序原则的适用必然伴随着"多正当才算正当"（how due is due）的问题。尤其是当法定程序存在不足时，行政行为侵害相对人的何种权益或该侵害达到何种程度时，才需要按照正当程序原则的要求补足法定程序，以及运用正当程序原则来补足哪些程序，这些都是颇具弹性的问题。就听证程序而言，并非所有未给予听证权利的情形都可归于违反正当程序，正式听证程序并不是任何情形下都必须采用的方法，也不当然是最有效的决定方法；即便是适用听证程序，具体的听证规则要求[1]也可能因个案情况差异而不同。

从域外的经验来看，在判断正式听证程序是否应当适用时，西方法治国家并"不是单纯地依赖行政行为的性质以及该行为所影响的权利重要性作出判断，而是要综合考虑程序运行的成本和效率等因素来分析"。[2]例如美国在 Mathews v. Eldridge 一案[3]中确立了是否适用正式听证程序应当考虑的几个要素：（1）行政行为所影响的个人利益的重要性；（2）法定程序可能错误地剥夺个人权益的危险性，以及适用更复杂的程序或适用正式听证程序减小这种危险的可能性；（3）适用法定程序与适用更复杂程序或正式听证程序的行政成本差异。[4]何海波认为适用正当程序时应当"权衡双方当事人的利益，即没有正当程序保障当事人利益受损害的程度，和给予正当程序保护行政成本的增加。同时，法官还要考虑更加普遍的法律价值，包括法院适用正当程序原则对行政过程可接受性的提升和对良好行政的促进，以及法院事后判决中回溯适用正当程序原则对法律可预测性的伤害。在中国的特定情境下，法院还要考虑司法自身的权威和法官的普遍素质，以及允许法院适用正当程序原则可能带来的法律统一性问题"。[5]反观指导性案例 6 号，判决给出的应当对没收较大数额财产适用听证程序的理由是"为了保证相对人充分行使陈述权和申辩权，保障行政处罚决定的合法性和合理性"。这一说理还是过于简单了。

首先，就陈述权和申辩权与听证程序的逻辑推理关系而言，有学者对判决从陈述权、申辩权这样一类一般性权利推出听证权或听证程序的做法表示质疑，理由是从历史看来是听证制度引申出了陈述权和申辩权，而不是相反。[6]因此，尽管最高人民法院在指导性案例的"理解与参照"中对正当程序原则

---

[1] 例如是正式听证程序还是非正式听证程序，当然这是在美国法的背景下展开的。在我国，听证程序特指审判型的正式听证程序，在纳入听证范围后，具体的听证规则上并无太大差异。

[2] 杨登峰："指导案例 6 号的未竟之业"，载《法治现代化研究》2017 年第 3 期。

[3] 424 U. S. 319（1976）.

[4] 杨登峰："法无规定时正当程序原则之适用"，载《法律科学》2018 年第 1 期。

[5] 何海波："正当程序原则的正当性"，载《政法论坛》2009 年第 5 期。

[6] 杨登峰："指导案例 6 号的未竟之业"，载《法治现代化研究》2017 年第 3 期。

进行了补强，原判决仅仅诉诸陈述权和申辩权而不是正当程序原则可谓是司法论证上的缺陷。与其他明确诉诸正当程序原则的判决相比，例如"张成银诉徐州市人民政府房屋登记行政复议决定案"，该案对于正当程序原则的发展与适用的影响显然非常有限。

其次，关于适用听证程序是否一定能够保障以及如何保障处罚决定的合法性和合理性，判决并未着过多笔墨。就满足何种条件方能诉诸正当程序原则来弥补法定程序的不足，有学者在借鉴比例原则及其所包含的三项子原则（即适当性原则、最小侵害原则、均衡原则）的基础上，提出了下图所示的三

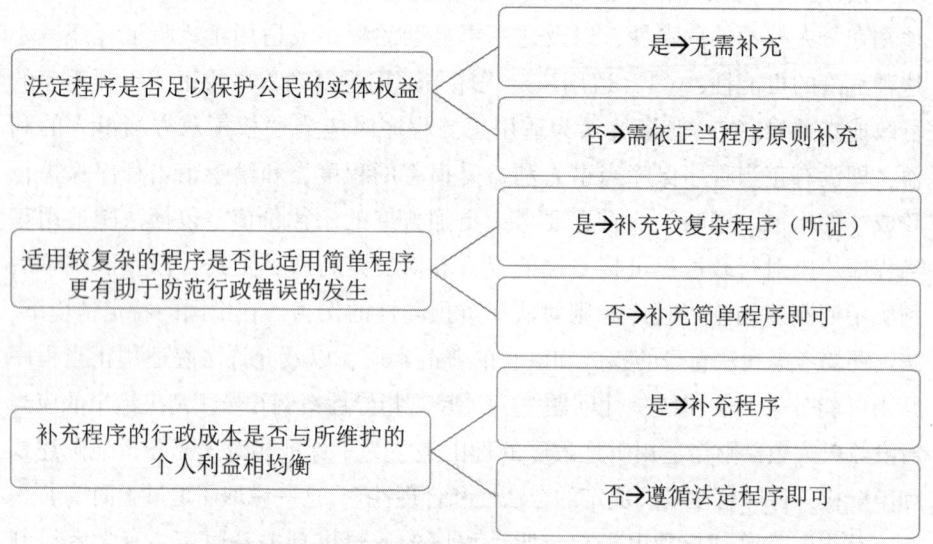

个判断标准。按照这些标准对黄泽富案进行检验，可能会得出与判决不同的结论。如上文所述，对适用听证程序的成本和收益进行对比分析可增强判决在这一方面的说理性，包括听证程序的质询价值功能等。但是，目前无论是在行政规制实践还是司法判决说理中，对成本收益分析方法的采纳还是非常有限的。就黄泽富案而言，适用听证程序的效益是否明显高于其成本以至于可以得出本案中的"没收电脑主机的行政处罚决定"应当适用听证程序的结论，有学者持反对意见。因为从前期涉案 32 台电脑主机已经被采取扣押的行政强制措施而且该措施已经经过完整的行政诉讼程序这一事实来看，涉案事

实与法律问题均已在行政程序和诉讼程序中得到充分交流和展示。因此"在行政处罚程序中再次举行正式听证程序，对于澄清事实和法律问题、防范行政错误的发生并没有实际意义，只能徒增行政成本"。[1]换言之，在本案中，听证效益小于听证成本，因此赋予黄泽富等人申请听证的权利是不符合成本效益原则的。

【后续影响及借鉴意义】

黄泽富案对于"没收较大数额财产的行政处罚决定"应当纳入听证范围进行了司法宣示，这一判决结果与最高人民法院既往的司法实践、批复和司法解释的态度相一致。如前所述，早在2004年，最高人民法院就通过发布司法文件、批复等对《行政处罚法》第42条中的"等"字进行了明确的表态。学者认为把黄泽富案纳入指导性案例"只是一次波澜不惊的司法重申而已"。[2]即便如此，考虑到《行政处罚法》实施以来不同地区、不同部门的规范性文件之间对第42条"等"字的理解有分歧，不同法院在不同案件中的审理结果不完全相同，学理阐述上也存在不一致等情况，[3]该案的示范意义仍然是明显的。尤其是获得了指导性案例的司法地位后，该案通过对法定行政程序的扩张性解释和对"类似性"标准的总结，进一步发挥了统一法律适用的作用，更加充分地保障了相对人的程序性权益。此外，鉴于该案对正当行政程序价值的重申，与其他强调行政程序价值的司法案例一起，它们共同为破除行政程序法典化的障碍提供了有益的司法实践经验，有助于抵御对我国行政程序法律化程度滞后、行政程序发展尚不成熟的指摘，从而为行政程序法典的出台和落地奠定基础。

值得注意的是最高人民法院这样一种"司法重申"对于行政机关的行政

---

〔1〕 杨登峰："指导案例6号的未竟之业"，载《法治现代化研究》2017年第3期。

〔2〕 章志远："法定行政程序的扩张性解释及其限度——最高人民法院6号指导案例之评析"，载《浙江社会科学》2013年第1期。

〔3〕 例如在《行政处罚法》颁布施行后，地方关于处罚听证的立法呈现两种不同的趋势：一种是延续《行政处罚法》第42条的表述方式，未对"等"字进行细化，例如《湖北省行政处罚听证规则》；另一种是很多地方政府规章直接将《行政处罚法》第42条中的"等"字提出，限缩了处罚听证的范围，例如《广东省行政处罚听证程序实施办法》。详见黄玉寅："论地方行政机关对'行政一体'原则的摆脱——基于对《行政处罚法》第42条中'等'字的探究"，载《政治与法律》2013年第4期。

立法和执法的实际影响尚有待实证研究和进一步观察。有学者曾对此表示担忧，因为无论是最高人民法院的答复还是指导案例，都不是行政机关执法时应当遵守的强制性规则；而且行政决定接受司法审查具有一定的或然性，所以"依规章执法的行政机关对（司法）答复或指导案例不予重视甚至置之不理便极有可能"。[1] 实际上，在最高人民法院 2004 年答复作出后，地方立法并未遵循最高人民法院明示的态度，没收较大数额财产依然游离于听证范围之外。这一现象不仅体现在指导性案例 6 号中，其他具有"司法宣示"功能的指导性案例，例如指导性案例 5 号，[2] 也遭遇了类似的现实困境。即便在指导性案例 6 号发布之后，也未见地方立法进行大规模的革新。因此在地方立法，尤其是地方政府规章仍具效力的情况下，指导性案例的司法宣示作用能够在多大程度上破除"行政一体"原则对于基层执法机关之束缚，仍未可知。基于司法与行政之间的此种博弈，学者建议应启动立法解释，由全国人大常委会对《行政处罚法》第 42 条进行明确解释和"自我澄清"，[3] 以避免法律规范的统一性在不同国家机构的拉扯中减损。

---

〔1〕 黄玉寅："论地方行政机关对'行政一体'原则的摆脱——基于对《行政处罚法》第 42 条中'等'字的探究"，载《政治与法律》2013 年第 4 期。

〔2〕 沈岿："指导案例助推垄断改革——以指导案例 5 号为分析对象"，载《行政法学研究》2014 年第 2 期。

〔3〕 黄玉寅："论地方行政机关对'行政一体'原则的摆脱——基于对《行政处罚法》第 42 条中'等'字的探究"，载《政治与法律》2013 年第 4 期。

案例四　陈超诉济南市城市公共客运管理服务中心客运管理行政处罚案

张冬阳*

【案例名称】

陈超诉济南市城市公共客运管理服务中心客运管理行政处罚案［山东省济南市中级人民法院（2017）鲁 01 行终 103 号行政判决］

【关键词】

共享经济　网约车　客运经营　行政处罚　比例原则

【基本案情】

山东省济南市市中区人民法院一审查明的事实如下：2015 年 1 月 7 日，两名乘客通过网络召车软件与原告陈超取得联系，约定陈超驾车将乘客从济南市八一立交桥附近送至济南西站，由乘客支付车费。当日 11 时许，陈超驾驶私人小汽车行至济南西站送客平台时，被告济南客运管理服务中心的工作人员对其进行调查，查明陈超未取得出租汽车客运资格证，驾驶的车辆未取得车辆运营证。济南客运管理服务中心认为陈超涉嫌未经许可擅自从事出租汽车客运经营，对其下达《行政强制措施决定书》，暂扣其车辆。济南客运管理服务中心于 2015 年 1 月 26 日向陈超送达鲁济交（01）违通（2015）8716 号《违法行为通知书》，认为其未经许可擅自从事出租汽车客运经营，拟处

---

* 作者简介：张冬阳，中国政法大学法学院行政法研究所讲师。

2万元罚款，没收违法所得。陈超其后要求听证。在听证过程中，济南客运管理服务中心办案人员陈述了陈超的违法事实、有关证据、处理意见等，陈超对事实认定、法律适用和执法程序均提出质疑。2015年2月13日，济南客运管理服务中心作出鲁济交（01）罚（2015）8716号《行政处罚决定书》并送达陈超，以其非法经营客运出租汽车，违反《山东省道路运输条例》第69条第2款之规定为由，责令其停止违法行为，处2万元罚款并没收非法所得。陈超不服，在法定期限内提起行政诉讼。

另查明：根据济南市政府办公厅文件，济南客运管理服务中心为自收自支事业单位，协助有关部门制定公共交通、客运出租服务标准，并承担监督检查职责。2010年济南市机构职能调整时，其被划归至济南市交通运输局，现为济南市交通运输局下属具有独立法人资格的事业单位。

一审法院经审理后认为，该案是针对网约车运输经营行为予以行政处罚的案件，争议焦点集中于两个方面：首先，原告陈超的行为是否构成未经许可擅自从事出租汽车客运经营；其次，被诉行政处罚决定的处罚幅度是否畸重。法院结合《山东省道路运输条例》第8条和《济南市城市客运出租汽车管理条例》第16条规定认为，陈超行为违反现行法律规定，构成未经许可擅自从事出租汽车客运经营；但鉴于其作为共享经济新形态，该违法行为的社会危害性较小。在"处罚幅度是否畸重"的问题上，法院结合比例原则认为现有证据并不足以支撑被告将本案行政处罚所针对的违法行为及其后果全部归责于原告，故该行政处罚决定在幅度和数额上畸重，存在明显不当。此外，被告作出的行政处罚决定书缺乏对具体违法情节的记载，据此也应当予以撤销。

据此，一审法院依照《行政诉讼法》第70条第6项的规定，判决撤销被告济南市城市公共客运管理服务中心所作《行政处罚决定书》。被告不服，提起上诉，认为陈超的非法经营行为在社会危险性上并非"较小"，自身所作出的决定不存在畸重问题；行政处罚决定书载明事项亦符合法律规定。

本案涉及的法律条款有：

《山东省道路运输条例》（2010）第8条规定：

"从事道路运输经营的，应当具备法律、法规规定的条件，依法取得相应的经营许可，并办理工商营业登记和税务登记。从事道路运输经营的车辆应当依法取得车辆营运证。

客运经营企业不得实行挂靠经营。"

《济南市城市客运出租汽车管理条例》第16条规定：

"未取得出租汽车车辆运营证的车辆不得从事出租汽车运营活动。未取得道路运输证的出租汽车不得在公路上运营。

非本市出租汽车不得用于起点和终点均在本市的运营活动。"

《山东省道路运输条例》（2010）第69条第2款规定：

"违反本条例规定，未经许可擅自从事机动车综合性能检测、出租汽车客运或者汽车租赁经营的，由县级以上道路运输管理机构责令停止违法行为，处5000元以上3万元以下罚款；有违法所得的，没收违法所得。"

【裁判要旨】

随着"互联网+"与传统行业的融合发展，客运市场上出现了"网约车"现象，该形式在很多城市和部分人群中确有实际需求且已客观存在。但这种客运行为与传统出租汽车客运经营一样，同样关系到公民生命财产的安全，关系到政府对公共服务领域的有序管理，应当在法律法规的框架内依法、有序进行。对于此类问题形成的诉讼，法院应当坚持以事实为根据，以法律为准绳，结合涉案行为的社会危害性、行政处罚程序的正当性和行政处罚的比例原则等问题进行综合考量判断。[1]

【裁判理由与论证】

山东省济南市中级人民法院经二审，不仅确认了一审法院所查明的事实，还认为原审判决认定事实清楚，适用法律、法规正确，程序合法，依法应予维持。

在判决理由部分，济南市中级人民法院对上诉人的两点上诉理由进行一一回应，即本案被诉行政处罚决定是否构成明显不当和行政处罚决定书所记载事项是否符合法律规定。

---

[1] 《最高人民法院公报》2018年第2期（总第256期），第45~48页。

一、被诉行政处罚决定是否构成明显不当

（一）社会危害程度的认定

济南市中级人民法院认为，比例性原则是行政法的重要原则，行政处罚也应当遵循该原则。这也就意味着，对当事人实施行政处罚必须与其违法行为的事实、性质、情节和社会危害程度相当。

在适用比例原则审查行政行为时，二审法院沿用了一审法院的论据，认为："网约车作为客运服务的新业态和分享经济的产物，有助于缓解客运服务的供需矛盾，满足公众多样化出行需求，符合社会发展趋势和创新需求，对其应当保持适度宽容。另一方面，这种新业态又给既有客运管理秩序带来负面影响，甚至存有安全隐患等问题，确需加强规范引导。"不过，"当一种新生事物在满足社会需求、促进创新创业方面起到积极推动作用时，对其所带来的社会危害的评判不仅要遵从现行法律法规的规定，亦应充分考虑是否符合社会公众感受。本案被上诉人陈超通过网络约车软件进行道路运输经营的行为，社会危害性较小符合一般社会认知"。为了实现行政管理目标和保护新生事物之间的平衡，行政机关在依据现行法律法规对其进行处罚时，应当尽可能将对当事人的不利影响控制在最小的范围和限度之内。

（二）处罚所依据事实的明确程度

济南市中级人民法院还认为，在陈超的非法营运行为中，"有几方主体受益、最终产生的车费是否已经实际支付或结算完毕，上诉人济南客运管理中心未提供证据予以证明"。"在上述事实尚不明确以及该行为社会危害性较小的情况下，将该行为的后果全部归于被上诉人，并对其个人作出较重处罚，有违比例原则，构成明显不当。"故原审法院认为处罚幅度和数额畸重，撤销被诉行政处罚的裁定符合法律规定。

二、行政处罚决定书记载的事项是否符合法律规定

《行政处罚法》第 39 条第 1 款第 2 项写明了行政处罚决定书应当载明的事项，第 2 项为"违反法律、法规或者规章的事实和证据"。虽然该规定没有对行政机关在制作行政处罚决定书时应载明"事实"的程度作出细致规定，

但济南市中级人民法院认为，"行政处罚决定书作为行政机关对当事人作出处罚的书面证明，记载的事实应当明确具体，包含认定的违法事实的时间、地点、经过、情节等事项，让当事人清楚知晓被处罚的事实依据，以达到警示违法行为再次发生的目的"。

该案中，济南市城市公共客运管理服务中心载明的事实仅为"非法经营客运出租汽车"，没有载明具体违法事实，即："违法事实的时间、地点、经过以及相关运输经营行为的具体情节等事项。上述记载事项没有达到明确具体的要求，原审法院认为上诉人济南客运管理中心作出的行政处罚决定书记载事项不符合法律规定，应予撤销，并无不当。"而且，"行政处罚决定书中记载的事实是行政机关最终认定的违法事实，其他法律文书中对具体违法事实的记载不能代替行政处罚决定书中对事实的记载"。

综上，济南市中级人民法院认定上诉人的上诉理由不能成立，原审判决应予维持。

【涉及的重要理论问题】

网约车又被称为专车，这种所谓的共享经济模式自从诞生以来就引起许多法律争议，"陈超诉济南市城市公共客运管理服务中心客运管理行政处罚案"更被媒体称之为"全国专车第一案"。[1] 行为人利用专车服务软件从事客运行为应当如何定性，是审理网约车行政案件的核心问题，也是判断行政机关行政处罚是否合法的基础。2016 年 7 月 27 日交通运输部等七部委共同发布的《网络预约出租汽车经营服务管理暂行办法》（以下简称《暂行办法》）首次从部门规章的层面对网约车的运营进行规制。对此，山东省济南市中级人民法院在审理该案时也给予了关注。

在本案中，一审法院和二审法院首先确认陈超未经许可擅自从事出租汽车客运经营违反了现行法律的规定，但认为这种行为的社会危害性较小，陈超从事该行为所受的行政处罚与社会危害程度之间不成比例。此外，法院还认为行政处罚决定书所记载的事项不够明确具体，不符合法律规定，应予撤销。对该案所涉及的重要理论问题也就主要从这三个方面着手。

---

〔1〕 王羽："全国'专车第一案'开庭 将择日宣判"，载《上海企业》2015 年第 9 期。

一、专车服务的合法性界定

专车服务可以按其车辆来源划分为两类：第一类是打车软件将乘客介绍给拥有小型客车的个人，这种类型以"人民优步"为代表；第二类是汽车租赁公司提供小型客车，劳务公司派遣驾驶员，打车软件提供信息配对服务，以"滴滴专车"为代表。[1]

首先要考虑的是，这些专车服务是否构成合乘行为，从而无需行政监管？按照北京市交通委员会 2013 年发布的《关于北京市小客车合乘出行的意见》，出行线路相同的人共同搭乘其中一人小客车的出行方式才能构成小客车合乘，上述两种模式的专车服务并不符合该"合乘"的定义，尤其是"出行线路相同"这一构成要件。因此专车服务应当属于客运经营，接受行政监管。[2]

（一）适用法律的选择

我国客运方面的法规较为分散，[3]《道路运输条例》第 82 条把出租车和城市公共汽车排除在该条例所规定的客运范围之外，采用特别法规定。《道路旅客运输及客运站管理规定》第 3 条又将客运经营分为班车客运、包车客运和旅游客运。那么所谓的专车服务有可能是上述的客运种类之一吗？

首先应当排除的是班车客运和城市公共汽车客运。其次，包车客运和旅游性客运在各地的客运管理办法中都要求是中型客车，小型客车无法从事。[4]最后，专车服务和出租车客运服务相似度最高，但按照《城市出租汽车管理办法》《出租汽车驾驶员从业资格管理规定》和《出租汽车经营服务管理规定》，出租车驾驶员必须取得从业资格证，出租车安装计价器和喷涂标识，专车服务并不具备这些特点，故专车服务作为客运经营应当适用客运的总则性、

---

〔1〕 尹欣等："专车服务于出租汽车市场的法律规制"，载《城市交通》2015 年第 4 期。

〔2〕 黄少卿："专车兴起下出租车监管改革的思路与建议"，载《东方早报》2015 年 6 月 23 日，第 4 版。

〔3〕 应当注意的是，汽车租赁业务并不属于客运经营。按照 2012 年施行的《北京市汽车租赁管理办法》第 2 条，汽车租赁是经营者在约定时间内将汽车交付给承租人使用，收取租赁费用，不配备驾驶人员的经营活动。客运经营则是配备驾驶人员从事旅客运输服务，二者不能混为一谈。

〔4〕 如 2013 年的《广州市包车客运管理办法》和 2012 年海南省《海南经济特区道路旅游客运管理若干规定》。

具有更高效力等级的法律，即国务院颁布的《道路运输条例》。

1. "人民优步"模式

我国道路运输法律不仅实行行政许可制度，还对从事客运经营的车辆和驾驶人员提出了特殊要求：《道路运输条例》第10条和《山东省道路运输条例》（2010）第8条都明确规定客运经营者应当持有行政许可；申请人有着与其经营业务相适应并经检测合格的车辆，并取得车辆营运证。2007年施行的《道路运输从业人员管理规定》第9条规定，从事客运服务的驾驶员除了取得相应的机动车驾驶证1年以上、年龄不超过60周岁、3年内无重大以上交通责任事故外，还应当掌握相关客运法规等基本知识并且经考试合格，取得相应的从业资格证件。"人民优步"专车服务并不符合《道路运输条例》中的客运经营许可条件：个人小型客车没有经过行政机关的检测并取得车辆营运证，个人车主也没有参加考试取得营运从业资格证；道路运输经营许可证更是无从谈起。对于这种"三无"车辆，考虑到其给道路交通和乘客带来的安全隐患，按照《道路运输条例》第63条的规定，行政机关有权责令小型客车的车主停止经营。[1]

2. "滴滴专车"模式

根据媒体报道，第二种模式的专车服务较为广泛，同时拥有较多的支持者，即主张专车平台上的汽车租赁公司只提供车辆租赁服务，司机则是第三方劳务公司派遣，这是利用科技将独立服务融合而成的"商业合同"，是合法的。[2]该观点无法成立：首先，专车服务作为客运经营的一种必须符合客运市场管理法律，特别是《道路运输条例》第1条的立法目的——确保道路运输市场秩序、安全和有关各方当事人的合法权益。这意味着任何市场创新行为都必须以此为准绳，不能以所谓的"创新"而牺牲客运市场秩序和安全。其次，汽车租赁公司所提供的车辆是否符合《道路运输条例》对营运车辆要求的安全标准，是否进行了检测都是未知数；劳务公司派遣的代驾司机更是法律盲区，代驾司机是只需要取得一般驾照就可以还是需要特殊的从业资格？62周岁成年人是否可以从事代驾？再次，专车服务涉及四方民事主体，将租

---

〔1〕 张冬阳："专车服务：制度创新抑或违法行为"，载《清华法学》2016年第2期。
〔2〕 唐清利："专车类共享经济的规制路径"，载《中国法学》2015年第4期。

赁服务与代驾服务结合起来可能造成原本的"乘客"变成了汽车承租人，代驾司机成为其雇佣对象。根据《中华人民共和国侵权责任法》第49条规定，租赁机动车交易中，所有人与使用人不是同一人时，发生交通事故后机动车使用人承担赔偿责任，也就是说"乘客"负有赔偿责任。加之在雇佣合同和租赁合同中，乘客承担着诸多不确定的法律风险。[1] 更为严峻的是，专车服务所提供的保险不能满足乘客人身财产安全的需求，保险业目前没有相匹配的业务。[2] 最后，该专车服务是明显的法律规避行为（Gesetzesumgehung），专车服务公司借助多方法律关系规避客运经营的审批义务，那种"之所以规避法律通常是因为某些强行法规与现实脱节，限制了人们的正当需求，故避法行为有其正当性"的观点在这里无法适用，设定客运经营审批义务是为了保证公共交通安全和秩序，这是正当的立法目的。借助审批义务，行政机关可以对客运服务企业进行各方面监管，在其缺乏可信赖性、资本和专业资质时不予发放许可；在其严重违反客运安全和秩序等条款时撤回许可。

至于专车服务公司所主张的"自我审核"，即培训、考核以及每个月实行末位淘汰制，理由并不充分：国家对公民的人身财产安全有着不可推卸的保护义务；客运服务提供者与乘客在客运服务关系中普遍存在着信息不对称的现象，乘客基于时间、机会成本很可能接受对方的不合理主张，所以各国法律都要求从事客运经营的驾驶员和车辆符合特定标准。[3] 德国柏林行政法院认为民营企业的审查并不能取代国家审批机关较高要求的审批程序。[4] 专车服务公司的"自我审核"亦不符合西方为了激活社会力量而产生的管制的自我规制（Regulierte Selbstregulierung）理论。管制的自我规制是指国家首先让民事主体自我规制，但是给出了一定的管制范围，民事主体在这个范围内选

---

〔1〕 吴成臣："专车服务的法律风险并非一步之遥"，载《人民法院报》2015年1月13日，第2版。

〔2〕 但目前保险业也没有提供专车保险业务，参见陈植："互联网+催生专车保险，两张保单的尴尬尚待破题？"，载《21世纪经济报道》2015年5月1日，第11版。

〔3〕 Adolf Rebler, Unmoderne Regelungswut oder berechtigte Kontrolle: Genehmigungspflicht nach PBefG in Zeiten von Uber und WunderCar, RdTW 2014, 461, 462. 即使是英国的约租车也不例外：1998年的《约租车法案（伦敦）》（Private Hire Vehicles London Act 1998）第2条规定了约租车平台许可；第13条规定司机必须取得约租车客运驾照。

〔4〕 VG Berlin, MMR 2015, 117, Rn. 51.

择具体活动方式。[1]管制的自我规制可分为规范制定和规范执行，前者一般是由行业协会来实现，后者则是由国家认证的自我监控机构（如环境审核）来监督法律规范的执行。[2]专车服务公司并不符合上述情形，且实践中私家车挂靠汽车租赁公司从事专车服务从侧面表明，这种专车服务模式存在着众多法律漏洞和法律风险，损害了客运市场的秩序和安全，与法治精神背离。学者主张的政府与专车服务企业的"合作治理"[3]也可能构成对出租车行业的不平等对待（平等权约束）：专车服务和出租车行业同为使用小型客车提供驾驶劳务，出租车行业在车辆和从业人员上却接受更为苛刻的监管。[4]

和德国一样，专车服务公司的法律地位在我国也存在着较大的争议。有的学者认为打车软件只是提供信息配对服务，不控制车辆和驾驶员，是一个信息平台；[5]但有学者认为其掌握了交易综合定价的权利，如果不将其定位为承运人，逻辑上难以自洽。[6]从德国法的分析可以看出，对专车服务公司法律定位的分歧并不影响对其法律责任的认定。鉴于许多专车服务公司均声称对服务车辆和人员进行了审核，那么其理应尽到谨慎注意义务和承担起监督驾驶员的责任；[7]且专车服务公司向乘客"出租"驾驶员和车辆的行为是有意规避行政审批义务，[8]这些都影响到了公共交通的安全和秩序。《道路运输条例》所保护的"道路运输市场秩序"构成了《行政处罚法》第 3 条的"行政管理秩序"，专车服务公司参加和积极促成了车辆持有人违反行政管理

---

〔1〕 Thorsten Attendorn, Regulierte Selbstregulierung: Gibt es das in der telekommunikationsrechtlichen Zugangsregulierung?, DÖV 2008, 715, 718.

〔2〕 Anselm Christian Thoma, Regulierte Selbstregulierung im Ordnungsverwaltungsrecht, 2008, S. 65.

〔3〕 唐清利："专车类共享经济的规制路径"，载《中国法学》2015 年第 4 期。

〔4〕 合作治理的最大问题在于对公共利益关注不够；法律规定相对化或者根本没有得到遵守；合作过程不透明以及长期谈判协商；损害第三人基本权益且缺乏清晰的归责。参见 Hans - Heinrich Trute, Vom Obrigkeitsstaat zur Kooperation, in: Hendler/Marburger/Reinhardt/Schröder（Hrsg.），Rückzug des Ordnungsrechts im Umweltschutz, 1999, S. 25.

〔5〕 廖明松："私家车提供专车服务的合法性考量"，载《中国律师》2015 年第 8 期。

〔6〕 黄少卿："专车兴起下出租车监管改革的思路与建议"，载《东方早报》2015 年 6 月 23 日，第 4 版。

〔7〕 营运从业资格证的取得虽然是司机的义务，但企业承担监督责任，这构成审批条件中的"健全的安全管理制度"。

〔8〕 彭岳："共享经济的法律规制问题——以互联网专车为例"，载《行政法学研究》2016 年第 1 期。

秩序，应当接受行政处罚。

（二）共享经济的界限

专车服务是利用手机全球定位系统，经智能手机应用程序的介绍而自发形成乘车群体的服务。[1]这种点对点的精确化服务使得客运资源得到充分利用，被认为是共享经济的一种；[2]但和传统的共享经济形式不同，专车服务的手机应用程序商自身并不掌握资源，只是试图将私人领域的"不效率"商业化，即个人空闲的车辆和时间。[3]法律原则上区分私人自由和经济管制：如果一个人在家中烹饪宴请客人，这是其自由；但若开办（农家乐）餐馆，就要接受行政监管，如申请卫生许可证。专车服务有意地利用了立法者尊重私人自由未进行管制的空间，提供和受经济管制市场所相同的产品服务。

同样，一审法院在判决中认为，"网约车这种客运行为与传统出租汽车客运经营一样，同样关系到公众的生命财产安全，关系到政府对公共服务领域的有序管理，应当在法律、法规的框架内依法、有序进行。只要是有效的法律、法规，就应当得到普遍的尊重和执行，这是法治精神的基本要求、法治社会的重要体现"。二审法院也明确，"这种新业态又给既有客运管理秩序带来负面影响，甚至存有安全隐患等问题，确需加强规范引导"。由此表明，专车服务对私人自由的利用已经触及法律的界限，从而进入到经济管制的范围内，未取得许可就从事客运经营业务，即"违反了现行法律的规定"。行政机关也就有权根据《山东省道路运输条例》（2010）第69条第2款的规定，责令停止违法行为，处以5000元以上3万元以下的罚款。行政规制固然应当保持适度谦抑的态度，[4]但公众的生命财产安全和公共服务领域的有序管理不容许行政机关放弃监管职责。

二、行政处罚的合乎比例性

一审法院和二审法院在判决理由中都对济南市公共客运管理服务中心所

〔1〕 Albert Ingold, Gelegenheitsverkehr oder neue Verkehrsgelegenheiten? Taxi-Apps und Ridesharing als Herausforderung für das Personenebeförderungsrecht, NJW 2014, 3334.

〔2〕 Rupprecht Podszum, Uber-A Pan-European Regulatory Challenge, EuCML 2015, 59.

〔3〕 Meinhard Schröder, Ridesharing- Angebote als Herausforderung für das Personenbeförderungs- und das Ordnungsrecht, DVBl 2015, 143, 144.

〔4〕 贺伟："对网约车营运行政处罚的审查"，载《人民司法·案例》2018年第2期。

作的行政处罚是否合乎比例原则提出了质疑，强调网约车作为共享经济的产物，社会危害性较小。

（一）比例原则概述

滥觞于德国"药店案"的比例原则如今已成为行政法学的帝王条款和皇冠原则。[1] 作为一项法治原则的衍生原则，它不仅约束行政，也约束着立法。比例原则的具体适用，首先要审查该行政行为所欲实现的目的在本质和法律上是否是正当的。只有在肯定目的正当的前提下，才进行严格意义上的比例性审查，即适当性、必要性和均衡性。[2]

比例原则在我国的立法和司法中均有体现，如《行政处罚法》第4条第2款规定："设定和实施行政处罚必须以事实为依据，与违法行为的事实、性质、情节以及社会危害程度相当。"在"哈尔滨市汇丰实业有限责任公司诉哈尔滨市规划局案"中，汇丰公司未全部取得建设工程规划许可证即在哈尔滨市中央大街建成一幢九层的商业服务用楼，受到哈尔滨市规划局的处罚，从而产生争议。最高人民法院在该案的上诉判决中指出："规划局所作的处罚决定应针对影响的程度，责令汇丰公司采取相应的改正措施，既要保证行政管理目标的实现，又要兼顾保护相对人的权益，应以达到行政执法目的和目标为限，尽可能使相对人的权益遭受最小的侵害。而上诉人所作的处罚决定中，拆除的面积明显大于遮挡的面积，不必要地增加了被上诉人的损失，给被上诉人造成了过度的不利影响。原审判决认定该处罚决定显失公正是正确的。"[3] 在第19号中国行政审判指导案例"陈宁诉辽宁省庄河市公安局不予行政赔偿决定案"中，该案的裁判要旨为："人民法院不仅应当对行政行为的合法性进行审查，而且应当用比例原则等规则对行政裁量的适当性予以审查。"[4] 这些裁判都标志着比例原则在我国司法审查时得到明确的运用。[5]

"陈超诉济南市城市公共客运管理服务中心客运管理行政处罚案"中法院

---

〔1〕 黄学贤："行政法中的比例原则研究"，载《法律科学》2001年第1期。

〔2〕 Hartmut Maurer, Allgemeines Verwaltungsrecht, 18. Aufl. 2011, § 10 Rn. 17.

〔3〕 最高人民法院（1999）行终字第20号行政判决书。

〔4〕 最高人民法院行政审判庭编：《中国行政审判指导案例》（第1卷），中国政法大学出版社2010年版，第94页。

〔5〕 李洪雷：《行政法释义学：行政法学理的更新》，中国人民大学出版社2014年版，第85页。

明确道："比例原则是行政法的重要原则，行政处罚应当遵循比例原则。对当事人实施行政处罚必须与其违法行为的事实、性质、情节和社会危害程度相当。"行政机关作出行政处罚的目的是维护客运管理秩序和保护公众安全，这个目的无疑具有正当性。

至于该行政处罚是否符合适当性、必要性和均衡性，二审法院主张，"本案被上诉人陈超通过网络约车软件进行道路运输经营的行为，社会危害性较小符合一般社会认知"，故"行政机关在依据现行法律法规对其进行处罚时，应当尽可能将对当事人的不利影响控制在最小范围和限度内，以达到实现行政管理目标和保护新生事物之间的平衡"。法院认为，在违法行为社会危害性较小的情况下，行政机关对陈超作出了 2 万元罚款，超出必要的限度，违反了比例原则。

（二）行政处罚的社会危害性考量

《行政处罚法》第 4 条第 2 款规定："设定和实施行政处罚必须以事实为依据，与违法行为的事实、性质、情节以及社会危害程度相当。"第 27 条第 2 款规定："违法行为轻微并及时纠正，没有造成危害后果的，不予行政处罚。"从这些规定均可以看出，社会危害性是行政处罚时应予考量的重要因素。

二审法院在运用比例原则审查行政处罚决定时，所进行的一项重要论证步骤就是判断被上诉人陈超的违法客运行为所产生的社会危害性大小，并继而得出"社会危害性较小"的结论。二审法院得出此结论的论据在于："网约车作为客运服务的新业态和分享经济的产物，有助于缓解客运服务的供需矛盾，满足公众多样化出行需求，符合社会发展趋势和创新需求，对其应当保持适度宽容"；"当一种新生事物在满足社会需求、促进创新创业方面起到积极推动作用时，对其所带来的社会危害的评判不仅要遵从现行法律法规的规定，亦应充分考虑是否符合社会公众感受"，故此行为的"社会危害性较小符合一般社会认知"。

法院仅凭上述论据就得出违法客运行为"社会危害性较小"的结论，论据稍微单薄。满足公众出行需求的客运方式多种多样，并不意味着其社会危害性就小。在大型城市，过多车辆行驶在路上很可能造成"道路严重超负荷、空气和噪声严重、'脏、乱、差'、'挤、堵、窄'等问题";[1]还要考虑的是类似违法客运行为的示范作用，如果任何小汽车司机都能随意载客，道路运输法律法规中的行政许可制度就会被"挖空"，立法目的也会随之落空。

即使网约车能够促进创业就业，但不可否认的是网约车平台和私家车司机之间的关系仍然处于争议之中："我国的互联网专车运营在用工方面存在用人单位、用工单位、用工关系的性质难以认定、专车司机的劳动权益易受侵害、用工风险的责任承担不明确等问题。"[2]对此，《暂行办法》也没有提供更好的解决办法，只是在第18条中规定："网约车平台公司应当保证提供服务的驾驶员具有合法从业资格，按照有关法律法规规定，根据工作时长、服务频次等特点，与驾驶员签订多种形式的劳动合同或者协议，明确双方的权利和义务。网约车平台公司应当维护和保障驾驶员合法权益，开展有关法律法规、职业道德、服务规范、安全运营等方面的岗前培训和日常教育，保证线上提供服务的驾驶员与线下实际提供服务的驾驶员一致，并将驾驶员相关信息向服务所在地出租汽车行政主管部门报备。"这样的规定使得专车软件运营商和专车司机之间的关系依然得不到明确，互联网专车运营中的混乱用工继续存在，这会影响专车司机的权益保护和社会秩序的稳定，广东等地甚至一度出现大规模的罢运情形。[3]

至于"符合社会发展趋势和创新需求"的论点又过于模糊，对于何种新出现的事物符合社会发展趋势和创新需求，没有一个确切的判断标准，难免夹杂判断者的主观意识成分，甚至法律目的之外的考量因素。试想，在"互联网+"风潮之下，如果一个没有取得食品卫生许可证的饭馆通过互联网从事外卖业务，其社会危害性并不会因为通过手机应用程序提供服务而变小。

二审法院在判断社会危害性时要求充分考虑社会公众的感受。不可否认，社会公众对行政决定的接受（Akzeptanz）是一项积极的价值，它超出行政活

---

〔1〕　在指导案例88号"张道文、陶仁等诉四川省简阳市人民政府侵犯客运人力三轮车经营权案"〔（2016）最高法行再81号〕中，最高人民法院肯定了客运人力三轮车经营权收费和设定经营期限的正当性。

〔2〕　张素凤："'专车'运营中的非典型用工问题及其规范"，载《华东政法大学学报》2016年第6期。

〔3〕　张素凤："'专车'运营中的非典型用工问题及其规范"，载《华东政法大学学报》2016年第6期。

动合法性，成为行政活动"正确性"的重要组成部分。〔1〕那么，如果社会公众的接受和行政活动的合法性之间出现背离，应当如何处理二者之间的冲突呢？德国行政法学家施密特·阿斯曼认为，即使不为社会公众所接受，也不能剥夺一个合法行政决定的约束力，也即合法性优先；相应的，一个被公众广泛接受的违法行政决定也不能由此被转换为合法。〔2〕虽然在开放性的裁量和权衡关系中，社会公众的接受有着自身的分量，但同时也要区分行政决定是社会公众接受度的缺乏还是社会公众对行政决定的不满意。显然，本案中法院缺乏更多论述。

广州铁路运输第一法院在审理滴滴网约车案件时也采用了类似论据："网约车是伴随科技进步与市场经济发展而出现的被广大百姓普遍接受且没有社会危害性的新型行业，应给予适度的理解和宽容。即使网约车的经营者有非法营运行为，但该行为的社会危害性较小。"〔3〕法院一方面认为网约车被社会公众接受且没有社会危害性，另一方面又认为即使构成非法运营，但社会危害性较小；仅仅以社会公众接受度就认定网约车的社会危害程度，论证逻辑上存在着一定的缺陷。

（三）事实明确性

二审法院并没有将违法客运行为的社会危害性作为撤销行政处罚的唯一论据，与此同时还认为："另外，该行为中有几方主体受益、最终产生的车费是否已经实际支付或结算完毕，上诉人济南客运管理中心未提供证据予以证明。在上述事实尚不明确以及该行为社会危害性较小的情况下，将该行为的后果全部归于被上诉人，并对其个人作出较重处罚，有违比例原则，构成明显不当。"

《行政处罚法》第30条规定："公民、法人或者其他组织违反行政管理秩序的行为，依法应当给予行政处罚的，行政机关必须查明事实；违法事实不清的，不得给予行政处罚。"这一规定表明，"任何行政处罚决定的作出，都

---

〔1〕 Thomas Würtenberger, Akzeptanz durch Verwaltungsverfahren, NJW 1991, 257, 263.

〔2〕 Eberhard Schmidt-Aßmann, Das allgemeine Verwaltungsrecht als Ordnungsidee, 2, Aufl. 2004, 2. Kapitel Rn. 105.

〔3〕 广州铁路运输第一法院（2016）粤7101行初1979号行政判决书。

必须以查明事实为前提；事实未查明的，不得给予行政处罚"。[1] 行政机关在个案中的事实调查在何种程度上才能算是"明确"，要看实体法律规范的具体规定。《山东省道路运输条例》（2010）第 69 条第 2 款规定："违反本条例规定，未经许可擅自从事机动车综合性能检测、出租汽车客运或者汽车租赁经营的，由县级以上道路运输管理机构责令停止违法行为，处 5000 元以上 3 万元以下罚款；有违法所得的，没收违法所得。"被上诉人陈超违反《山东省道路运输条例》（2010）第 8 条的规定，未经许可从事了与出租车客运相似的道路运输行为，即符合该条例第 69 条第 2 款的构成要件，应当接受处罚。

在罚款数额的确定上，由于违法情形情节的多样性，立法无法对罚款作出统一性的规定，只是规定了最高额度和最低额度。行政机关可以根据个案来决定罚款数额，其中应当考量的因素有违法行为的严重程度、违反秩序的意义、再次发生的危险、主观故意程度和经济上获取的利益。[2] 本案中，法院因此确认，"该行为中有几方主体受益、最终产生的车费是否已经实际支付或结算完毕"是行政机关在确定罚款数额时要考虑到的重要因素。如果行政机关不能提供被上诉人通过违法行为所获取经济利益的证据，那么过高的行政处罚违反比例原则。

广州铁路运输第一法院在审理行政机关对司机的行政处罚时认为，"在处罚时应综合考虑其从事该行业的背景、时间、订单数、总金额等因素。在网约车市场占有率、获利情况、对传统巡游出租车的影响等因素均不明朗的情形下"，对司机进行处罚明显不当。[3] 法院审查行政处罚时考虑到违法行为人的经济获利因素，这种做法更为妥当。

三、行政处罚决定书对具体违法事实的记载

二审法院认为，《行政处罚法》第 39 条第 1 款第 2 项虽然没有对行政处罚决定书中的"事实"记载应当达到何种程度作出明确规定，但作为行政机关对当事人作出处罚的书面证明，其"记载的事实应当明确具体，包含认定

---

[1] 胡建淼：《行政法学》，法律出版社 2015 年版，第 239 页。
[2] Peter Schwacke, Recht der Ordnungswidrigkeiten, 4. Aufl. 2006, S. 61.
[3] 广州铁路运输第一法院（2016）粤 7101 行初 1979 号行政判决书。

的违法事实的时间、地点、经过、情节等事项，让当事人清楚知晓被处罚的事实依据"。本案中，"行政处罚决定书载明的被上诉人陈超违法事实为'非法经营客运出租汽车'，但未载明被上诉人的具体违法事实"。由于济南市城市客运管理服务中心所作的行政处罚决定书"记载事项没有达到明确具体的要求，原审法院认为上诉人济南客运管理中心作出的行政处罚决定书记载事项不符合法律规定，应予撤销"。

结合《行政处罚法》第31条规定的"行政机关在作出行政处罚决定之前，应当告知当事人作出行政处罚决定的事实、理由及依据"来看，我国立法上是区分"事实""（法律）依据"和"理由"的。王贵松教授认为，将上述三者区分开来，有助于突出各自的独立价值："如果是事实的问题，那就以'主要证据不足'或'事实不清'为标准来审查；如果是法律依据的问题，那就以'适用法律、法规错误'为标准来审查"；"对于不说明理由或说明理由不充分，虽然实践中多适用前两种标准进行审查，但理论上而言，则还可采用'滥用职权'标准进行审查"。[1]

但实际上，三者又是紧密联系在一起的。章剑生教授就认为，行政主体在作出对行政相对人合法权益产生不利影响的行政行为时，"必须向行政相对人说明其作出该行政行为的事实因素、法律依据以及进行自由裁量时所考虑的政策、公益等因素"，这构成行政行为理由的说明。[2]《德国行政程序法》第39条"行政行为的理由"第1款第2项规定："行政机关在理由中应当告知作出该决定时所考虑的重要事实和法律原因。"因此，有学者断言，"事实认定是理由说明的基础部分"。[3]

具体到本案，法院认为行政机关所作行政处罚决定书载明事项没有达到明确具体的要求，不符合法律规定，应予撤销。如上所述，如果将事实认定视为行政行为理由说明的基础部分，那么行政机关在行政处罚决定中的理由说明义务没有得到满足。行政行为的理由说明是行政程序法的重要组成部分，是保障程序理性和实现正义的必要条件，已被各国作为一项重要的法律制度

---

〔1〕 王贵松："论行政裁量理由的说明"，载《现代法学》2016年第5期。
〔2〕 章剑生："论行政行为说明理由"，载《法学研究》1998年第3期。
〔3〕 赵银翠："论行政行为说明理由"，载《法学杂志》2010年第1期。

予以确立。[1]

　　行政机关的理由说明义务固然能够促使行政权自我约束、为行政相对人权利救济提供基础条件和方便司法审查，但要注意的是，这种理由说明义务只是形式上的，仅构成行政行为在形式上合法的要件之一。[2]在履行该义务时，行政机关虽无须事无巨细地陈述细节，但必须让行政相对人对行政决定所依据的事实和法律着眼点中的必要信息有所掌握。如果行政机关只是使用些套话，没有对所确定的事实如何具体判断作出说明，即不满足理由说明义务。[3]

　　行政机关对行政行为的理由说明义务并不是在任何情形下都必须履行的。《德国行政程序法》第39条第2款专门规定了五种无须说明行政行为理由的情形。如行政相对人已经知悉了行政机关在事实和法律基础之上的观点，从而无须理由（第2项）；法律有着特别规定的情形（第5项）。而且作为行政行为形式合法性要件之一，即使行政机关在作出行政行为时没有说明理由，只要在行政诉讼程序终结之前追加说明理由，即可补正该形式要件瑕疵。[4]

　　相对于德国法，"我国实定法上对行政程序的要求渐趋严格"。[5]《中华人民共和国行政复议法》（以下简称《行政复议法》）第28条第1款第3项规定，违反法定程序的，可决定撤销或者确认违法。我国《行政诉讼法》第74条第1款第2项亦规定，"行政行为程序轻微违法，但对原告权利不产生实际影响的"，法院判决确认违法。

　　本案中，行政机关没有在行政处罚决定书中对具体违法事实作出说明，这违背了行政行为理由说明义务。不过，上诉人主张"在其他法律文书中已经将陈超行为的性质、情节程度以及拟处罚的理由和依据告知了陈超"。法院对此则不予认可，认为"其他法律文书中对具体违法事实的记载不能代替行政处罚决定书中对事实的记载"。笔者认为，依法行政原则固然应当得到遵守，但行政机关若已经通过其他方式告知或者事后追加理由时，出于程序

〔1〕　宋华琳："英国行政决定说明理由研究"，载《行政法学研究》2010年第2期。

〔2〕　Friedrich Schoch, Begründung von Verwaltungsakten, JURA 2005, 757.

〔3〕　Friedrich Schoch, Begründung von Verwaltungsakten, JURA 2005, 757, 758.

〔4〕　Hermann Pünder, Verwaltungsverfahren, in: Hans-Uwe Erichsen/Dirk Ehlers（Hrsg.）, Allge-meines Verwaltungsrecht, 14. Aufl. 2010, § 14 Rn. 53. 此时行政机关则必须承担诉讼费用。

〔5〕　王贵松："论行政裁量理由的说明"，载《现代法学》2016年第5期。

经济（Verfahrensökonomie）的考虑，应当认定程序瑕疵得到补正，不应再判决撤销。[1]

【后续影响及借鉴意义】

"陈超诉济南市城市公共客运管理服务中心客运管理行政处罚案"被公布在 2018 年第 2 期《最高人民法院公报》上，虽然《最高人民法院公报》不像其发布的指导性案例那样具有参照效力，[2]但由于涉及共享经济下的网约车规制问题，在学者对相关议题的热烈讨论中，该裁判会产生一定的影响力。[3]

与本裁判相对的则是广州铁路运输中级人民法院在审理滴滴网约车案件时的观点。终审法院首先认为，私家车司机使用滴滴软件从事客运被直接定性为非法营运并适用《道路运输条例》予以处罚，"不符合法治的基本原理和精神"；其次认为行政机关没有对网络平台运营商予以处理，"是典型的选择性执法"。总而言之，应当撤销行政机关的处罚决定。[4]该裁判的思路被学者总结为"法无禁止即可为"，[5]甚至被盛赞"彰显了司法深度参与社会治理的积极态度"。[6]本文对此则持保留态度，网约车客运行为的合法性问题，上文已经进行了分析。[7]在选择性执法上，通说认为，平等原则并没有要求行政机关必须"全面地"对所有违法行为采取措施，只要具备实质理由，它就可以将处理行为限制在个案上。基于行政成本等客观因素限制，选择性执

---

〔1〕 Guy Beaucamp, Heilung und Unbeachtlichkeit von formellen Fehlern im Verwaltungsverfahren, JA 2007, 117.

〔2〕 "黄木兴与四川中南明大置业投资有限公司等借款合同纠纷申请案"最高人民法院（2014）民申字第 441 号民事裁定书。

〔3〕 本案在行政诉讼被告上的认定也存在着问题，即在没有法律、法规、规章授权情况下，行政机关下属的事业单位能否作为行政诉讼的被告，相关分析和建议见王青斌："行政诉讼被告人定标准的反思与重构"，载《法商研究》2018 年第 5 期。

〔4〕 广州铁路运输中级人民法院（2017）粤 71 行终 786 号行政判决书。

〔5〕 董研："基本原则在行政裁判中的适用：以网约车行政诉讼为视角"，载《人民司法·案例》2018 年第 2 期。

〔6〕 贺伟："对网约车营运行政处罚的审查"，载《人民司法·案例》2018 年第 2 期。

〔7〕 上海市第二中级人民法院在私家车司机使用嘀嗒平台提供客运服务的案件中认为，行为人构成擅自从事非法客运活动，行政机关给予的 3 万元罚款决定量罚适当，见上海市第二中级人民法院（2017）沪 02 行终 29 号行政判决书。

法有着正当性，并非都是违法行为。[1] 而广州铁路运输中级法院在这里的论证过于单薄。德国学者认为，为了让法律更具有威慑力，不仅可以对司机，还可以对乘坐人进行处罚，因为其促使了具体客运服务的进行。[2]

2016 年 11 月 1 日起施行的《网络预约出租汽车经营服务管理暂行办法》对网约车平台公司、网约车驾驶员和车辆、网约车经营行为、网约车监督检查及法律责任都做出了相关规定，各地在执行时采取了更加严格的态度，使得网约车面临更加严格的监管。[3] 公共客运服务承担着满足多数民众出行需求的职责，国家对新兴市场的监管必须要考虑到方便民众安全出行和客运市场的公平竞争。

---

〔1〕 章剑生："'选择性执法'与平等原则的可适用性"，载《苏州大学学报》（法学版）2014年第 4 期。

〔2〕 Meinhard Schröder, Ridesharing- Angebote als Herausforderung für das Personenbeförderungs- und das Ordnungsrecht, DVBl 2015, 143, 148.

〔3〕 徐天柱："创新与管制：互联网约租车管制制度研究"，载《江淮论坛》2017 年第 2 期。

案例五 何亮琪诉南京市鼓楼区人民政府
房屋拆迁行政强制案

蔡乐渭*

【案例名称】

何亮琪诉南京市鼓楼区人民政府房屋拆迁行政强制案 ［江苏省南京市中级人民法院（2015）宁行初字第107号行政判决］

【关键词】

行政征收　行政强制　被告资格　举证责任

【基本案情】

江苏省南京市中级人民法院查明事实如下：2010年11月6日，南京市土地储备中心与南京市下关区国有资产经营中心领取了宁拆许字（2010）第41号《房屋拆迁许可证》，决定对下关区滨江区域老城改造项目（c）进行拆迁。该项目拆迁实施单位为原下关区拆迁办。

另查明：涉案老江口1号房屋（丘号：624192-1）位于该项目拆迁红线范围内，涉案房屋所有权人为哈秀英（2012年去世），其育有何亮华、何亮美、何亮莉、何亮琪四子女。涉案房屋拆除前，由原告何亮琪居住、使用。2014年4月17日上午，南京市鼓楼区滨江开发建设指挥部、南京市鼓楼区房屋拆迁安置办公室（以下简称鼓楼区拆迁办）等单位对涉案老江口1号房屋

---

* 作者简介：蔡乐渭，中国政法大学法学院行政法研究所副教授，硕士生导师。

进行了拆除，拆除前未向原告何亮琪以及哈秀英的其他继承人送达相关法律文书。

再查明：涉案鼓楼区拆迁办，即原下关区拆迁办，系受原南京市下关区人民政府委托，对区域范围内的各类房屋承担拆迁安置、业务指导、统筹规划等综合管理工作的机构。南京市鼓楼区滨江开发建设指挥部（原南京市下关区滨江开发建设指挥部）系原中共下关区委、下关区人民政府于2008年11月14日成立的临时机构，无独立法人资格。2013年南京市行政区划重新调整后，根据宁委（2013）154号《关于印发〈南京市鼓楼区党政机构设置方案〉的通知》，南京市下关滨江商务区管理委员会是南京市鼓楼区人民政府的派出机构，有独立法人资格。但是，在《关于南京市下关滨江商务区管理委员会（党工委）机构编制有关事项的批复》中，南京市下关滨江商务区管理委员会的内设机构中并未包括原下关区滨江开发建设指挥部。

法院认为，涉案房屋的所有权人哈秀英已死亡，原告何亮琪作为其近亲属有权提起诉讼。而且，原告何亮琪作为哈秀英的合法继承人，涉案房屋的拆除行为与其具有利害关系，故何亮琪具备原告资格。

关于被告是否适格问题，法院认为，即使南京下关房屋征收服务有限公司也参与了拆除涉案房屋，其行为也系受原下关区拆迁办的委托，而原下关区拆迁办本身就是受南京市下关区人民政府的委托，行政区划调整后，原南京市下关区人民政府的行政职能由鼓楼区人民政府行使。故无论涉案强制拆除行为是系原下关区拆迁办牵头组织实施，还是系南京市鼓楼区滨江开发建设指挥部牵头组织实施，鼓楼区人民政府均是本案适格被告。

关于被诉强制拆除行为是否违法问题，法院认为，根据《行政诉讼法》及相关司法解释的规定，被告应承担其行政行为合法的举证责任，但本案被告鼓楼区人民政府未在答辩期内提交其强制拆迁行为所依据的证据，法院视为其在实施强制拆迁行为时无相应证据。

据此，法院判决确认被告鼓楼区人民政府实施的强制拆除行为违法；责令被告南京市鼓楼区人民政府于本判决生效之日起60日内与原告及其他相关方协商赔偿事宜；驳回原告何亮琪的其他诉讼请求。

本案涉及的法律条款有：

《行政诉讼法》第34条规定：

"被告对作出的行政行为负有举证责任，应当提供作出该行政行为的证据和所依据的规范性文件。

被告不提供或者无正当理由逾期提供证据，视为没有相应证据。但是，被诉行政行为涉及第三人合法权益，第三人提供证据的除外。"

《城市房屋拆迁管理条例》（现已失效）第16条规定：

"拆迁人与被拆迁人或者拆迁人、被拆迁人与房屋承租人达不成拆迁补偿安置协议的，经当事人申请，由房屋拆迁管理部门裁决。房屋拆迁管理部门是被拆迁人的，由同级人民政府裁决。裁决应当自收到申请之日起30日内作出。

当事人对裁决不服的，可以自裁决书送达之日起3个月内向人民法院起诉。拆迁人依照本条例规定已对被拆迁人给予货币补偿或者提供拆迁安置用房、周转用房的，诉讼期间不停止拆迁的执行。"

《城市房屋拆迁管理条例》第17条规定：

"被拆迁人或者房屋承租人在裁决规定的搬迁期限内未搬迁的，由房屋所在地的市、县人民政府责成有关部门强制拆迁，或者由房屋拆迁管理部门依法申请人民法院强制拆迁。"

【裁判要旨】

行政机关委托的组织所作的行政行为，委托的行政机关是被告；行政机关被撤销或者职权变更的，继续行使其职权的行政机关是被告。本案中，即使南京下关房屋征收服务有限公司也参与了拆除涉案房屋，其行为也系受原下关区拆迁办的委托，而原下关区拆迁办本身就是受原南京市下关区人民政府的委托。行政区划调整后，原南京市下关区人民政府的行政职能由鼓楼区人民政府行使，故鼓楼区人民政府作为本案被告也并无不当。

涉案老江口1号房屋（丘号：624192-1）属于拆迁范围内应当拆除的房屋，只是被告鼓楼区人民政府未履行法定程序提前予以拆除，若涉案房屋恢复原状将与下关区滨江区域老城改造项目（c）的规划、社会公共利益不符，故对原告要求将涉案房屋恢复原状的诉讼请求，不予支持。但是，被告鼓楼区人民政府的强制拆除行为确实造成了包括原告在内的房屋继承人的损失，应当给予赔偿。

【裁判理由与论证】

本案中，原告诉请法院确认被告强制拆除房屋的行为违法，并请求将房屋恢复原状；被告则辩称原告与被告主体皆不适格，请求法院驳回原告诉讼请求。但被告并没有按照法律的规定提交相关证据以证明其行为的合法性。

法院认为，本案的争议焦点主要为：（1）原告是否适格；（2）被告是否适格；（3）房屋拆除行为是否违法。在判决理由中，法院对争议焦点所涉及的问题一一进行了回应。

一、有关原告是否适格问题

被告辩称，原下关区拆迁办人员曾多次协商，让原告办理继承公证，但原告都没有办理，故根据《南京市城市房屋拆迁管理办法》第 4 条、第 17 条规定，原告不是房屋的所有权人，不具备诉讼主体资格。

被告所称《南京市城市房屋拆迁管理办法》于 2004 年 2 月 1 日生效，在本案所涉房屋拆除时，该办法仍然有效。该办法第 4 条第 3 款规定："本办法所称被拆迁人，是指被拆迁房屋的所有人。"第 17 条则规定了产权不明或者产权有纠纷以及产权人下落不明的情形下，如何实施拆迁的问题。被告辩称，其目的在于证明原告并非被拆除房屋的所有权人，因而不是《南京市城市房屋拆迁管理办法》所规定的被拆迁人，进而否认其在本案中的原告资格。

但对行政诉讼的原告问题，《行政诉讼法》及司法解释有着明确的规定。《行政诉讼法》第 25 条规定："行政行为的相对人以及其他与行政行为有利害关系的公民、法人或其他组织，有权提起诉讼。有权提起诉讼的公民死亡，其近亲属可以提起诉讼。"《最高人民法院关于执行〈中华人民共和国行政诉讼法〉若干问题的解释》（已废止，以下简称《执行解释》）第 11 条规定："行政诉讼法第 24 条规定的'近亲属'，包括配偶、父母、子女、兄弟姐妹、祖父母、孙子女、外孙子女和其他具有扶养、赡养关系的亲属。"根据上述规定，法院在判决中并没有直接对《南京市城市房屋拆迁管理办法》的相关规定进行评论，而是依据《行政诉讼法》及司法解释的规定认定，何亮琪是该案的适格原告。"涉案房屋的所有权人哈秀英已死亡，原告何亮琪作为其近亲属有权提起诉讼。而且，原告何亮琪作为哈秀英的合法继承人，涉案房屋的拆除行为与其具有利害关系，何亮琪具备原告资格。"

二、有关被告是否适格问题

本案中，有关被告是否适格问题，涉及行政机关组建的机构及行政机关的派出机关（机构）之行为责任由谁承担的问题，也涉及行政区划调整、行政机关撤并后，相应的行政行为责任由谁承担的问题。被告提出，涉案房屋坐落于下关区滨江区域老城改造项目范围内，该项目的拆迁人是南京市土地储备中心和南京市下关区国有资产经营中心，拆迁实施单位是原下关区拆迁办，并委托给南京下关房屋征收服务有限公司进行拆除。被告并未实施原告所称的强制拆除行为，因此不是本案强制拆除行为的实施主体。

对此，法院认为，"根据《行政诉讼法》第26条第5款、第6款之规定，行政机关委托的组织所作的行政行为，委托的行政机关是被告；行政机关被撤销或者职权变更的，继续行使其职权的行政机关是被告。本案中，即使南京下关房屋征收服务有限公司也参与了拆除涉案房屋，其行为也系受原下关区拆迁办的委托，而原下关区拆迁办本身就是受原南京市下关区人民政府的委托"。也就是说，原下关区拆迁办的行为及其委托给下关房屋征收服务有限公司实施的拆除行为，其法律后果应由原南京市下关区人民政府承担。而由于行政区划的调整带来的行政主体及其职能的变迁，原行政机关行政行为的法律后果，应由继续履行该职责的行政机关来承担。"行政区划调整后，原南京市下关区人民政府的行政职能由鼓楼区人民政府行使，故鼓楼区人民政府是本案被告也并无不当。"

关于参与强制拆除的南京市鼓楼区滨江开发建设指挥部的行为责任承担问题，法院认为，"因相关文件并未确定南京市鼓楼区滨江开发建设指挥部的机构性质，应当认定其系鼓楼区人民政府组建的专项工作机构。根据《执行解释》第20条第1款规定，行政机关组建并赋予行政管理职能但不具有独立承担法律责任能力的机构，以自己的名义作出具体行政行为，当事人不服提起诉讼的，应当以组建该机构的行政机关为被告"，也就是说，南京市鼓楼区滨江开发建设指挥部的相关强制拆除行为的法律后果，同样应该由组建其的行政机关来承担。

综上，法院认定，"无论涉案强制拆除行为是系原下关区拆迁办牵头组织实施，还是系南京市鼓楼区滨江开发建设指挥部牵头组织实施，鼓楼区人民政府均是本案适格被告"。

三、有关房屋拆除行为是否违法问题

有关本案中房屋拆除行为是否违法问题，因在本案相关主体取得《拆迁许可证》至强制拆除行为发生期间，国务院公布实施了《国有土地上房屋征收与补偿条例》，取代了《城市房屋拆迁管理条例》，故判断行政行为合法与否，涉及法律的适用问题。对此，法院认为应沿用《城市房屋拆迁管理条例》的规定。"因宁拆许字（2010）第 41 号《房屋拆迁许可证》领取时间是 2010 年 11 月 6 日，根据《国有土地上房屋征收与补偿条例》第 35 条的规定，对涉案房屋的拆迁，应继续沿用《城市房屋拆迁管理条例》的规定。"

根据《城市房屋拆迁管理条例》的相关规定，法院指出，"拆迁人与被拆迁人或者拆迁人、被拆迁人与房屋承租人达不成拆迁补偿安置协议的，经当事人申请，由房屋拆迁管理部门裁决"。同时，"被拆迁人或者房屋承租人在裁决规定的搬迁期限内未搬迁的，由房屋所在地的市、县人民政府责成有关部门强制拆迁，或者由房屋拆迁管理部门依法申请人民法院强制拆迁"。由此，"强制拆迁须以房屋拆迁管理部门的裁决为前提"。由于本案中行政主体在实施拆除行为之前没有经过裁决程序，故按前述《城市房屋拆迁管理条例》的规定，可进一步得出被告行为违法的结论。不过，法院并没有沿着这一思路继续论证，而是从举证责任角度进行论证。法院指出，"根据《行政诉讼法》第 67 条第 1 款、《执行解释》第 26 条第 2 款的规定，被告应当在收到起诉状副本之日起 15 日内向人民法院提交作出行政行为的证据和所依据的规范性文件；被告不提供或者无正当理由逾期提供的，应当认定该具体行政行为没有证据、依据。本案中，被告鼓楼区人民政府未在答辩期内提交其强制拆迁行为所依据的证据，本院视为其在实施强制拆迁行为时无相应证据，故被告鼓楼区人民政府实施的强制拆迁行为应认定为违法"。也就是说，法院最后因被告未依法按期提交证据，认为被告的行为无相应证据，进而认定其强制拆除行为违法。

【涉及的重要理论问题】

本案涉及房屋征收（拆迁）中的强制拆除行为是否合法的问题，但从案例判决看，其所涉及的不仅有房屋征收的行政强制执行问题，还有行政诉讼中的原被告主体资格认定问题以及举证责任问题。

一、房屋征收的行政强制执行问题

（一）行政强制执行的一般理论

行政强制执行，是指行政机关或者行政机关申请人民法院，对不履行行政决定的公民、法人或者其他组织，依法强制其履行义务的行为。[1] 行政强制执行有以下特点：第一，行政强制执行以行政相对人不履行行政义务为前提，这种不履行通常有主观上的故意。第二，拥有强制执行权的国家机关既包括行政机关，也包括司法机关。第三，行政强制执行的目的在于强迫行政相对人履行行政义务或达到与行政相对人履行行政义务相同的效果。第四，行政强制执行直接影响行政相对人的权益，因此必须有法律的明确授权，且强制执行的内容与范围应以相对人承担的行政义务为限。

按照《行政强制法》的规定，行政强制执行的方式包括：（1）加处罚款或者滞纳金，即行政强制主体针对拒不履行义务的被执行人，处以新的金钱给付义务，以督促其履行行政义务的行政强制执行方式；（2）划拨存款、汇款，即行政强制主体在相关金融机构的协助下，从被执行人的账户中直接划扣一定数量的金钱以达到与被执行人主动履行其金钱给付义务相同效果的强制执行方式；（3）拍卖或者依法处理查封、扣押的场所、设施或者财物，即行政强制主体按照法定的权限与程序，通过拍卖或者其他方式，对已经查封、扣押的场所、设施或者财物进行处理，以达到与被执行人主动履行其行政义务相同效果的行政强制执行方式；（4）排除妨碍、恢复原状，即行政强制主体强制被执行人排除其造成的对他人合法权益的妨碍；恢复原状是行政强制主体强制被执行人将侵害对象恢复到其实施侵害之前的状态；（5）代履行，

---

〔1〕 参见《中华人民共和国行政强制法》第2条第3款。

即行政主体依法作出要求当事人履行排除妨碍、恢复原状等义务的行政决定，当事人逾期且经催告仍不履行，其危害后果已经或者即将发生的，行政强制主体或其委托的没有利害关系的第三人代替被执行人履行义务，以达到与被执行人主动履行相同的效果，且由被执行人承担必要费用的行政强制执行方式；（6）法律设定的其他强制执行方式。

有关行政强制执行的具体程序，行政强制法规定，行政机关实施强制执行需要遵循如下程序：（1）催告，即行政机关作出强制执行决定前，告知当事人履行义务，否则行政机关将依法实施强制执行。（2）作出强制执行决定，即经催告之后，若当事人逾期仍不履行行政决定，且无正当理由的，行政机关作出强制执行的决定。（3）实施行政强制执行，即行政机关作出行政强制执行决定并送达后，采取具体的强制执行方式进行强制执行。

（二）城市房屋征收中的强制执行

在存在多种所有权的市场经济社会中，房屋征收的存在几乎是必然的。我国自改革开放以来，城市房屋征收多有所见，特别是20世纪90年代以来，城市房屋征收更是成了常见的现象，并因此带来了一系列的社会与法律问题。城市房屋征收的依据除宪法之外，还包括物权法等法律的规定。就专门规定城市房屋征收活动的法律规范而言，早在1991年，国务院就制定了《城市房屋拆迁管理条例》，后于2001年进行修订后重新颁布。根据形势的发展，特别是针对在征收实践中出现的一系列问题，国务院于2011年1月21日公布了《国有土地上房屋征收与补偿条例》，自公布之日起施行，《城市房屋拆迁管理条例》同时失效。

根据《国有土地上房屋征收与补偿条例》的规定，作出房屋征收决定的市、县级人民政府对被征收人给予补偿后，被征收人应当在补偿协议约定或者补偿决定确定的搬迁期限内完成搬迁。但任何单位和个人不得采取暴力、威胁或者违反规定中断供水、供热、供气、供电和道路通行等非法方式迫使被征收人搬迁。如果被征收人在法定期限内不申请行政复议或者不提起行政诉讼，在补偿决定规定的期限内又不搬迁的，由作出房屋征收决定的市、县级人民政府依法申请人民法院强制执行。

人们在现实生活中常有所见的"强拆"现象，在性质上应属于城市房屋

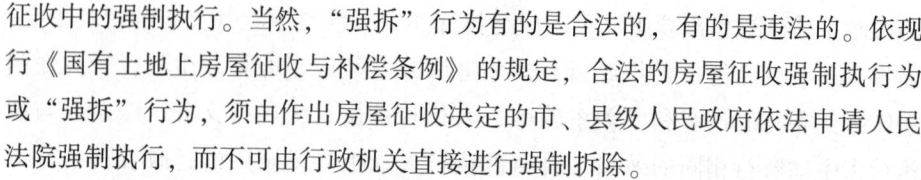

征收中的强制执行。当然，"强拆"行为有的是合法的，有的是违法的。依现行《国有土地上房屋征收与补偿条例》的规定，合法的房屋征收强制执行行为或"强拆"行为，须由作出房屋征收决定的市、县级人民政府依法申请人民法院强制执行，而不可由行政机关直接进行强制拆除。

（三）本案中的强制拆除行为是否合法

本案中，拆迁人南京市土地储备中心与南京市下关区国有资产经营中心于 2010 年 11 月 6 日领取了宁拆许字（2010）第 41 号《房屋拆迁许可证》，决定对下关区滨江区域老城改造项目（c）进行拆迁。2014 年 4 月 17 日上午，南京市鼓楼区滨江开发建设指挥部、南京市鼓楼区拆迁办等单位对涉案老江口 1 号房屋进行了拆除，拆除前未向原告何亮琪以及哈秀英的其他继承人送达相关法律文书。

在本案行政强制拆除行为实施之时，《国有土地上房屋征收与补偿条例》已经生效，但根据该条例第 35 条的规定，"本条例施行前已依法取得房屋拆迁许可证的项目，继续沿用原有的规定办理"。因本案中拆迁人已经于《国有土地上房屋征收与补偿条例》生效前取得《房屋拆迁许可证》，故该案须沿用《城市房屋拆迁管理条例》的规定。

《城市房屋拆迁管理条例》规定的城市房屋拆迁（房屋征收）制度与《国有土地上房屋征收与补偿条例》规定的房屋征收制度有着极大的区别。根据《城市房屋拆迁管理条例》的规定，房屋拆迁涉及的主要当事人包括拆迁人、被拆迁人、房屋拆迁管理部门等。其中，拆迁人指取得房屋拆迁许可证的单位，实践中主要包括房屋征收（拆迁）后的土地使用方、政府设立的土地储备中心等；被拆迁人指被征收（拆迁）房屋的所有人；房屋拆迁管理部门则是承担房屋拆迁管理事务的行政机关。质言之，按照《城市房屋拆迁管理条例》的规定，城市房屋征收（拆迁）关系不仅是作为征收人的行政机关与作为被征收人的公民、法人和其他组织之间的关系，更是作为征收之后的土地需用方与作为被征收人的公民、法人和其他组织之间的关系。如此，行政征收在理论上存在于行政机关与行政相对人之间的公法关系就在一定层面上成了土地需用方与被征收方或其他相关人之间的关系，这种关系在性质上是模糊的，在逻辑上也是难以成立的。

根据《城市房屋拆迁管理条例》的规定，有关房屋拆迁的强制执行，若双方达成拆迁补偿安置协议，而被拆迁人或者房屋承租人在搬迁期限内拒绝搬迁的，拆迁人可以依法向仲裁委员会申请仲裁，也可以依法向人民法院起诉。诉讼期间，拆迁人可以依法申请人民法院先予执行。若双方达不成拆迁补偿安置协议的，经当事人申请，由房屋拆迁管理部门裁决。房屋拆迁管理部门是被拆迁人的，由同级人民政府裁决。当事人对裁决不服的，可以自裁决书送达之日起 3 个月内向人民法院起诉。拆迁人依照本条例规定已对被拆迁人给予货币补偿或者提供拆迁安置用房、周转用房的，诉讼期间不停止拆迁的执行。被拆迁人或者房屋承租人在裁决规定的搬迁期限内未搬迁的，由房屋所在地的市、县人民政府责成有关部门强制拆迁，或者由房屋拆迁管理部门依法申请人民法院强制拆迁。实施强制拆迁前，拆迁人应当就被拆除房屋的有关事项，向公证机关办理证据保全。

换言之，按照《城市房屋拆迁管理条例》的规定，在双方未达成拆迁补偿安置协议的情形下，若要强制拆迁，必须先经房屋拆迁管理部门裁决。本案中，相关当事人并未申请房屋拆迁管理部门裁决，也未履行向原告送达相关法律文书等法律行为，故本案中相关主体实施的强制拆除行为是违法的。

二、行政诉讼被告的确认问题

"行政诉讼被告是指原告指挥其行政行为违法，侵犯原告合法权益，并经人民法院通知应诉的具有国家行政职权的机关或组织。"[1]理论上，行政诉讼被告可由"国家""地方""公务法人"等承担。在我国，按照《行政诉讼法》的规定，行政诉讼被告原则上是由实施行政行为的行政机关或组织承担的。但在一些情况下，拥有行政职权的行政机关或组织并不总是直接行使行政职权、实施行政行为，而是交由其他主体直接实施行政行为；同时，由于行政区划变迁、政府职能调整和机构改革等原因，有些时候行政机关的职能也会进行调整，如从一个主体转移到另外的主体。在上述情形下，就会出现实施

---

〔1〕 应松年主编：《行政法与行政诉讼法学》，高等教育出版社 2018 年版，第 363 页。

行政行为之后，法律责任到底由谁承担，谁来当行政诉讼的被告问题。[1] 本案中，正是因为存在拥有行政职权的主体没有直接实施相关行政行为而交由其他主体实施，以及行政机关撤销、设立及相应的职能调整和变更等情形，以至于到底应该由哪一主体作为本案强制拆除行为的责任承担者、担当本案行政诉讼被告出现了争议。

（一）政府设立的拆迁办等机构实施的行政行为被诉时被告的确认问题

在社会经济发展的过程中，一些地方政府为推进城市房屋征收，成立了专门负责征收工作的机构。在 2011 年国务院《国有土地上房屋征收与补偿条例》生效之前，城市房屋征收在实务中多被称为拆迁，故这些机构也多被称为拆迁办。实践中，拆迁办等机构多不具备独立的法人资格和行政主体资格，但实际上却行使着政府的房屋征收工作职责。如在本案中，原下关区拆迁办系根据原南京市下关区人民政府的决定，对区域范围内的各类房屋承担拆迁安置、业务指导、统筹规划等综合管理工作的机构。

对于行政机关设立的从事专门工作的机构以自己的名义作出的行为在行政诉讼中的被告确认问题，《解释》第 20 条第 1 款规定："行政机关组建并赋予行政管理职能但不具有独立承担法律责任能力的机构，以自己的名义作出具体行政行为，当事人不服提起诉讼的，应当以组建该机构的行政机关为被告。"据此，在本案中，拆迁办正是行政机关组建的但不具有独立承担法律责任能力的机构，其以自己的名义作出的强制拆除行为被提起诉讼的，应以设立或组建它的区人民政府为被告。

本案中所涉另一机构南京市鼓楼区滨江开发建设指挥部系由原南京市下关区滨江开发建设指挥部演变而来，由原中共下关区委、下关区人民政府于 2008 年 11 月 14 日成立，其性质为临时机构，无独立法人资格。2013 年南京市行政区划重新调整后，根据《关于印发〈南京市鼓楼区党政机构设置方案〉的通知》，南京市鼓楼区人民政府设立下关滨江商务区管理委员会，作为政府派出机关，具有独立法人资格。若南京市鼓楼区滨江开发建设指挥部在行政

---

[1] 一定程度上，也正因为我国法律规定的行政诉讼被告确认标准的复杂性，有学者提出了统一由同级政府为被告的方案。"以作出或者实施行政行为的机关、机构的同级政府为被告，即行为者的政府为被告。"参见杨小军："行政诉讼原告与被告资格制度的完善"，载《行政法学研究》2012 年第 2 期。

区划调整中成为下关滨江商务区管理委员会的内设机构，则其所实施强制拆除行为的法律后果由管理委员会所承担，也即由下关滨江商务区管理委员会作为行政诉讼的被告。但是，在《关于南京市下关滨江商务区管理委员会（党工委）机构编制有关事项的批复》中，南京市下关滨江商务区管理委员会的内设机构中并未包括原下关区滨江开发建设指挥部。由此，南京市鼓楼区滨江开发建设指挥部的行为，其法律责任不应由下关滨江商务区管理委员会承担，而仍应由组建它的行政机关承担。

值得注意的是，本案判决书并未明确强制拆除行为是以哪一主体的名义实施的。被告在答辩中强调，拆迁实施单位是原南京市下关区拆迁办，被告并未实施原告所称的强制拆除行为，不是本案强拆行为的实施主体。由此可推出，强制拆除行为不是以鼓楼区人民政府的名义实施的。而在法院的判决理由中，拆迁办被认为系受区人民政府的委托实施行政行为的主体，"原下关区拆迁办本身就是受原南京市下关区人民政府的委托"。从实践中看，在未合法作出强制拆除决定的强制拆除情形中，通常不会明确以谁的名义实施相关拆除行为。但就违法强制拆除而言，无论是以谁的名义作出的行政行为，甚至根本不明确以谁的名义作出的行政行为，其行为只要被认定为是由没有行政主体资格的行政机构实施的，其最终的责任承担者都可被认定为组建或设立它的行政机关。

（二）行政机关委托其他组织实施拆除行为时的被告确认问题

实践中，有时会出现行政机关将行政事务委托给一定组织处理的情形。这种委托有的是合法的，有的是不合法的。无论实际上合法与否，依委托实施的行为都可能被相对人或其他利害关系人认为侵害其合法权益而提起行政诉讼，此时也涉及谁当被告的问题。按照《行政诉讼法》第25条第5款之规定："行政机关委托的组织所作的行政行为，委托的行政机关是被告。"也就是说，在行政机关委托其他组织实施行政行为的情形下，无论其合法与否，都由委托的行政机关承担法律责任。若委托者自身具有作为行政诉讼被告的资格，则以其为行政诉讼之被告，若委托者没有做被告的资格，则按照委托者的责任承担情形确定相应的被告。

本案中，若南京下关房屋征收服务有限公司受原下关区拆迁办的委托实施了强制拆除行为，则其法律责任应由南京市下关区拆迁办承担。而在本案发生之时，原下关区拆迁办由于行政区划变迁等原因已不复存在，其法律责任的承担需根据相关情况进一步确定。

（三）行政机关职权变更时的被告确认问题

在社会经济发展过程中，行政机关发生职权变更是相当常见的，其原因也多种多样。这些情况主要包括：（1）政府职能转变导致职权变更。中国改革开放的过程，实际上也是一个政府职能不断转变的过程，许多原来的行政职权，在政府职能转变后不再继续是需要履行的行政职责。（2）行政机关机构撤并导致变更。如在政府机构改革中，特定职权随着机构撤并而从一个行政机关调整至另一个行政机关，或两个或更多行政机关合并为一个行政机关。（3）行政区划的调整，比如，两个或两个以上行政区合并为一个行政区，被合并的行政机关的职权由合并之后的相应行政机关行使。

在行政机关职权变更的情形下，行政诉讼的被告如何确认问题，《行政诉讼法》和《执行解释》都作了规定。《行政诉讼法》第 25 条第 6 项规定："行政机关被撤销或者职权变更的，继续行使其职权的行政机关是被告。"《执行解释》第 23 条规定："行政机关被撤销或者职权变更，没有继续行使其职权的行政机关的，以其所属的人民政府为被告；实行垂直领导的，以垂直领导的上一级行政机关为被告。"

本案中，由于行政区划的变更，案件所涉及行政机关和组织经历了诸多撤并。原南京市下关区拆迁办的职能由南京市鼓楼区滨江开发建设指挥部、鼓楼区拆迁办承继，其行政责任亦应由后者承担。原南京市下关区人民政府合并于新的鼓楼区人民政府，其职权亦由后者承担，原应由其作为行政诉讼被告的，也相应由鼓楼区人民政府为被告。

综合前述三种情形，以及法院查明的本案涉案房屋系由南京市鼓楼区滨江开发建设指挥部、南京市鼓楼区房屋拆迁安置办公室等单位实施拆除的事实，可以确定本案的被告。

对于南京市鼓楼区滨江开发建设指挥部的行为，由于该主体并非独立法人，不具有行政主体资格，故其不能成为行政诉讼的被告。同时，该主体并非滨江商务区管理委员会的内设机构，其行为也不可由后者作为行政诉讼的被告。根据《执行解释》第 20 条第 1 款规定："行政机关组建并赋予行政管理职能但不具有独立承担法律责任能力的机构，以自己的名义作出具体行政行为，当事人不服提起诉讼的，应当以组建该机构的行政机关为被告。"要明确南京市鼓楼区滨江开发建设指挥部行为的法律责任承担者，须明确它是由什么主体组建的。根据案情可知，鼓楼区滨江开发建设指挥部系由原南京市下关区滨江开发建设指挥部演变而来，最早系由原中共下关区委、下关区人民政府于2008年11月14日成立的临时机构。因此，鼓楼区滨江开发建设指挥部相应行为的法律责任应由下关区人民政府承担，亦即以下关区人民政府为行政诉讼的被告。但2013年3月，根据国务院、江苏省政府批复同意的方案，撤销鼓楼区、下关区，以原两区所辖区域设立新的鼓楼区，下关区人民政府撤销，其职能由新的鼓楼区人民政府承担。故本案中鼓楼区滨江开发建设指挥部的行为，应以鼓楼区人民政府为被告。

对于南京市鼓楼区拆迁办的强制拆除行为，鼓楼区拆迁办最早由原南京市下关区人民政府设立并受其委托，对区域范围内的各类房屋承担拆迁安置、业务指导、统筹规划等综合管理工作，2013年下关区人民政府撤销之后，其职能由新的鼓楼区人民政府承担。因此，在2014年实施强制拆除时，鼓楼区拆迁办应视为鼓楼区人民政府组建的机构，鉴于鼓楼区拆迁办不具有独立的行政主体资格，故其强制拆除行为的法律后果应由组建它的行政机关即鼓楼区人民政府承担。

至于被告在答辩中提及的，涉案房屋拆迁系由原下关区拆迁办（即鼓楼区拆迁办）委托给南京下关房屋征收服务有限公司进行拆除的问题。根据《行政诉讼法》第26条第5款、第6款之规定："行政机关委托的组织所作的行政行为，委托的行政机关是被告。"若南京下关房屋征收服务有限公司实施了拆除涉案房屋的行为，其行为也系受鼓楼区拆迁办的委托，应由鼓楼区拆迁办承担法律后果，从而也须以鼓楼区人民政府为行政诉讼被告。

综上所述。本案中，对于由南京市鼓楼区滨江开发建设指挥部、南京市鼓楼区拆迁办等单位实施强制拆除的行为，应以南京市鼓楼区人民政府为行政诉讼被告。

三、行政诉讼的举证责任问题

行政诉讼的举证责任是指由法律预先规定，在行政案件的真实情况难以确定的情况下，由一方当事人提供证据予以证明，其提供不出证明相应事实情况的证据则承担败诉风险及不利后果的一种制度。[1]

与一般举证情形中"谁主张，谁举证"不同，在我国行政诉讼中，举证责任不是由原告方而是由被告方承担的。《行政诉讼法》第 34 条规定："被告对作出的行政行为负有举证责任，应当提供作出该行政行为的证据和所依据的规范性文件。被告不提供或者无正当理由逾期提供证据，视为没有相应证据。但是，被诉行政行为涉及第三人合法权益，第三人提供证据的除外。"

之所以由被告负举证责任，一般认为有三大理由：一是促进依法行政的需要。依法行政要求，行政机关在作出行政行为的时候，就应该掌握有充分确凿的证据及相应的法律依据。由被告负举证责任，更要求行政机关在作出行政行为时，要确保符合依法行政的要求，收集并保存相应的证据，否则可能在将来的诉讼中面临败诉的后果。二是因为行政机关有着更强的举证能力。相较于一般的公民、法人和其他组织而言，行政机关是专门从事行政管理工作的组织，在专业性与合法性方面，其能力都强于行政相对人。在行政诉讼中由作为被告的行政机关承担举证责任，有利于司法公正，也有利于法院查清案件事实，促进行政争议的解决。三是有助于公民、法人和其他组织诉权的维护。在行政法律关系中，作为相对人或利害关系人的公民、法人或其他组织客观上是弱势的一方，在行政诉讼中，若由原告方承担举证责任，会使得一些公民、法人和其他组织由于举证的不能，而处于不利的局面，甚至因为无力举证而被迫放弃起诉。此外，由被告承担举证责任，事实上也是由行政行为和行政诉讼的构造所决定的。行政行为是行政机关作出的行为，对于可证明行政行为合法与否的证据，作为相对人或利害关系人的公民、法人或其他组织很多时候根本就无从掌握，更谈不上在诉讼中举证，这决定了要真正有效地发挥行政诉讼制度的作用，就需由被告承担举证责任。

被告承担举证责任意味着须由被告提交证明其行为合法的证据，否则，将面临败诉的不利后果。不只如此，法律还对举证的期限作了明确的规定，即被告无正当理由逾期提供证据的，视为没有相应证据。具体而言，根据《行政诉讼法》第 67 条第 1 款、《执行解释》第 26 条第 2 款的规定，被告应

---

[1]　姜明安主编：《行政法与行政诉讼法》（第六版），北京大学出版社 2015 年版，第 460 页。

当在收到起诉状副本之日起 15 日内向人民法院提交作出行政行为的证据和所依据的规范性文件；被告不提供或者无正当理由逾期提供的，应当认定该具体行政行为没有证据、依据。本案中，被告南京市鼓楼区人民政府在没有正当理由的情形之下，未在答辩期内提交其实施强制拆除行为所依据的证据，法院视为其在实施强制拆除行为时无相应证据。进而，法院认为，被告鼓楼区人民政府实施的强制拆迁行为应认定为违法。

值得关注的是，行政诉讼中法院认定被诉行政行为违法，可能是直接根据行政行为本身进行认定，也可能是因为被告未提供或逾期未提交证据而视为无相应证据，进而认定为违法。本案中，法院在判断被诉行政行为是否违法时，首先对被诉行政行为本身及当时的法律规定进行了论证，明确"强制拆迁须以房屋拆迁管理部门的裁决为前提"，按此思路，法院方可因被告未遵循前述裁决程序，同时未履行法律所规定的其他程序，而认定被告的行为是违法的。但实际上，法院在判决中并未按此思路判断被诉行政行为的合法性，而是转向讨论证据问题，通过论证被告未依法提供证据，违反了行政诉讼法有关举证责任的规定，对被告"视为其在实施强制拆迁行为时无相应证据"，进而认定被告的强制拆除行为是违法的。

从结果来看，两种论证思路的结果都是一样的，即被告的行为被确认为违法。但从过程来看，两种不同的进路对行政行为合法性的判断却是有区别的，前者是直接、明确地认定被诉行政行为是违法的；而后者则是"视为"被诉行政行为没有证据进而认定其违法，回避了对被诉行政行为在作出时到底是否合法的判断。从明确被诉行政行为的违法性，警醒被告清楚认识其行为的违法性，并促进其改进依法行政工作着眼，法院若可从两种思路分别进行论证，明确被诉行政行为不仅从举证责任角度看可视为没有证据、依据，从而是违法的，而且从其行为本身看也同样是违法的，方可取得更好的效果。

四、行政行为确认违法判决之补救措施问题

法院在判决确认被诉行政行为违法之后，由于确认违法本身仅针对行政行为的合法性作出，无法解决案件中可能存在的原告被侵犯合法权益的救济问题，因此，法院在作出确认违法的判决同时，还可责令被告采取一定的措施，对业已造成的侵害结果予以补救。对此，《行政诉讼法》第 76 条规定：

"人民法院判决确认违法或者无效的，可以同时判决责令被告采取补救措施；给原告造成损失的，依法判决被告承担赔偿责任。"

对于法院在作出确认判决的同时到底可判决采取何种补救措施的问题，法律并未进行明确的规定。鉴于司法机关与行政机关的分工，以及行政行为的专业性，通常，法院会在考虑原告的诉求等因素后，确定是否作出在一定时间内采取补救措施的判决，但一般不会直接判决行政机关作出何种类型及强度的补救措施。

毫无疑问，确认违法补救措施的目的在于有效解决行政争议和维护原告遭受侵害的合法权益。为达到此目的，被诉行政机关必须严格依照判决的要求采取相应措施；法院也可按照《行政诉讼法》第 91 条的规定，通过采取相应的措施促使被告履行此判决。

本案中，原告请求法院确认被告强制拆除房屋的行为违法，并将房屋恢复原状。针对原告要求将涉案房屋恢复原状的诉讼请求，法院认为，涉案房屋属于拆迁范围内应当拆除的房屋，只是被告鼓楼区人民政府未履行法定程序提前予以拆除。若涉案房屋恢复原状，将与下关区滨江区域老城改造项目的规划和社会公共利益不符。因此，法院对原告要求将涉案房屋恢复原状的诉讼请求不予支持。但是，法院也强调，被告鼓楼区人民政府的强制拆除行为确实造成了包括原告在内的房屋继承人的损失，应当予以赔偿。因此法院在判决确认被诉强制拆除行为违法的同时，责令被告南京市鼓楼区人民政府于本判决生效之日起 60 日内与原告何亮琪及其他相关人员协商赔偿事宜。

本案原告在诉讼中并没有直接提出进行赔偿的诉讼请求，故法院作出确认违法、责令被告采取补救措施的判决是合乎法律规定的。从该案的后续进展看，被告并没有按法院判决的要求，在判决确定的 60 日内与原告等人协商赔偿事宜。也即，该案的纠纷并没有完全得以解决，甚至还可能再次引起新的行政诉讼。从实质解决行政纠纷且节约司法资源的角度出发，若原告提起了予以赔偿的诉讼请求，法院在判决确认违法的同时作出赔偿判决，则是最符合效率要求的。

【后续影响及借鉴意义】

本案是有关城市房屋征收中强制执行问题的行政诉讼案件，此类案件是近年来行政诉讼中的高发案件。据统计，2015 年、2016 年、2017 年，全国法院一审受理征收拆迁类诉讼分别约为 29 000 件、31 000 件及 39 000 件，占当年行政诉讼案件总量的 13%、14% 和 17% 左右。[1] 人民法院通过对在城市房屋征收中强制拆除案件的审理，有效地维护了被征收人的合法权益，也维护了法律的尊严。可以预见，行政强制拆除案件在未来相当长的时间内都会在行政诉讼中占据较高的比例。若行政诉讼可在维护征收人合法权益中发挥更多的作用，则将更有效地促进行政机关依法行政，人们也会更多地倾向于通过行政诉讼的方式维护其合法权益，从而也有助于提高人们对法律的信仰，促进法治的建设。

本案还涉及行政诉讼被告的确认等问题，其中行政诉讼被告的确认又涉及：一是行政机关组建并赋予行政管理职能但不具有独立承担法律责任能力的机构，以自己的名义作出行政行为，当事人不服提起诉讼的，以谁为被告提起行政诉讼的问题。就此，2018 年颁布实施的《行诉解释》延续了《执行解释》的相关规定。二是有关委托执行行政职务问题，《行诉解释》就此作了进一步规定，明确：没有法律、法规或者规章规定，行政机关授权其内设机构、派出机构或者其他组织行使行政职权的，属于《行政诉讼法》第 26 条规定的委托。当事人不服提起诉讼的，应当以该行政机关为被告。

严格来说，本案判决并没有在既有法律规则基础上作出新的引申，发展出新的规则，而主要在一个特定的又具有一定复杂性的案件中对法律所确定的规则予以适用，并通过说理明确了其中的法理。一定意义上，正是一个个类似这样的具体案例，使得行政诉讼中的相关法理得以进一步明晰，使得行政诉讼法的相关规定得以落到实处，也使得人们在法律的适用过程中进一步加深对法律的认识。

---

〔1〕 数据来自《最高人民法院发布第二批征收拆迁典型案例，对行政管理相对人诉权产权予以双重保护》，参见最高人民法院网站：http://www.court.gov.cn/fabu-xiangqing-96152.html，最后访问时间：2018 年 12 月 20 日。

二、行政程序与政府信息公开

案例一　沈希贤等诉北京市规划委员会建设
工程规划许可案

成协中[*]

【案例名称】

沈希贤等诉北京市规划委员会建设工程规划许可案［《最高人民法院公报》2004 年第 3 期（总第 89 期）］

【关键词】

行政许可　规划　环境影响报告书

【基本案情】

本案原告为沈希贤等 182 人，被告为北京市规划委员会，第三人为中国疾病预防控制中心营养与食品安全所和中国疾病预防控制中心环境与健康相关产品安全所（以下简称食品安全所和健康安全所）。2001 年 12 月 10 日，被告向第三人颁发了（2001）规建字 1769 号《建设工程规划许可证》，准予第三人在朝阳区潘家园南里 7 号建设二级动物实验室之建设项目，建设规模为 2949.18 平方米。原告认为被告就动物实验室建设项目向第三人核发的《建设工程规划许可证》违反法定程序，请求撤销该《建设工程规划许可证》。

---

[*] 作者简介：成协中，中国政法大学法学院行政法研究所教授，博士生导师。

原告均系朝阳区潘家园南里 4 号楼和 6 号楼的居民，与第三人的住所地仅隔一条马路。其因不服被告作出的《建设工程规划许可证》，提起撤销之诉，并提出三项理由以支持其主张。第一，被告向第三人食品安全所和健康安全所核发的《建设工程规划许可证》，违反法定程序，不符合法律规定的精神。1989 年《中华人民共和国环境保护法》（以下简称《环境保护法》）第13 条规定："建设污染环境的项目，必须遵守国家有关建设项目环境保护管理的规定。建设项目的环境保护影响报告书，必须对建设项目产生的污染和对环境作出评价，规定防治措施，经项目主管部门预审并依照规定的程序报环境保护行政主管部门批准。环境保护影响报告书经批准后，计划部门方可批准建设项目设计任务书。"即应先有环境保护影响报告书后有准建设项目设计任务书。但实际情况却是北京市规划委员会于 2000 年 9 月 11 日就核定了《审定设计方案通知书》，确定了本项目的可行性研究结论。2000 年 12 月 7 日本案第三人才就动物实验室建设项目向北京市环境保护局（以下简称环保局）申请办理环保审批，2002 年 2 月 21 日环保局才给予确定批复。由于本项目在可行性研究阶段并未进行环境影响评估，被告的审批行为显然不符合法律规定。第二，本案中被告核准的动物实验室工程设计方案中，实验室与原告的住宅楼之间的距离为 19.09 米，不符合 GB14925—2001 号国家标准中关于实验动物繁育、生产、试验设施应与生活区保持大于 50 米距离的规定。卫生部颁布施行的《卫生系统实验动物管理暂行条例》规定，具有一定规模的实验动物室建筑，周围至少应有 20 米的卫生隔离区，而原告住宅楼与该动物实验室之间是马路，显然不符合卫生隔离区的概念。第三，本案中承担建设项目环境评价任务的中国预防医学科学院环境卫生与卫生工程研究所虽具有一定资质，但因与第三人同为中国预防医学科学院的下属单位，所作的环境影响评价难免有失公正。故原告请求法院撤销被告为第三人颁发的《建设工程规划许可证》。

被告辩称：我委核发《建设工程规划许可证》是依法履行法定职责，本案的建设项目建设单位曾组织专家就此进行过论证并报行业主管部门审批。卫生部于 2000 年 1 月作出批复，同意第三人在朝阳区潘家园 7 号院内建设清洁级动物实验室。北京市城乡建设委员会于 2001 年 11 月下达了建设项目施工计划通知书。据此，按照《中华人民共和国城市规划法》（现已失效，以下简称《城市规划法》）第32条规定："在城市规划区内新建、扩建和改建建筑物、构筑物、道路、管线和其他工程设施，必须持有关批准文件向城市规划行政主管部门提出申请，由城市规划行政主管部门根据城市规划提出的规划设计要求，核发建设工程规划许可证。"我委于2001年12月给第三人核发了《建设工程规划许可证》。关于本案审批项目的环保问题，除我委核发规划许可证前卫生部已有相关批复外，核发该规划许可证后，环保局亦于2002年2月对该建设项目核发了《关于卫生部食品卫生检验所动物房项目环境影响报告表的批复》，上述情况说明该项目通过了相关专业管理部门的批准。目前的规划审批程序并未将环保部门的意见作为前置条件，原告提出该项目应当先经环保部门同意后方可核发《建设工程规划许可证》的说法无法律依据。另外，我委在审批该建设项目时，有关国家标准尚未正式实施，故不适用本案。(关于原被告的主张和争议见表1，关于本案的具体流程见表2)

表1　原被告的主张和争议

原告观点	被告观点
本项目在可行性研究阶段并未进行环境影响评估	我委核发规划许可证前，卫生部已批复同意第三人建设该项目；核发该规划许可证后，环保局也核发了《环境影响报告表的批复》，上述情况说明该项目通过了相关专业管理部门的批准。此外，目前的规划审批程序并未将环保部门的意见作为前置条件
实验室与原告的住宅楼之间的距离为19.09米，不符合 GB14925—2001 号国家标准中关于实验动物繁育、生产、试验设施应与生活区保持大于50米距离的规定	我委在审批该建设项目时，有关国家标准尚未正式实施，故不适用本案
卫生部颁布施行的《卫生系统实验动物管理暂行条例》规定，具有一定规模的实验动物室建筑，周围至少应有20米的卫生隔离区，而原告住宅楼与该动物实验室之间是马路，显然不符合卫生隔离区的概念	未作回应

续表

原告观点	被告观点
本案中承担建设项目环境评价任务的中国预防医学科学院环境卫生与卫生工程研究所虽具有一定资质，但因与第三人同为中国预防医学科学院的下属单位，所作的环境影响评价难免有失公正	未作回应

表2　本案的具体流程

编号	时间	行政机关	行政行为
A	2000 年 1 月	卫生部	作出批复同意第三人建设项目
B	2000 年 9 月 11 日	北京市规划委员会	核定《审定设计方案通知书》
C	2001 年 11 月	北京市城乡建设委员会	下达《建设项目施工计划通知书》
D	2001 年 12 月 10 日	北京市规划委员会	颁发《建设工程规划许可证》
E	2002 年 2 月 21 日	北京市环保局	核发《项目环境影响报告表的批复》

　　本案中，沈希贤等182人起诉的是D行为（北京市规划委员会颁发《建设工程规划许可证》的行为），理由是B行为（北京市规划委员会核定《审定设计方案通知书》的行为）违反了法定程序。根据《环境保护法》第13条的规定，环境保护影响报告书经批准后，计划部门方可批准建设项目设计任务书，即应先有E行为再作出B行为，北京市规划委员会却违反法定程序，在还未存在E行为的情形下就作出了B行为，原告并未直接起诉存在程序瑕疵的B行为，而是请求撤销B行为的后续行为D行为。

【裁判要旨】

　　规划行政主管部门有权根据建设单位的申请，对符合城市规划设计要求的建设项目，核发建设工程规划许可证。同时《环境保护法》第13条也规定，环境影响报告书须对建设项目产生的污染和对环境的影响作出评价，规定防治措施，经项目主管部门预审并依照规定的程序报环境保护行政部门批准。只有环境影响报告书经批准后，规划部门才能批准建设项目设计任务书。因此，规划部门在审批建设污染环境项目时，应当审查申请人是否已取得了环境影响报告书，如果规划部门没有履行审查职责，且建设项目不符合有关国家标准，规划部门颁发建设许可证的行为就构成违法。

【裁判理由与论证】

北京市西城区人民法院经审理查明：2001 年 12 月 10 日，被告北京市规划委员会向第三人食品安全所和健康安全所颁发了编号为（2001）规建字1769 号《建设工程规划许可证》。该证标明的建设项目为二级动物实验室，建设位置为朝阳区潘家园南里 7 号，建设规模为 2949.18 平方米。在该证的附件中标明该二级动物实验室层数为地上 3 层，地下 1 层，建筑高度为 9.5米，结构类型为框架。原告住宅楼均位于该二级动物实验室的北侧，其中 6号楼与该规划建筑间距为 19.06 米。

经法院审查，在被告提交的证据材料中：（1）卫生部卫规财发（2000）第 24 号批复欲证明该项目比较特殊，被告在审批前期做了大量工作并经卫生部批准的事实。原告对该证据的真实性不持异议，但是认为该证据只能说明卫生部同意拨钱让第三人进行建设，不能说明被告在审批该项目时考虑了其对周围环境的影响。第三人对该证据均不持异议。法院对该证据的真实性及合法性不持异议，但认为该证据只能证明卫生部同意第三人建设该项目，以及建设地点、总投资额、建设工期等问题。（2）北京市城乡建设委员会（2001）京建计施 478 号《建设项目施工计划通知书》，欲证明经北京市城乡建设委员会审核批准，该项目已被列入 2001 年度施工计划。原告对该证据的真实性不持异议，但认为与被告的审批行为无必然联系。第三人对该证据均不持异议。法院对该证据的真实性及合法性不持异议，可以证明被告所要证明的问题。

在第三人食品安全所提交的证据中：（1）北京市环保局京环保监督审字（2002）第 41 号《关于卫生部食品卫生检验所实验动物房项目环境影响报告表的批复》，欲说明该建设项目已经环保部门审批通过的事实。原告认为该批复应当在被告审批之前作出，不能说明被告的审批是合法的。被告对该证据无异议，认为原告主张环保审批应当在被告审批之前无法律依据。另一第三人对该证据无异议。法院对该证据的真实性不持异议，可以说明在被告审批之后，第三人得到了环保部门的批复这一事实。（2）北京市城乡建设委员会

05（建）2002—2090《建筑工程施工许可证》，欲证明第三人的施工是合法的，原告、被告及另一第三人对该证据均无异议。法院对该证据的真实性及合法性不持异议，但该证据与被告所进行的规划审批行为无关，不能作为被告所审批的《建设工程规划许可证》合法的证据。

北京市西城区人民法院根据上述事实和证据认为：《城市规划法》规定，在城市规划区内新建、扩建和改建建筑物、构筑物、道路、管线和其他工程设施，必须持有关批准文件向城市规划行政主管部门提出申请，由城市规划行政主管部门根据城市规划提出的规划设计要求，核发建设工程规划许可证。被告作为北京市城市规划行政主管部门，有权依建设单位的申请，对符合城市规划设计要求的建设项目，核发《建设工程规划许可证》。根据《环境保护法》第13条的规定，建设污染环境的项目，必须遵守国家有关建设项目环境保护管理的规定。建设项目的环境保护影响报告书，必须对建设项目产生的污染和对环境的影响作出评价，规定防治措施，经项目主管部门预审并依照规定的程序报环境保护行政主管部门批准。环境保护影响报告书经批准后，计划部门方可批准建设项目设计任务书。被告北京市规划委员会在审批该项目的《建设工程规划许可证》时，应当审查第三人是否已取得了环境保护影响报告书。另外，根据卫生部颁布施行的《卫生系统实验动物管理暂行条例》规定，具有一定规模的实验动物室建筑，周围至少应有20米的卫生隔离区。但是，本案中被告核准的动物实验室工程设计方案中，该实验室与原告的住宅楼之间的距离为19.06米，未达到这 距离要求。被告还存在向法院提交的证据不充分的问题，不足以证明其审批行为事实认定清楚，程序正当、合法。

据此，北京市西城区人民法院依照《行政诉讼法》第54条第2项第1目之规定，于2003年6月19日判决：撤销被告北京市规划委员会于2001年12月10日向第三人颁发的2001规建字1769号《建设工程规划许可证》。

也就是说，法院以"主要证据不足"为由撤销了被诉行政行为。具体来讲，被告北京规划委员会在审批该项目的《建设工程规划许可证》时，应当审查第三人是否已取得了环境保护影响报告书，并根据卫生部颁布施行的《卫生系统实验动物管理暂行条例》规定，审查申报建设的实验动物室建筑是否保留至少有20米的卫生隔离区。但是被告北京规划委员会却未审查这两项证据，因此构成作出规划许可"主要证据不足"，符合撤销事由。

【涉及的重要理论问题】

笔者认为，该案的重要理论问题是"行政行为的违法性继承"。[1] 该案的典型意义有以下四个。第一，在现有的行政行为合法性审查的框架下，通过法官的法律解释，将先行行为的审查要件纳入到后行行为的审查要件中来，解决复杂性行政活动中最后阶段行为合法性认定的难题。第二，强调过程性审查，全面审查复杂行政活动中的各个环节，不仅审查最后阶段行为的作出程序，还审查前阶段行为作出的程序。第三，不拘泥于现有的行政诉讼审查规则，而是站在解决行政争议和救济当事人合法权益的立法目的上，将复杂行政活动当作一个整体，对其所有的阶段进行审查，使行政机关的所有行为不能逃出司法的监管，从而充分救济当事人的合法权益。第四，在一定程度上引发了法学界对"违法性继承"的讨论，以及对关联行政行为审查方式和程度的讨论。

一、沈希贤案中的违法性继承问题

（一）违法性继承的内涵

"违法性继承"的概念最早由日本行政法学家美浓部达吉提出，所谓违法性继承，"系争处分自身并无违法之嫌，但其先前有关联的前提行为违法时，其违法性是否为系争处分继承的问题"。[2] 日本学者盐野宏将违法性继承作为公定力的界限进行了介绍，他认为在特定情形下，因行政行为之间具有关联性，因此要突破行政行为公定力的界限，对前行政行为进行审查，前行政行为的违法性会被后行政行为继承。[3] 简单来说，违法性继承是指这样一种情形：一个行政处分的存在是另一个行政处分作出的前提条件，原告以后续处分为对象提起撤销诉讼的，可以将先行处分的违法性作为后续处分的撤销事由来加以主张。在德国，"既然后阶段行为应以前阶段行为的规制结论为构

---

〔1〕 成协中："行政行为违法性继承的中国图景"，载《中国法学》2016 年第 3 期。

〔2〕 王贵松："论行政行为的违法性继承"，载《中国法学》2015 年第 3 期。

〔3〕 〔日〕盐野宏：《行政法总论》，杨建顺译，北京大学出版社 2008 年版，第 97~98 页。

成要件，在相同或相关问题的判断上不能与前阶段行为相悖，那么前阶段行为如果罹患违法瑕疵，这种违法性必然会由后阶段行为所继承"。[1]

沈希贤案恰好符合违法性继承的适用前提，该案存在多个行政行为，规划委员会"核定审定设计方案通知书"这一先行行为是"颁发建设工程规划许可证"这一后续行为的前提条件。原告正是基于这一思路在对后续行为提起诉讼时，以先行行为违法作为撤销的事由。虽然在沈希贤案中，法官并未直接适用"违法性继承"理论作出判决，但是按照原告的诉讼请求，其最初目的就是希望通过法院审查与被诉行为相关联的先行行为，以先行行为的违法来认定后续行为的违法，并以此撤销后续行为。

（二）适用违法性继承的障碍

在我国的行政法学体系中，在后续行为中审查先行行为存在着较多的障碍，比如按照"行政行为合法性审查"的理论，法院只需对争讼对象的职权依据、事实认定、法律适用、作出程序等"合法性要件"进行审查，只要行政主体的行为不违反相关法律规范，就承认其合法性。被告正是以法律法规并非赋予自己审查环境保护影响文件的义务为出发点辩称自己的行为并不构成违法。再比如按照行政行为的公定力理论，只要一个行政行为未被司法判决撤销，除了无效行政行为，均应当推定其合法并尊重其效力。先行行为若未被当事人提起争讼，法院在审查后续行为时就应当尊重先行行为的效力。再比如按照行政行为的不可争力理论，如果一个行政行为经过了争讼期，就获得了形式确定力，当事人不能再对其进行争讼，以此实现维护法的安定性的目的。在这些理论的指引下，法院很难也不愿在对后续行为的审查中审查先行行为的合法性。

（三）法院作出裁判的论证思路

在沈希贤案中，争议焦点之一是规划部门审查环境保护影响报告书是否是发放建设工程规划许可证的前提条件，相关法律规范并未对此作出明确规定。被告北京市规划委员会对此持否认态度，其认为目前的规划审批程序并

---

[1] 赵宏：《法治国下的目的性创设——德国行政行为理论与制度实践研究》，法律出版社 2012 年版，第 411 页。

未将环保部门的意见作为前置条件。但法院却对此持相反态度，其认为虽然《城市规划法》和《环境保护法》没有直接规定规划部门作出建设工程规划许可证是否需审查当事人是否已取得了环境保护影响报告书，但是根据《环境保护法》第13条中"环境保护影响报告书经批准后，计划部门方可批准建设项目设计任务书"的规定，应当将《城市规划法》中建设单位申请建设工程规划许可需提交的"有关批准文件"解释为包括环境保护影响报告书。因此，北京市西城区人民法院依据《城市规划法》第32条和《环境保护法》第13条，得出"被告北京市规划委员会在审批该项目的'建设工程规划许可证'时，应当审查第三人是否已取得了环境保护影响报告书"的结论。但是该结论却略显牵强，因为《环境保护法》规定审查环境保护影响报告书的时间是在"计划部门批准建设项目设计任务书"时，法院却将审查环境保护影响报告书的时间后置到颁发建设工程规划许可证时。如果规划部门在作出建设许可阶段而非在行政计划阶段审查了环境保护影响报告书，依照《环境保护法》，该行政计划是违法的，但是由于利害关系人很少对行政计划行为单独提起起诉，行政计划行为必然得不到有效的监督。因此环境保护影响报告书是否是颁发建设工程规划许可证的审查要件，还有待进一步的思考和确定。但是最高人民法院公报的裁判摘要却不存在这个问题，其指出"根据《环境保护法》第13条的规定，规划部门审批建设污染环境项目时，在申请方没有提供有关环境保护影响报告书，且建设项目不符合有关国家标准的情况下，即颁发建设许可证的行为，构成违法，应予撤销"。最高人民法院公报站在司法审查的角度，将规划部门审批建设污染环境项目的各个行政行为作为一个整体，由于"颁发《建设工程规划许可证》"是项目规划申报的最后一个环节和最终结果，因此不管规划部门在作出该行为时是否有审查环境保护影响报告书的义务，只要颁发建设许可证时，申请方还未取得环境保护影响报告书，就认定颁发建设许可证的行为违法。而北京市西城区法院却对"颁发建设许可证"这一独立的行为作出了规范，为规划部门设定了在颁发《建设工程规划许可证》阶段审查环境保护影响报告书的职责，因此说理也就有些牵强，以至于被告在上诉意见中指出："根据城市规划法和环境保护法的规定，市规划委员会的工作职责只审查建设单位是否取得了计划部门批准的文件，只要建设单位持有该项目经计划部门批准的文件，就只能认定计划部门据以作出该批文的前提条件包括环境影响报告书等问题均已解决，规划委员会不应当审查应由其他部门审查的事项。"但是按照最高人民法院公报的解读，撤销规划部门颁发建设许可证的行为，不在于该行为本身的违法性，而在于整个建设项目审批过程的违法。因此，最高人民法院公报的裁判摘要适用了违法性继承原则，如果先行的行政计划行为违法，后续的行政许可行为也变得违法而得以撤销。

二、违法性继承的适用前提

违法性继承的适用有一定的前提，包括先行行为是独立的行政行为、先行行为与后续行为有特定的关联、先行行为的权利保护程序不充分。

（一）先行行为是独立的行政行为

如果先行行为不是独立的行政行为，而只是为最终行为的作出实施的准备、论证、研究、层报、咨询等过程性行为，或者是不产生外部法律效力的批复、同意、指导等内部行为，这些行为因欠缺处分性而不构成独立的行政行为，当事人不能对这些行为单独提起诉讼，只能在审查最终行政行为时请求审查这些行为。由于先前阶段行为是最终行政行为密不可分的一部分，先前阶段行为倘若违法，自然意味着最终行政行为是违法的，在这种情形下无需再适用违法性继承原则。这也意味着法院的"受案范围"和"审查范围"并非是一一对应的关系，不属于受案范围的行为并不排除司法的审查，受案范围只是解决某行为能否单独起诉的问题，审查范围解决的是某行为是否接受司法监督的问题。出于防止行政程序过分拖延、减轻法院审理案件负担、尊重行政机关内部运行机制、平衡司法权和行政权等多方面的考量，我国行政诉讼法司法解释将行政机关的过程性行为、内部行为等未直接影响相对人权利义务的行为排除在受案范围外，当事人对这些行为不满，可以等最终的行政行为作出后再提起诉讼。但司法实践中出现的问题是，这些前阶段行为因不具有处分性而不能被单独起诉，法院在对最后的行政行为进行审查时，又以前阶段行为不属于受案范围或对当事人权利义务不产生影响为由拒绝对前阶段行为进行审查，这直接导致了前阶段行为的监督和救济真空。这更加强调了认定先行行为是否构成行政行为的必要性。对当事人来说，有利于帮助其确定对何行为提起诉讼，如果一个行为是多阶段行政行为，其只能对最后阶段的行政行为提起诉讼；对法院来说，有利于帮助其确定审查的范围。如果一个行为被认定为多阶段行政行为，则意味着法院要对每个阶段的行为均进行审查，如果法规明确规定该处分需要其他机关的协力，在审查时发现其欠缺协力行为，就应撤销该行为。[1]

当先行行为构成独立的行政行为时，当事人可对该行为直接提起诉讼。司法机关在对争讼对象进行审查时，原则上基于"审查范围独立论"不对前阶段的行政行为进行审查。倘若当事人在对后续行为起诉中请求审查先行行为，若先行行为尚未经过争讼期，法院可建议当事人就先行行为提起诉讼；如果先行行为经过了争讼期，法院会承认先行行为的合法性，而不再对其进行审查。但是在特定的情形下，即使先行行为经过了争讼期，法院仍然可以在后续行为的审查中对先行行为的合法性进行审查，这时候就可能产生违法性继承的问题。

所以我们需要对"多阶段行政行为"和"关联行政行为"作出区分。"所谓多阶段行政处分，系指依法律须事先经不相隶属的他机关或上级机关参与意思表示、同意或核准始能作成的行政处分。"[2]多阶段行政行为仍旧只是一个行政行为，只是该行为的作成需要其他机关的参与，这种参与通常表现为行政机关间的批复、批准、同意、指示、建议等。这些参与行为只是根据行政机关的职权分工在行政机关内部流转，往往并不直接对相对人作出，也不会直接影响到相对人的权益义务，因此尚未构成独立的行政行为，不具有可诉性。而"关联行政行为"则是由多个独立的行政行为构成，这些行政行为之间存在"手段—目的""依据—结果"等关系，它们的作出往往是为了实现同一法律效果。"关联行政行为"的出现与行政事务日趋复杂、行政职能分工日益精细有关，一个行政活动的完成往往需要有多个行政部门的协作和配合，经过多重行政程序的处理和决定。面对行政活动复杂化的趋势，德国发展出了"阶段化的行政程序"，对于需要耗费大量时间和程序才能作出的建筑、电厂等开发计划，区分了"核准""部分核准""先行决定"的应用。

---

[1] 吴庚：《行政法之理论与实用》，中国人民大学出版社 2005 年版，第 227 页。
[2] 许宗力："行政处分"，载翁岳生主编：《行政法（上、下册）》，中国法制出版社 2002 年版。

"核准"是针对符合所有法定要件的整体开发计划作出的许可;"部分核准"是对符合所有法定要件的开发计划的一部分作出的许可,如对高层建筑的顶层设计存在疑虑,可先对下层建筑作出核准;"先行决定"是对符合一部分法定要件的前阶段行为作出的决定,如在对建筑开发作出许可前,先就厂址的选定是否合法这一先决问题作出先行决定,当事人和利害关系人可就"先行决定"提起诉讼。[1] 在关联行政行为中,先行行为若构成独立的行政行为,则一旦作出,除非罹患无效或瑕疵,否则当然具有构成要件效力,其他行政机关以及法院原则上都要对该行政行为确立的事实要件和法律上的存在予以尊重,并将其作为后续决定的基础;而在阶段性行政行为中,司法机关审查前阶段行为是毋庸置疑和理所应当的,前阶段行为的违法自然也是整个行政行为的违法。因此,只有在由多个行政行为构成的关联行政行为中,才有讨论和适用违法性继承的空间。

那么先行行为具备哪些要件可以被认定为独立的行政行为呢?最高人民法院在恒运矸石厂案中对行政行为的认定作了这样的解释:"通常意义上的行政行为,仍需具有单方性、个别性和法效性等特征。单方性强调的是,法律效果系基于行政机关单方意思表示;个别性强调的是,行为的对象必须是特定之人和具体事件;法效性强调的则是,行为直接对外发生法律效果。所谓直接,是指法律效果必须直接对相对人发生,亦即行政行为一旦作成,即导致法律关系的发生、变更、消灭。所谓对外,是指行政行为对于行政主体之外的人发生法律效果,行政机关之间或行政机关内部的意见交换等行政内部行为因欠缺对外性而不具有可诉性。"[2] 其中较难认定的是行政行为的"法效性",德国学者毛雷尔对"法效性"有过经典的阐述:"行政行为仅仅是——超越内部行政领域——设定公民或者其他外部法人权利义务的处理行为。""它必须以外部法律效果为指向,即:处理行为根据其客观的意义内涵对外产生效果,不仅(事实上)在外部领域发生或者可能发生效果,而且应当(在法律上)发生效果。"[3]《行诉解释》第 1 条关于不属于受案范围的规定将

---

〔1〕 许宗力:"行政处分",载翁岳生主编:《行政法(上、下册)》,中国法制出版社 2002 年版。

〔2〕 最高人民法院(2017)最高法行申字第 295 号行政裁决书。

〔3〕 〔德〕哈特穆特·毛雷尔:《行政法学总论》,高家伟译,法律出版社 2000 年版。

"对公民、法人或者其他组织权利义务不产生实际影响的行为"作为兜底条款。因此"法效性"不仅是行政行为成立的要件之一，也是判断该行为是否属于司法审查范围的标准。叶必丰认为"具体行政行为的法律效果要件，要从权利义务的设定、变更、消灭或确认及其法律保护期待上把握。并且，法律效果应当是表示于外的、针对特定人或事件的法律效果，是具体行政行为本身具有的、无需借助于其他行政行为的法律效果。行政行为的法律效果，则是一种法律推定"。[1]因此仅根据行为的名称、类型、作出阶段、作出方式等形式特征并不能对该行为是否具有法效性进行判断，而应在个案中看该行为是否对相对人的权利义务产生了影响。

在沈希贤案中，当事人对北京市规划委员会颁发《建设工程规划许可证》的行为提起了诉讼，并请求审查作为先行行为的北京市规划委员会核定《审定设计方案通知书》的行为，那么该案中的先行行为是独立的行政行为吗？根据国家有关城市规划的规定，开发建设项目必须符合城市规划的要求，因此建设部门在开工建设前需通过规划部门先后取得《审定设计方案通知书》《建设用地规划许可证》《建设工程规划许可证》。建设单位申请《审定设计方案通知书》前，要先自己拿出设计方案，并取得消防、人防、园林、交通，环保，市政等有关部门的批复意见，满足所有法定条件后，规划部门会发给《审定设计方案通知书》。该通知书会对建设用地的性质、位置、规模、面积，建设项目的自身要求、经济技术要求、环境要求等作出计划，因此规划部门核定《审定设计方案通知书》的行为属于行政计划。该行为满足了成立行政行为的主体要件、职权要件、内容要件，难以判断的仍然是法律效果要件或者法效性要件，本案中的行政计划直接向当事人作出，并对当事人有极强的约束力，建设单位要严格按照《审定设计方案通知书》开展建设活动，否则要承担不利的法律后果，因此核定《审定设计方案通知书》的行为是独立的行政行为。

（二）先行行为与后续行为有特定的关联

日本通过学说和司法判例为违法性继承中先行行为与后续行为的关联关

---

〔1〕 叶必丰：《行政行为的效力研究》，中国人民大学出版社 2002 年版。

系作出了界定，并经历了"程序—效果"单一标准到"目的—效果"同一标准，再到"实体附加程序保障"标准的变化。其中"程序—效果"单一标准由美浓部达吉提出，他提出判断能否发生违法性继承的标准是先后行为是否是相互连续的一个程序，且旨在结合在一起产生特定的法律效果。如果行为之间即使程序上是连续的，但是各个行为目的各异，且独立产生其效果，则除绝对无效的情形，均不应审理先行行为。日本当时的受案范围采列举主义，因此这个理论的提出对扩大司法审查对象、扩宽国民权利救济范围意义重大，但是仍未解决当先行行为是独立行政行为且具有可诉性情况下，能否适用违法性继承的问题。接着田中二郎提出了"目的—效果"同一标准，他将先行行为限定于行政行为，但同样采取"效果目的"的判断标准，即看先后行为是否旨在结合起来实现一个效果，但是如何认定"追求同一个效果"则又是一个模糊的标准。远藤博也和山本隆司随后提出了"实体附加程序保障"标准。如果从实体法角度看，行政过程尽管有分节，但是先行行为是为实现最终处分的法效果而实行的一连串程序过程中的一环，采取在后续行为的阶段纠正先行行为违法的程序并不会给整个行政过程或行政程序带来明显的混乱，那么就满足了适用违法性继承的实体要件；从程序法的角度看，先行行为的争讼手段不充分，因此应当允许当事人在最后阶段提起争讼时主张前阶段处分违法，"实体附加程序保障"标准突破了"原则—例外"的既有理论模式，从程序角度权衡权利保护的要求与法安定性的要求，为判断违法性继承的适用前提提供了具有可操作性的思路。

在我国，并非在所有的关联行政行为中，先行行为的违法都可以导致后续行为的违法，只有根据实体法的规定，先行行为和后续行为存在特定关联，才可能发生违法性继承，这种特定关联通常表现为以下几种形式。

1. "依据—结果"关系

先行的拍卖招标和后续的行政许可属于"依据—结果"关系。在这类关系中，先行行为与后续行为由同一主体作出，先行行为是后续行政过程展开的程序依据，后续行为是先行行为逻辑展开的结果，或者是对结果的确认。由于先行行为直接规定了行政职权展开的范围、内容、条件、方式等，与后续行为存在逻辑和内容上的必然关联，因此其违法性可为后续行为所继承。

2. "前提—结果"关系

在规划许可与规划验收、拆迁许可与拆迁裁决、土地征收与土地登记等情形中，前后行政行为的行政主体不同，前后行为之间存在法律明确规定的前后逻辑顺序，先行行为是后续行为得以存在的前提，这种关系属于"前提—结果"关系。从全部合法论、证据论的立场出发，后续行政机关应当对先行行为负有合法性审查职责，即应当认可后续行为对先行行为的合法性继承。

3. "要件—结果"关系

先行的行政计划行为与后续的建筑规划许可行为属于"要件—结果"关系。在这类案件中，立法明确或通过法律解释能够明确先行行为为后续行为的事实要件，是后续行为合法要件之一，先行行为因此具有双重身份，其既作为一个独立的行政行为存在，又作为后续行为的事实要件之一而存在。鉴于先行行为可作为后续行为的事实要件，那么先行行为违法必然导致后续行为合法要件的欠缺，在此种意义上先行行为的违法性将由后续行为所继承。

在沈希贤案中，北京市规划委员会核定《审定设计方案通知书》的行为具有多重的属性，其既构成独立的行政行为，又构成后阶段作出建设工程规划许可行为的构成要件。尽管行政计划作出时尚未直接影响公民、法人或其他组织的权利义务，但是随着行政许可行为的作出，行政计划的法律效果也得以显现出来，因此如果行政计划还未经过争讼期，应当允许受到该行为不利影响的行政相对人提起诉讼；而如果行政计划经过了争讼期，则应当允许行政相对人在对后阶段行为提起诉讼的同时请求对行政计划行为进行审查。根据传统的行政法学理论，行政行为经过争讼期就获得了不可争力，不允许当事人再对其争讼，以此维护法律的安定性，保护相对人的信赖利益。但是从某种意义上讲，"不可争力"只是一种政策性的选择，其并不代表法律对该行为具有实质合法性的肯定，也不代表法院完全不能对其进行审查，因此关联行政行为中先行行为和后续行为存在某种特定关系时，可以突破"不可争力"的限制，对已经过争讼期的先行行为进行司法审查以实现法的实质正义。

（三）先行行为的权利保护程序不充分

在关联行政行为中，先行行为是独立的行政行为，尽管法律为其提供了复议、诉讼等救济渠道，但是在我国受案范围采取概括加列举的模式下，很多未被直接纳入受案范围的行政行为能否接受司法审查还存在很大的不确定性，法院可能会以其"不具有最终性""未对当事人权利义务产生影响"等理由拒绝审查先行行为，在先行行为的权利保护程序并不充分的情况下，如果不允许当事人在后行行为的争讼中提起审查先行行为的请求，将不利于对当事人的权益保护。

此外，一个行为即使被认定属于行政行为，也不一定获得可诉性，还要看该行为是否具有成熟性。"成熟原则"源于美国行政法，"成熟问题应该从两方面来看，一是问题是否适宜司法裁判，即具有最终性；二是推迟法院审查对当事人造成的困难"。[1]因此即使对于抽象性的行政行为，如果当事人提出的是一个法律问题，且符合行政程序法中最后决定的意义，就属于适宜司法裁判的行政行为；且推迟法院审查可能对当事人造成困难的，就可认为行政程序发展到可以进行审查的阶段。日本行政法理论学界也认为，如果一个行为不是对当事人权利义务作出的最终决定，该行为就尚不具有成熟性，因而不予审查。在复杂性行政活动中，即使中间阶段的行为符合行政行为的构成要件，但由于作为整体的行政活动还未终结，行政活动对当事人的权利义务的影响还未得到最终确定，该阶段性行为因不具有成熟性而不能被诉。

如在沈希贤案中，尽管先行的行政计划行为是独立的行政行为，但是由于该行为作出的对象是食品安全所和健康安全所，行政计划只是未来工程建设的蓝图，建设工程能否实际开工，还有待于建设单位取得建设用地许可证和建设工程许可证，因此尚未对周围的居民造成实际影响。那么一方面，利害关系人不可能在行政主体作出行政计划时就意识到自己的合法权益将受到损害而提起诉讼；另一方面，即使利害关系人在法定期限对行政计划行为提起了诉讼，法院也会以"该行为对公民、法人或者其他组织权利义务不产生实际影响"为由驳回起诉。因此，作为先行行为的行政计划的权利保护程序就不够充分，应当允许当事人在对后续行为的争讼中请求审查先行行为。

---

[1] 王名扬：《王名扬全集：美国行政法（上、下）》，北京大学出版社2016年版。

三、引入违法性继承的必要性

（一）实质性解决行政争议的需要

引入违法性继承是实质性解决行政争议，保障私权利主体合法利益的需要。以沈希贤案为代表，现实中存在着大量的由多部门、多程序构成的复杂的行政活动，这些行政活动往往由多个独立的行政行为组成，且行为之间常常间隔较长时间。若让当事人针对每个行政行为单独起诉，不仅给当事人造成讼累，浪费社会资源和司法资源，还可能造成司法判决的不一致，影响法秩序的统一和安定，导致"案结事不了"的困境。司法实践中，一方面，先行行为即使构成独立的行政行为，也并不当然能被法院受理，法院可能以其"属于阶段性行为""不具有成熟性""未对权利义务产生影响"等理由驳回起诉，另一方面，如果当事人在起诉后续行为时请求审查先行行为，法院可能只进行形式合法性审查，或者以"职权独立论""审理范围独立论""不属于受案范围""权利义务不影响"等理由拒绝审查。比如在司法实践中，法院常常以某行为不属于本案的审查对象而拒绝对先行行为进行审查。如在"许东诉苏州市住房和城乡建设局行政许可"一案[1]中，当事人对房屋拆迁延期许可提起了诉讼，并请求对该行为的前行行为"拆迁许可证及其前置文件"的合法性进行审查，但是法院却认为"本案审查对象是所涉房屋拆迁延期许可的合法性，被告对第三人提交的申请材料仅需作形式审查。经查明第三人提交的材料符合申请条件，被告作出准许延期决定并无不当。至于原告提出的拆迁许可证及其前置文件不合法等问题，不属于本案审查范围，本院不予理涉"。同样在"张亚华诉铜陵市国土资源局资源行政管理"一案[2]中，原告认为涉案征收缺少项目立项、预审、环评等系列法定程序，征收公告和安置补偿公告违反法律规定，市国土局作出限期交出土地决定缺少合法前提。法院却认为立项等前置行为并不属于本案审查范围。《最高人民法院关于审理行政许可案件若干问题的规定》第7条规定："作为被诉行政许可行为基础的其他行政决定或者文书存在以下情形之一的，人民法院不予认可：（一）明显

---

〔1〕 江苏省苏州市姑苏区人民法院（2015）姑苏行初字第00202号行政判决书。
〔2〕 安徽省合肥市中级人民法院（2016）皖01行终245号行政判决书。

缺乏事实根据；（二）明显缺乏法律依据；（三）超越职权；（四）其他重大明显违法情形。"这意味着按照现行法律的规定，对先行行为的审查是形式审查，即只要不是达到无效的情形，就承认其合法性，这种审查方式无助于发现先行行为是否实质违法，当事人必然仍对裁判结果不满，行政争议也就无法得到实质性解决。

因此引入违法性继承，在特定情形下允许司法机关对先行行为的合法性进行实质性的审查，并将先行行为违法作为后续行为的违法理由，能够在相当程度上节约司法资源和社会资源，避免不同环节司法判决的不一致，实现行政争议的实质性解决。

（二）维护实质正义的必要

引入违法性继承有助于维护实质正义。我国行政诉讼构建了合法性审查的审查模式，法院通过审查争讼的行政行为是否存在"主要证据不足；适用法律、法规错误；违反法定程序；超越职权；滥用职权；明显不当"的情形，以此来判断该行为的合法性。违法性继承原则突破了合法性审查的限制，扩大了合法性审查的对象，并将其他行政行为的违法性"嫁接"在本合法的行政行为中。实质正义观要求行政行为本身，包括整个行政过程都应事实清楚、证据确凿、法律适用准确、程序正当。因此为实现实质正义，要把在程序上具有关联性、在实体上实现同一效果目的的各个行政行为作为一个整体，在对最后阶段的行政行为进行审查时，若当事人对作为该行为的"前提或依据或要件"的前行为提出审查要求时，法院应回应当事人的请求，对有争议的前行为的合法性进行实质性审查。

但需要注意的是，违法性继承不是解决一切问题的灵丹妙药，其适用有特定的前提和条件，比如先后行为在实体上必须存在特定的关联，这种关联应有实体法的规范，而非是人为臆造的；再比如先行行为在程序上的权利保护不足，因此需要在后续行为的司法审查中加强对先行行为的程序保障。此外，违法性继承的引入应当和现有的行政法学体系和行政法学理论协调相容，如需在维护法的安定性和实现实质正义之间、在维护私人阶段性利益和维护行政过程效率之间、在维护利益相关人的信赖利益和实质性解决行政争议之间取得平衡。

【后续影响及借鉴意义】

在沈希贤案作出判决时，我国还尚未有"行政行为违法性继承"的概念，但是最高人民法院公报作出的裁判摘要却展现了与"违法性继承"类似的思考路径。司法实践对"违法性继承"的不自觉运用显示了该理论在中国亦有生长的土壤。也正是该案的出现，在我国引发了学者们对"违法性继承"的关注，朱芒和王贵松以该案为切入点，通过梳理"违法性继承"在日本的学理讨论和司法判例，对"违法性继承"的概念、内涵、发展等进行了详细的介绍；一些学者对在关联行政行为中审查先行行政行为的必要性、方式、深度等问题进行了深入的探讨；还有一些学者对特定领域中违法性继承的适用进行了分析，这些学术探讨进一步丰富了我国违法性继承的理论，为司法实践审理关联行政行为提供了很多借鉴意义。即使没有沈希贤案的出现，法院也会有一套规则体系处理复杂的行政活动，也会出于实质性解决行政争议、维护相对人合法权益的目的，对先行行为进行实质审查。但是大多数情况下，由于没有规范依据和学理支撑，且出于减轻负担的考虑，法院并不太愿意对先行行为的合法性进行审查。但是随着"违法性继承概念"的提出和适用违法性继承案例的不断涌现，在特定情形下审查先行行为已经成为法院义不容辞的义务。

尽管"违法性继承"有法理的支撑，但是在缺乏法律明文规定的前提下，突破受案范围或起诉期间审查先行行为仍然有缺乏规范依据的障碍。尽管适用"违法性继承"的前提条件可以明确化、类型化，但是在具体情形下判断是否需要审查先行行为仍旧存在较大的难度。在日本，通过案例的裁判说明，逐渐形成司法界适用"违法性继承"的共同认知。沈希贤案正是起着这样的一个作用，该案例承载着结合成文法规范和学术观点的功能，其通过个案分析和法律解释，将原本内涵不确定的、抽象的法律用语变得具体化、明确化，使法律规范在具体领域的适用变得有操作性。且具有典型性的案例将会对同类案件的审理产生示范效应，从而避免司法裁量权过大，保障司法公正。沈希贤案确立了适用违法性继承的两个宏观标准：一是当私人权利救济与维护公共利益或公共秩序相竞合时，基于权利救济的必要性，应当承认违法性继承。就沈希贤案来说，建立环境影响评价制度不仅是为了保护环境权的私益，还在于建立和维护客观的环境秩序；二是当各个阶段的具体行政行为只是为了实现该建设项目目的的整个过程中的一个环节时，基于行为之间效果关系，应当承认违法性继承。

案例二　解恒顺诉孟州市人民政府申请公开政府信息案

王成栋*

【案例名称】

解恒顺诉孟州市人民政府申请公开政府信息案［最高人民法院（2018）最高法行申 3922 号再审审查与审判监督行政裁定］

【关键词】

信息公开　信息公开主体　审查范围　诉讼请求

【基本案情】

河南省焦作市中级人民法院一审查明：2017 年 4 月 28 日，解恒顺向孟州市政府提出政府信息公开申请，申请公开太澳高速公路孟州段建设用地批准文件和征地补偿安置方案。2017 年 5 月 15 日，孟州市政府办公室作出《非本机关政府信息告知书》，载明：经查，解恒顺申请获取的政府信息不属于本机关的掌握范围，根据《中华人民共和国政府信息公开条例》[1]（以下简称《政府信息公开条例》）第 21 条规定，建议向国土资源局咨询。孟州市政府于 2017 年 5 月 17 日向解恒顺邮寄送达上述告知书。解恒顺收到该告知书后不服，于 2017 年 5 月 25 日向法院提起行政诉讼，请求：撤销孟州市政府 2017

---

　* 作者简介：王成栋，中国政法大学法学院行政法研究所教授，硕士生导师。
　〔1〕 本书所引用的《中华人民共和国政府信息公开条例》均为 2019 年修改前的版本。

年5月15日的《非本机关政府信息告知书》；判令其依法公开（公告）太澳高速公路孟州段建设用地批准文件和征地补偿方案。

河南省焦作市中级人民法院一审认为：解恒顺向孟州市政府申请公开的政府信息为太澳高速公路孟州段建设用地批准文件和征地补偿安置方案，本案的争议焦点是解恒顺申请公开的政府信息孟州市政府应否公开。（1）关于太澳高速公路孟州段建设用地批准文件。《中华人民共和国土地管理法实施条例》（以下简称《土地管理法实施条例》）第25条第1款规定："征收土地方案经依法批准后，由被征收土地所在地的市、县人民政府组织实施，并将批准征地机关、批准文号、征收土地的用途、范围、面积以及征地补偿标准、农业人员安置办法和办理征地补偿的期限等，在被征收土地所在地的乡（镇）、村予以公告。"《政府信息公开条例》第11条第3项规定，设区的市级人民政府、县级人民政府及其部门重点公开的政府信息还应当包括下列内容：征收或者征用土地、房屋拆迁及其补偿、补助费用的发放、使用情况。根据以上规定，太澳高速公路孟州段建设用地批准文件即使由国务院制作，因属于孟州市政府主动公开的范围，解恒顺申请公开的，孟州市政府亦应公开。孟州市政府称解恒顺申请公开的建设用地批准文件系由国务院制作，故其并不掌握的理由不能成立，不予支持。（2）关于征地补偿安置方案。《土地管理法实施条例》第25条第3款规定，市、县人民政府土地行政主管部门根据经批准的征收土地方案，会同有关部门拟订征地补偿、安置方案，在被征收土地所在地的乡（镇）、村予以公告，听取被征收土地的农村集体经济组织和农民的意见……《政府信息公开条例》第17条规定，行政机关制作的政府信息，由制作该政府信息的行政机关负责公开。根据以上规定，征地补偿安置方案的制作机关是孟州市土地管理部门，不论孟州市政府是否保存征地补偿安置方案的信息，公开该信息的义务机关仍是作为制作机关的孟州市土地管理部门，故孟州市政府称其不是征地补偿安置方案的制作主体的理由成立，解恒顺要求孟州市政府公开该政府信息的请求不应支持。综上所述，孟州市政府办公室于2017年5月15日作出的《非本机关政府信息告知书》中对解恒顺申请公开太澳高速公路孟州段建设用地批准文件部分的告知适用法律错误，但对解恒顺申请公开征地补偿安置方案的部分告知正确，故对该告知书应予部分撤销。同时应指出，解恒顺是向孟州市政府申请政府信息公开，但孟州市政府以其办公室的名义作出告知不当，以后应予改正。解恒顺要求撤销《非本机关政府信息告知书》中太澳高速公路孟州段建设用地批准文件部分的告知及要求孟州市政府公开太澳高速公路孟州段建设用地批准文件的请求成立，应予支持；解恒顺要求撤销《非本机关政府信息告知书》中征地补偿安置方案的部分及要求孟州市政府公开征地补偿安置方案的请求不能成立，不予支持。依照《最高人民法院关于审理政府信息公开行政案件若干问题的规定》（以下简称《信息公开行政案件若干规定》）第 9 条第 1 款、第 12 条第 1 项之规定，作出（2017）豫 08 行初 78 号行政判决：一、撤销孟州市政府办公室于 2017 年 5 月 15 日作出的《非本机关政府信息告知书》中对解恒顺申请公开太澳高速公路孟州段建设用地批准文件部分的告知；二、责令孟州市政府于判决生效之日起 15 个工作日内向解恒顺公开太澳高速公路孟州段建设用地批准文件；三、驳回解恒顺要求撤销孟州市政府办公室于 2017 年 5 月 15 日作出的《非本机关政府信息告知书》中征地补偿安置方案部分的告知及要求孟州市政府公开征地补偿安置方案的诉讼请求。

解恒顺不服，提起上诉。上诉人解恒顺上诉称：（1）焦作市中级人民法院未对本案进行依法审理，导致未对批准用地行政行为是否合法进行审查，致使事实不清。（2）解恒顺的诉讼请求是判令孟州市人民政府依法公开（公告）太澳高速公路孟州段建设用地批准文件和征地补偿方案，原审判决书改变为对解恒顺申请公开太澳高速公路孟州段建设用地批准文件部分的告知，篡改了诉讼请求。（3）原审判决适用法律错误，应当适用《土地管理法实施条例》第 25 条第 1 款。（4）原审判决让解恒顺承担诉讼费的 50% 有悖情理，于法无据。请求二审撤销原判，作出公正处理。

河南省高级人民法院二审认为：本案系因解恒顺对焦作市政府未予公开政府信息不服提起的行政诉讼，故人民法院依法审查的内容应为焦作市政府未予公开解恒顺请求公开的有关政府信息的行为是否合法，并不能对有关政府信息中涉及的行政行为进行合法性审查，因此解恒顺上诉称"焦作市中级人民法院未对本案进行依法审理，导致未对批准用地行政行为是否合法进行审查，致使事实不清"的理由不能成立。《政府信息公开条例》第 17 条规定："行政机关制作的政府信息，由制作该政府信息的行政机关负责公开。"《土地管理法实施条例》第 25 条第 3 款规定："市、县人民政府土地行政主管部门根据经批准的征收土地方案，会同有关部门拟订征地补偿、安置方案，在被征收土地所在地的乡（镇）、村予以公告，听取被征收土地的农村集体经济组织和农民的意见。"根据以上规定，涉案征地补偿安置方案的制作机关是孟州市土地管理部门，因此公开该信息的义务机关应为孟州市土地管理部门，解恒顺要求孟州市政府公开征地补偿安置方案缺乏依据，不能成立，原审判决据此未支持解恒顺的该项诉讼请求正确，不存在篡改其诉讼请求的情况。另外，原审判决鉴于支持了解恒顺的部分诉讼请求，从而判决解恒顺负担本案一半的诉讼费用符合法律规定，并无不当。综上，解恒顺的上诉请求缺乏事实和法律依据，不能成立。原审判决认定事实清楚，适用法律正确，处理适当，依法应予维持。据此判决驳回上诉，维持原判。

解恒顺向本院申请再审称：（1）原审法院没有根据《行政诉讼法》第6条的规定对被诉行政行为的合法性进行审查。（2）原审法院只是判令公开，没有判令公告，是篡改了他的诉讼请求，违反了《信息公开行政案件若干规定》第9条第2款的规定。（3）二审判决对于事实的叙述调换了被上诉人，将孟州市政府表述为焦作市政府。（4）一审判决后，孟州市政府虽然向其提供了太澳高速公路孟州段建设用地批准文件，但告知书中只有文件标题，并无文件内容，二审判决属于虚假叙述。综上，请求：（1）撤销一审和二审判决，重新审理本案；（2）认定太澳高速公路孟州段建设用地被申请人是未批先占、非法占地行为；（3）判令被申请人重新依法征收太澳高速公路孟州段建设所占用的土地；（4）责令被申请人依法公开公告太澳高速公路孟州段建设用地批准方案和征地补偿安置方案；（5）责令被申请人承担非法占地的法定过错责任，赔偿申请人因此造成的经济损失；（6）责令被申请人承担本案原审、终审诉讼费。

【裁判要旨】

政府信息公开诉讼所要解决的，只是政府信息是否应当公开、应当如何公开的问题；被诉的具体行政行为通常是指行政机关拒绝公开的答复或者不予答复的行为，对与政府信息相关联的其他具体行政行为的合法性进行审查，并不是政府信息公开诉讼的任务。

法律规定公民、法人或者其他组织可以向行政机关提出政府信息公开申请，目的是保障申请人自己获取政府信息的权利，向不特定公众"公告"政府信息，可能是主动公开政府信息的形式，却不是依申请公开政府信息的形式。

【裁判理由与论证】

最高人民法院依法组成合议庭对该案进行了审理，在确认一、二审查明事实的基础上，认为再审申请人解恒顺的再审申请不符合《行政诉讼法》第91条规定的情形。依照2015年发布的《行诉解释》第116条第2款之规定，裁定驳回再审申请人解恒顺的再审申请。

在裁定理由部分，最高人民法院对再审申请人的四点再审理由进行了一一回应，即二审法院是否应对政府征地和补偿安置行为的合法性进行审查；二审法院只是判令公开，没有判令公告，是否篡改了再审申请人的诉讼请求，是否违反了《信息公开行政案件若干规定》第9条第2款的规定；二审判决对于事实的叙述调换了被上诉人，将孟州市政府表述为焦作市政府是否可以作为再审的依据；被告是否完全履行信息公开义务的问题。

一、法院是否应审查政府征地和补偿安置行为的合法性问题

再审法院认为，《政府信息公开条例》第33条第2款规定："公民、法人或者其他组织认为行政机关在政府信息公开工作中的具体行政行为侵犯其合法权益的，可以依法申请行政复议或者提起行政诉讼。"这是公民、法人或者其他组织就政府信息公开事项申请行政复议或者提起行政诉讼的法律依据。按照《信息公开行政案件若干规定》第1条第1款的规定，所谓"政府信息公开工作中的具体行政行为"，一般是指行政机关针对政府信息公开申请进行答复处理的行为，包括：向行政机关申请获取政府信息，行政机关拒绝提供或者逾期不予答复的；认为行政机关提供的政府信息不符合其在申请中要求的内容或者法律、法规规定的适当形式的；认为行政机关主动公开或者依他人申请公开政府信息侵犯其商业秘密、个人隐私的；认为行政机关提供的与其自身相关的政府信息记录不准确，要求该行政机关予以更正，该行政机关拒绝更正、逾期不予答复或者不予转送有权机关处理的；认为行政机关在政府信息公开工作中的其他具体行政行为侵犯其合法权益的。通常情况下，一

些政府信息往往与某个具体行政行为有所关联，例如行政处罚决定书之于行政处罚行为、征地补偿安置方案之于征地补偿行为，但后者并不属于"政府信息公开工作中的具体行政行为"。政府信息公开诉讼所要解决的，只是政府信息是否应当公开、应当如何公开的问题；被诉的具体行政行为通常是指行政机关拒绝公开的答复或者不予答复的行为，对与政府信息相关联的其他具体行政行为的合法性进行审查，并不是政府信息公开诉讼的任务。

本案中解恒顺的诉讼请求是：撤销孟州市政府 2017 年 5 月 15 日的《非本机关政府信息告知书》；判令其依法公开（公告）太澳高速公路孟州段建设用地批准文件和征地补偿方案。很显然，本案被诉的具体行政行为是孟州市政府作出的《非本机关政府信息告知书》，审理对象应当是该告知书的合法性以及孟州市政府是否应当向解恒顺公开其所申请公开的太澳高速公路孟州段建设用地批准文件和征地补偿方案。原审法院不仅对被诉《非本机关政府信息告知书》的合法性进行了审查，并且判决撤销了其中对解恒顺申请公开太澳高速公路孟州段建设用地批准文件部分的告知。再审申请人解恒顺认为原审法院没有根据《行政诉讼法》第 6 条的规定对被诉行政行为的合法性进行审查，但他所说的行政行为指向的却是征地和补偿安置行为，显然对政府信息公开诉讼中的被诉行政行为和审理对象存在误解。

二、原审法院是否篡改了原告的诉讼请求

再审法院认为，通常情况下，政府信息公开诉讼的原告不仅会要求撤销拒绝公开的决定，同时还会请求人民法院责令行政机关公开他所申请的政府信息，这个诉讼就属于履行法定职责之诉，而不是撤销诉讼。人民法院不仅要审查拒绝公开决定的合法性，还要对是否应当公开原告所申请的政府信息作出判断。如果各方面的法律和事实条件都齐备，更要判决行政机关在一定期限内公开原告所申请的政府信息。在本案中，解恒顺的诉讼请求正是这样：首先是要求撤销孟州市政府作出的《非本机关政府信息告知书》，然后是要求判令被告依法公开（公告）太澳高速公路孟州段建设用地批准文件和征地补偿方案。原审法院在撤销对解恒顺申请公开太澳高速公路孟州段建设用地批准文件部分的告知的同时，还责令孟州市政府于判决生效之日起 15 个工作日内向解恒顺公开太澳高速公路孟州段建设用地批准文件。对于征地补偿方案，

则因为制作机关是孟州市土地管理部门，并非孟州市政府，依照《政府信息公开条例》第 17 条规定的"谁制作谁公开"的原则，驳回解恒顺的该项诉讼请求。原审法院的裁判符合《行政诉讼法》和《政府信息公开条例》的相关规定。解恒顺认为，原审法院只是判令公开，没有判令公告，是篡改了他的诉讼请求，违反了《信息公开行政案件若干规定》第 9 条第 2 款的规定。这也是对于法律制度和司法解释的误解。法律规定公民、法人或者其他组织可以向行政机关提出政府信息公开申请，目的是保障申请人自己获取政府信息的权利，法律和司法解释要求尽可能按照法律、法规规定的适当形式提供政府信息，所指也是向申请人本人提供政府信息的形式。向不特定公众"公告"政府信息，可能是主动公开政府信息的形式，却不是依申请公开政府信息的形式。政府信息公开申请人要求行政机关"公告"政府信息，超出了自己需要的范围，实质是要求行政机关向不特定公众主动公开政府信息。公民、法人或者其他组织在政府信息公开诉讼中提出这样的诉求，实质是主张不特定公众的权利。这样的诉求不仅与《行政诉讼法》的立法宗旨不符，而且也被《信息公开行政案件若干规定》第 3 条所明确禁止。

三、二审法院对事实的叙述错误是否构成再审理由

再审法院认为，二审判决对于事实的叙述调换了被上诉人，将孟州市政府表述为焦作市政府，经查这属于笔误，而且有失裁判文书的严肃，但这一笔误对判决主文并无影响，并不构成法定的再审事由。

四、孟州市政府是否实际履行了信息公开义务

对于再审申请人解恒顺称一审判决后，孟州市政府虽然向其提供了太澳高速公路孟州段建设用地批准文件，但告知书中只有文件标题，并无文件内容，二审判决属于虚假叙述的主张，再审法院进行了核实，孟州市政府称在向解恒顺送达《政府信息公开申请告知书》的同时，一并送达了告知书中所列两份文件。鉴于该问题属于裁判的履行问题，并不构成生效裁判本身引起再审的法定事由，本院对此再审理由不予采纳。

综上，最高人民法院认定再审申请人的再审理由不能成立，驳回再审申请人解恒顺的再审申请。

【涉及的重要理论问题】

信息公开诉讼是以《政府信息公开条例》为依据，以保障行政相对人知情权和监督行政机关依法履行信息公开职责为主要目的的特殊行政诉讼。司法实践中，部分信息公开案件往往"醉翁之意不在酒"，相对人起诉不仅仅是为了获得政府信息，而且往往包含一些其他的诉求：或者希望给政府以压力，或者希望与政府信息关联的行政行为被审查，或者作为提起其他行政诉讼的前置环节。正是在"多元化"的诉求背景下，信息公开诉讼中案件的争议焦点可能发生游离，偏离信息公开诉求本身，而且法院需要面对一些棘手的问题，解恒顺与孟州市政府信息公开案便是其中较为典型的例子。

解恒顺与孟州市政府信息公开案经过河南省焦作市中级人民法院、河南省高级人民法院以及最高人民法院三级法院的审理，在上诉和再审过程中，案件的争议焦点由孟州市政府应不应公开政府信息转移为法院是否应审查与政府信息关联的行政行为之合法性、法院是否应按照解恒顺诉请判决孟州市政府对涉案信息进行公告等问题。该案的典型意义就在于法院需要面对以往信息公开案件未曾出现的疑难问题，包括但不限于：信息公开诉讼的"诉讼标的"问题、信息公开义务主体问题、政府应当主动公开信息的司法审查问题、政府信息关联行政行为的审查问题、政府信息的区分处理问题以及信息公开判决的履行适当问题，由于上述问题立法及司法解释并没有进行明确的规定，因而有必要在理论上进行探讨。

一、信息公开诉讼中的"诉讼标的"问题

诉讼标的是确定诉讼系属、实现禁止重复起诉原则的最关键标准，同时也是既判力客观范围的界定中最重要的标准。[1] 尽管行政诉讼脱胎于民事诉讼，相比民事诉讼法理论与实践中对于"诉讼标的"理论与实践的垂青，行政诉讼法理论与实践则对之很少关注。[2] 我国出台的行政诉讼司法解释出现

---

[1] 骆永家：《既判力之研究》，三民书局1996年版，第31页。

[2] 目前，权威的行政诉讼法教材和论著，均未对"行政诉讼标的"的理论进行研究和关注。

了"诉讼标的"的概念，[1]但是并没有得以展开。既然行政诉讼标的概念理论上缺少支撑，那么不妨先考察一下民事诉讼标的的理论。实际上，民事诉讼理论与实践界，关于诉讼标的亦存在不同的观点和主张，先后出现了实体法说（旧说）、诉讼法说（新说）、新实体法说等，其中的新说又分为一分肢说、二分肢说。[2]民事诉讼法学界普遍认为，我国民诉立法和司法实践基本上采旧诉讼标的理论，认为诉讼标的是争议的当事人之间，请求法院审判的民事实体权利或者民事实体法律关系。[3]为了确定诉讼系属、防止重复诉讼、框定判决既判力的范围，有必要在我国行政诉讼法中引入诉讼标的的理论。按照德国与我国台湾地区的理论通说，行政诉讼标的是行政行为违法并损害原告权利之原告的权利主张。[4]实际上，行政诉讼标的之确定应当与行政诉讼的功能和特点相契合。借鉴民事诉讼法的相关理论，结合行政诉讼的特点，行政诉讼中的诉讼标的应为相对人请求法院审判的行政行为的合法性、相对人的合法权利以及由此而产生的行政法律关系。

诉讼标的与诉讼请求不相同，诉讼标的是行政行为合法性和相对人权利或者行政法律关系；诉讼请求是当事人通过诉讼所欲达到的目的。在我国，司法解释对诉讼请求的类型做了明确。《行诉解释》第 2 条规定，《行政诉讼法》第 49 条第 3 项规定的"有具体的诉讼请求"是指：（1）请求判决撤销或者变更行政行为；（2）请求判决行政机关履行法定职责或者给付义务；（3）请求判决确认行政行为违法；（4）请求判决确认行政行为无效；（5）请求判决

---

[1]《行诉解释》第 3 条规定，有下列情形之一，已经立案的，应当裁定驳回起诉：（一）不符合《行政诉讼法》第 49 条规定的；（二）超过法定起诉期限且无正当理由的；（三）错列被告且拒绝变更的；（四）未按照法律规定由法定代理人、指定代理人、代表人为诉讼行为的；（五）未按照法律、法规规定先向行政机关申请复议的；（六）重复起诉的；（七）撤回起诉后无正当理由再行起诉的；（八）行政行为对其合法权益明显不产生实际影响的；（九）诉讼标的已为生效裁判所羁束的；（十）不符合其他法定起诉条件的。

[2] 吴英姿："诉讼标的理论'内卷化'批判"，载《中国法学》2011 年第 2 期。

[3] 江伟、段厚省："请求权竞合与诉讼标的的理论之关系重述"，载《法学家》2003 年第 4 期；江伟、徐继军："民事诉讼标的的新说在中国的适用及相关制度保障"，载《法律适用》2003 年第 5 期；翁晓斌："我国民事判决既判力的范围研究"，载《现代法学》2004 年第 6 期；汤维建：《民事诉讼法学》，北京大学出版社 2014 年版，第 45 页。

[4] 马立群："论行政诉讼标的——以行政撤销诉讼为中心的考察"，载《南京大学法律评论》2011 年第 1 期。

行政机关予以赔偿或者补偿；（6）请求解决行政协议争议；（7）请求一并审查规章以下规范性文件；（8）请求一并解决相关民事争议；（9）其他诉讼请求。当事人未能正确表达诉讼请求的，人民法院应当予以释明。

法院审理行政案件，需要对相对人的诉讼请求进行回应，但要围绕行政诉讼的诉讼标的进行审查和判决，从而能够集中精力处理案件，并且防止行政诉讼功能的异化。按照《行政诉讼法》和《信息公开行政案件若干规定》，信息公开诉讼的诉讼标的应为政府信息公开行为的合法性以及相对人与信息公开关联的权利。信息公开案件中，法院应当围绕诉讼标的进行审理和判决，并不完全受相对人诉讼请求的约束，当然要对当事人的诉讼请求进行回应。

回到本案，解恒顺案的诉讼标的应当是政府信息公开行为的合法性问题以及解恒顺知情权的保障，因而本案应当围绕政府信息公开行为的合法性以及解恒顺合法权益保障进行审查和判决。一审、二审以及再审法院基本上坚持了围绕信息公开诉讼的诉讼标的进行审查的原则，没有支持解恒顺要求审查土地审批的行为合法性的诉讼请求，是符合诉讼标的基本原理的。

当然，诉讼标的是决定判决范围的核心依据，但并不代表法院可以对相对人的诉讼请求置若罔闻，比较理性的做法是，在判决书的说理部分对相对人的诉讼请求进行回应，对于不符合诉讼标的的诉讼请求可以作出适当的解释。

二、政府信息公开的义务主体

在信息公开制度中，明确政府信息公开的义务主体的意义至少有两个：第一，相对人向谁申请信息公开；第二，由谁做适格的被告。《政府信息公开条例》确立了信息公开义务主体的基本原则，其第17条规定："行政机关制作的政府信息，由制作该政府信息的行政机关负责公开；行政机关从公民、法人或者其他组织获取的政府信息，由保存该政府信息的行政机关负责公开。法律、法规对政府信息公开的权限另有规定的，从其规定。"根据上述规定，第一，信息公开的义务主体原则上为制作机关；第二，当政府信息并非由机关制作，那么由保存机关负责公开；第三，法律、法规规定的其他情形。

本案的焦点之一便是，孟州市政府对于解恒顺申请公开的政府信息，是否是适格的和法定的公开义务主体。对于这个问题，一审法院做了区分，其一，对于太澳高速公路孟州段建设用地批准文件，按照立法规定属于政府应当主动公开的信息，因而即使该信息不是由其制定，其仍然是信息公开的义务主体。其二，对于征地补偿安置方案，按照立法与现实，并非由孟州市政府制作，因而孟州市政府不是公开义务主体。对于前一种信息，法院认定孟州市政府是公开义务主体的依据是：法律、法规要求其主动公开，即《政府信息公开条例》第17条规定的第三种情况，这构成了"谁制作、谁公开"原则的例外。对于后一种信息，法院则坚持了"谁制作、谁公开"的原则。应该说一审法院的判决基本上符合《政府信息公开条例》确立的精神，但这个案例中包含的一些问题值得深入探讨。

第一，假设本案中，法律、法规没有规定太澳高速公路孟州段建设用地批准文件属于政府应当主动公开的内容，而该文件又是由国务院制作的，法院如何处理？法官可能的选择有两个：其一，坚持"谁制作、谁公开"原则；其二，打破"谁制作、谁公开"原则，判决孟州市政府负责公开。两种选择都不违反法律的规定，但显然后者将更符合《政府信息公开条例》第5条规定的"便民原则"。因为虽然该文件属于国务院制作的文件，但由国务院作为公开义务主体显然是不现实的，而该文件由孟州市政府保存，由孟州市政府作为公开义务主体更为合适和便民。因此，未来《政府信息公开条例》修改时，有必要对"谁制作、谁公开"原则规定例外情况，除了法律、法规另有规定的情况外，当制作主体不适宜作为公开义务主体时，明确由保存该信息的主体作为公开义务主体。

第二，保存政府信息的机关之公开义务有待进一步明确。按照《政府信息公开条例》规定，行政机关获取的其他主体的信息，由保存机关负责公开。本案中，孟州市政府保存着补偿方案，只是该信息属于国土资源局制作，此时仍然坚持"谁制作、谁公开"的原则，是否符合便民原则的精神，值得深思。

第三，经上级部门批准的文件的公开义务主体。现实中，部分文件需要上级部门批准，对于此类文件有两个问题需要解决：其一，谁才是真正的制作机关？其二，批准机关是否有义务公开信息？解恒顺案中，征地补偿方案虽然是由国土部门制作的，但是按照《土地管理法实施条例》第25条第3款的规定，征收补偿方案还需要孟州市政府的批准，因此该方案的生效是以政府批准为前提的。换言之，征收补偿方案并不同于其他可以由行政机关独立完成的政府信息。此时，孟州市政府是否也可以被认定为政府信息的制作主体，孟州市政府对于信息公开是否应当承担连带义务？我们认为，如果一项政府文件或者信息需要经过上级部门批准，那么上级部门便参与了信息的制作过程，并且对信息的真实性负有一定的责任，因而，其亦应当被认定为制作主体，并且同样负有公开义务，除非其没有保存该类文件。在政府信息公开诉讼中，制作机关和批准机关可以作为共同被告参与诉讼。

第四，行政委托过程中产生的政府信息的公开主体问题。行政执法实践中，行政机关经常委托其他主体代为处理一定的事务，被委托主体在处理委托事务时也会产生各种政府信息，对于此类信息的公开义务主体也需要进行明确。根据被委托对象的身份，行政委托大体可以分为两类：委托行政机关和委托行政机关以外的其他组织。对于委托行政机关以外其他组织而产生的信息，原则上由委托机关进行公开，这应该是比较明确的。比较复杂的情况是，行政机关委托其他行政机关处理行政事务时，此时受委托主体制作或者搜集的信息，是由受委托机关进行公开还是由委托机关进行公开，则可能出现争议。对于委托行政中产生的政府信息，虽然实际的制作主体可能是被委托的行政机关，但按照委托理论，宜由委托主体承担公开义务。在张某诉某区政府信息公开案中，原告申请某区政府公开采空棚户区房屋整体征收项目的项目申请书、项目批准文件、规划意见、土地预审意见等文件。某区政府认为上述文件不属于本机关公开范围，建议原告向该区住建委咨询。原告不服提起诉讼。法院审查后认为，虽然上述材料是由区建委搜集的，但按照《国有土地上房屋征收与补偿条例》和《北京市国有土地上房屋征收与补偿实施意见》，房屋征收的决定机关是区政府，因而区政府负有公开该信息的义务。法院实际上是将住建委接收相关材料的行为视为行政委托，住建委只是代替区政府行使相应的职权，最终的法律后果由区政府承担，因而公开义务主体不宜也不能发生转移。[1]

综上，目前《政府信息公开条例》对于信息公开义务主体的规定过于理

---

〔1〕 刘洋、刘行：《行政机关信息公开败诉案例判解研究》，中国法制出版社2016年版，第48~52页。

想化，没有关涉到特殊情形，今后立法修改或者司法解释中有必要对特殊情形进行回应。

三、政府应主动公开而未公开信息的司法审查

在我国，《政府信息公开条例》将政府信息公开的方式分为两大类：主动公开和依申请公开，对于前者政府部门具有主动公开且广而告之的责任。现实中，当出现行政机关应当主动公开而未公开政府信息的情况时，如何进行司法审查，《行政诉讼法》和《政府信息公开条例》并未有明确的规定。《信息公开行政案件若干规定》第 3 条规定："公民、法人或者其他组织认为行政机关不依法履行主动公开政府信息义务，直接向人民法院提起诉讼的，应当告知其先向行政机关申请获取相关政府信息。对行政机关的答复或者逾期不予答复不服的，可以向人民法院提起诉讼。"该条实际上只是规定相对人可以附条件对行政机关应当主动公开而未公开的信息之行为进行起诉，并未真正解决对行政机关应主动公开而未公开信息之不作为行为的审查方式和救济问题。

按照《政府信息公开条例》的规定，对于属于政府应当主动公开的信息，其应当通过各种渠道以"公告"形式主动公开，否则便违反其法定责任，构成违法的不作为。此时法院面临的棘手问题是，是否要对政府的不作为行为之合法性进行审查并作出否定性评价。

上述问题的答案，取决于对信息公开诉讼的定位。如果仅将信息公开诉讼定位为主观诉讼，即权利救济，那么法院只需要判决政府机关向相对人公开其本应主动公开的信息即可。在本案中，从三级法院判决和裁定中的说理和论证可知，三级法院基本上都将信息公开诉讼定位为主观诉讼。本案中，解恒顺不仅要求孟州市政府向自己提供征地决定书和补偿方案，而且要求其向社会公开征地决定书征地补偿方案。二审和再审法院均认为，法律规定公民、法人或者其他组织可以向行政机关提出政府信息公开申请，目的是保障申请人自己获取政府信息的权利，法律和司法解释要求尽可能按照法律、法规规定的适当形式提供政府信息，所指也是向申请人本人提供政府信息的形式。解恒顺要求政府公告征地决定书和征地补偿方案的诉求，实质是主张不特定公众的权利，不仅与《行政诉讼法》的立法宗旨不符，而且也被《信息

公开行政案件若干规定》第3条所明确禁止。从二审、再审法院的论证来看，法官基本上将信息公开诉讼定位为主观诉讼，即实现对公民信息权利的保障。如果信息公开诉讼仅为主观诉讼，那么三级法院的判决或者裁定便没有问题。因此有必要对信息公开诉讼的属性重新进行探讨。

我们认为，信息公开行政诉讼兼有主观诉讼与客观诉讼的属性。[1]根据王贵松教授的考察，在德国、日本，从诉讼目的、制度功能的角度来区分主观诉讼与客观诉讼。在德国行政诉讼制度建立时期，在行政法院的功能上存在过权利保护说（因私人的主观公权利受到侵害而提供权利救济）和法规维持说（对行政行为进行客观法审查）的对立，[2]这就对应着主观诉讼与客观诉讼的区分。在日本，通说性理解是，所谓主观诉讼，是指以保护个人权利利益为目的的诉讼；而客观诉讼，是指以保障法规的客观公正适用或一般公共利益为目的的诉讼。前者仅有个人权利利益者才能起诉；而后者则不限于此，有时即使是没有直接利害关系者，在法律上也广泛认可一般民众和选民等提起诉讼。这种称为民众诉讼，但客观诉讼在逻辑上并不当然成为民众诉讼。客观诉讼不以权利为前提。在诉讼程序上赋予谁原告资格是诉讼政策考虑的问题，客观诉讼中的原告和被告是服务于维持法秩序这一公共目的的"诉讼程序上的技术性当事人"。主观诉讼的裁判效力原则上仅及于当事人之间，而客观诉讼的情形则相反，其判决是对客观合法性的确定，原则上具有对世的效力。也是因为判决效力及于没有参加诉讼的第三人，所以就必须采用职权探知主义，更加注重发现案件的实体真实。[3]主观诉讼的核心功能在于维护或者实现相对人的权利，客观诉讼的核心功能则在于维护公共利益，对行政行为进行监督，二者的区别不仅体现在起诉时是否需要以相对人权利为前提，而且法院在审查的主动性方面也存在较大的差异。信息公开诉讼是主观诉讼与客观诉讼的结合，因为信息公开诉讼不仅在于保护相对人的知情权，还应当起到监督或者督促政府履行信息公开职责的作用。如果仅将信息公开诉讼定位为主观诉讼，则无法有效起到监督政府履行信息公开职责的

〔1〕 王贵松："信息公开行政诉讼的诉的利益"，载《比较法研究》2017年第2期。
〔2〕 ［德］弗里德赫尔穆·胡芬：《行政诉讼法》，莫光华译，法律出版社2003年版，第241～242页；刘飞：《德国公法权利救济制度》，北京大学出版社2009年版，第45页。
〔3〕 王贵松："信息公开行政诉讼的诉的利益"，载《比较法研究》2017年第2期。

作用。

回归到本案，既然信息公开诉讼是主观诉讼和客观诉讼的结合，那么，对于政府应当主动公开而没有公开的信息，仅判决政府向申请人公开，显然不符合信息公开诉讼客观诉讼的属性，法院还应审查信息公开行为本身的合法性，而不仅仅满足于实现行政相对人的知情权。另外，行政诉讼的重要使命是监督行政行为的合法性，本案三级法院均认为孟州市政府只需要向相对人公开，不应判决政府进行公告，这种判决思路只是解决了相对人的知情权问题，并没有对政府未主动公开政府信息行为之合法性进行评价，不符合行政诉讼监督行政行为合法性的使命。因而，对于政府应当主动公开而没有主动向社会公开的，人民法院应当确认政府不作为违法，并判决其在法定期限内向社会公开。这样做，一方面契合信息公开诉讼主观诉讼与客观诉讼双重性，另一方面，也在客观上起到了监督行政机关履行法定职责的功能，符合《政府信息公开条例》和《行政诉讼法》的精神。

当然，从最高人民法院的裁定中，将信息"公告"视为不特定人权利的表述来看，其并非否定法院应当对政府应主动公开而未公开行为进行审查并作出评价的必要性，只是认为解恒顺作为个人没有诉讼资格，潜在的台词似乎是，将此类行为的司法审查交由行政公益诉讼，由检察院提起行政公益诉讼来解决。通过行政公益诉讼解决政府应当主动公开而不公开之行为合法性问题，从理论上无疑是可行的。但在实践中，则很难付诸实施，因为对于检察院而言，这种行为的违法性似乎是无关痛痒的。因而，在普通行政诉讼中，对政府应当主动公开信息而不公开之不作为行为进行主动审查并作出否定性评价，无疑是更为经济和高效的做法。

四、信息公开的区分处理原则

理论上，信息公开的区分处理原则在两个层面使用：第一层面是行政机关对于涉及个人隐私、商业秘密、国家秘密或者其他不宜公开的信息，如果能够将不宜公开的信息隐去，那么就要对信息进行处理后，将可以公开的内容向相对人或者社会公开，这是行政机关应当遵守的区分处理原则；第二层面，法院在审理信息公开案件时，若涉案信息部分应当公开、部分不应当公开，法院可以做出区分处理。从域外经验看，区分处理原则最早来源于美国

《信息自由法》修正案的规定，又称"可分割性原则"。该修正案规定："行政机关对可以公开的信息和免除公开的信息同时规定在一个文件中时，在删除不公开的部分以后，应公开其余部分。"[1]

信息公开的区分处理原则，本质上是在公民知情权与公共利益或第三人利益之间进行平衡。信息公开区分处理原则在司法解释中亦得到体现，如《信息公开行政案件若干规定》第9条规定："被告对依法应当公开的政府信息拒绝或者部分拒绝公开的，人民法院应当撤销或者部分撤销被诉不予公开决定，并判决被告在一定期限内公开。人民法院经审理认为被告不予公开的政府信息内容可以作区分处理的，应当判决被告限期公开可以公开的内容。"

根据司法解释的规定，法院在信息公开案件中的区分处理原则体现在两个方面：第一，对于不予公开的决定，可以进行部分撤销；第二，当信息可以做处理以删除或者隐去不宜公开的内容时，应判决行政机关对信息进行处理后依法公开。本案中，一审法院恰恰遵循了信息公开的区分处理原则，即对于应当由孟州市政府公开的信息，部分撤销其不予公开的决定。

五、信息公开判决的履行适当性问题

本案中，解恒顺再审的重要理由是，市政府并没有充分履行信息公开义务，因而二审法院判决中的陈述构成虚假陈述。虽然再审法院认为这不构成再审的理由，但确实值得考虑的问题是，信息公开判决履行的适当性问题，即如何评价被告适当履行了判决中要求的信息公开义务。司法实践中，法院一般只判决被告特定期限内履行信息公开的义务，不会对信息公开的内容和形式作出明确的要求，这就可能导致解恒顺所称孟州市政府只提供了文件名称而没有文件内容的情况，而且也可能存在政府公开的信息内容不充分、不全面的问题。因而如何确保政府适当履行信息公开判决是信息公开诉讼制度设计必须要考虑的问题。

首先，政府履行信息公开判决时，一方面应当遵守诚实信用原则，按照相对人的诉求，充分、及时和真实的公开相关信息；另一方面应当受到正当

---

〔1〕 李广宇：《政府信息公开案例百选》，人民法院出版社 2013 年版，第 315 页。

法律程序的约束[1]，公开信息应当符合法定程序和形式，并且负有说明理由的义务。

其次，法院应当优化判决内容。法官在要求政府公开相关信息时，可以根据相对人的诉求，对政府公开信息的内容和方式进行明确，从而防止政府偷工减料。

最后，应当允许相对人申请法院强制执行。当政府拒绝履行信息公开判决或者政府不完全履行信息公开判决时，应当允许相对人申请法院强制执行，由法官对政府履行判决的情况进行审核后，采取相应的强制措施。

【后续影响及借鉴意义】

解恒顺诉孟州市人民政府申请公开政府信息案虽然以最高人民法院驳回再审的裁定宣告终结，但该案所触及的理论与实践问题，对司法实践具有指导意义，也为理论研究提供了新的课题。首先，通过本案，最高人民法院实际上明确了信息公开诉讼的诉讼标的，即行政机关信息公开行为之合法性以及相对人相关权利，为今后法院判决的既判力框定了范围。其次，通过本案，最高人民法院明确了相对人请求法院判决行政机关通过"公告"的方式公开信息的请求不应得到支持，因为公告涉及的是不特定主体的权利。再次，本案对信息公开义务主体进行了分析和论证，认为当法律、法规要求行政机关主动公开信息时，即使不是政府信息的制作主体，其也应当履行信息公开义务，这是对"谁制作、谁公开"原则的例外处理。最后，明确了行政机关应当主动公开政府信息而未公开之不作为行为如何进行审查的问题。最高人民法院的态度是，对于此类情况，法院应当判决行政机关向相对人公开，而不需要向社会公告，并且亦不需要对此类不作为行为本身做出否定性评价。

除了对司法实践的指导意义外，该案对于理论界也提出了一些新的课题。比如，如前所述，信息公开诉讼具有主观诉讼与客观诉讼的双重属性，因而不对政府应当主动公开信息而不公开之不作为进行审查是否符合信息公开诉讼的客观诉讼属性。我们认为对于最高人民法院的这种主张仍有讨论的余地和值得完善之处，因为行政机关向不特定的相对人"公告"依然是其法定职

---

[1] 王贵松："信息公开行政诉讼的诉的利益"，载《比较法研究》2017 年第 2 期。

责，信息公开申请人获得了相关信息并不表明政府履行了相关职责，信息公开诉讼并不应该仅仅限于"主观诉讼"，也应该包括有效监督行政机关依法行政。再比如，信息公开诉讼判决的履行适当性问题、信息公开义务主体的明确性问题、信息公开诉讼中是否可以审理与政府信息相关联的其他行政行为等，都体现在本案中，需要理论界予以回应。通过本案，可以管窥我国信息公开立法与司法存在的困境与问题，对于上述问题的解决有助于优化信息公开法律制度和诉讼制度，从而更好地保护公民知情权，监督政府依法履行信息公开职责。

行政诉讼法

一、原告资格

案例一　刘广明与张家港市人民政府再审行政裁定案

赵　宏[*]

【案例名称】

刘广明与张家港市人民政府再审行政裁定案 [最高人民法院（2017）最高法行申 169 号行政裁定]

【关键词】

利害关系　主观公权利　保护规范理论

【基本案情】

2015 年 11 月 24 日，张家港市发展和改革委员会（以下简称张家港市发改委）向江苏金沙洲旅游投资发展有限公司（以下简称金沙洲公司）作出张发改许备〔2015〕823 号《关于江苏金沙洲旅游投资发展有限公司金沙洲生态农业旅游观光项目备案的通知》（以下简称 823 号通知）。该通知内容涉及项目名称、主要功能及建设内容、项目选址、项目总投资及资金筹措、有效期五个方面。刘广明于 2016 年 1 月通过信息公开的方式获知了上述通知，认为该通知将其位于江苏省张家港市锦丰镇福利村悦丰片一、二组拥有承包经

　＊ 作者简介：赵宏，中国政法大学法学院行政法研究所教授，博士生导师。

营权的土地纳入其中，该通知存在重大违法情形，遂向张家港市政府提起行政复议，要求确认违法并予以撤销。张家港市政府经审查认为，刘广明与823号通知不具有利害关系，遂于2016年3月21日作出〔2016〕张行复第2号驳回行政复议申请决定，并于2016年3月22日送达刘广明。刘广明不服，向一审法院提起行政诉讼。

一审法院认为，根据《中华人民共和国行政复议法实施条例》（以下简称《行政复议法实施条例》）第28条第2项的规定，申请人提起行政复议申请，应当与具体行政行为有利害关系。《江苏省企业投资项目备案暂行办法》第17条规定，项目申报单位凭项目备案机关出具的项目备案通知书，依法办理土地、环保、规划等各方面的手续后方可开工建设。本案中，823号通知系对建设项目的备案行为，是职权机关就申请人申请备案的项目是否符合项目备案条件依法进行审查后作出的行政行为，该行为产生实体影响的利害关系人是备案申请人金沙洲公司，对其他人的合法权益并不产生直接影响。金沙洲公司仅凭该通知是不能实施开发建设的，还必须依法办理土地、环保、规划等各方面的手续后方可开工建设。故刘广明与823号通知并不具有利害关系，其提起的行政复议申请不符合《行政复议法实施条例》规定的受理条件。因此，一审法院认为，张家港市政府作出驳回行政复议申请决定符合法律规定，遂判决驳回刘广明的诉讼请求。刘广明不服一审判决，上诉至江苏省高级人民法院。江苏省高级人民法院以基本相同的判决依据，驳回上诉，维持一审判决。刘广明遂向最高人民法院申请再审，请求撤销一、二审判决，并依法改判。

最高人民法院经审理认为，根据《国务院关于投资体制改革的决定》《中央预算内直接投资项目管理办法》《政府核准投资项目管理办法》《江苏省企业投资项目备案暂行办法》等规定，发展改革部门对政府投资项目的审批行为和对企业投资项目的核准和备案行为，主要是从维护经济安全、合理开发利用资源、保护生态环境、优化重大布局、保障公共利益、防止出现垄断等方面，判断某一项目是否应予审批、核准或备案（以下统称项目审批行为）。考察上述一系列规定，并无任何条文要求发展改革部门必须保护或者考量项目用地范围内的土地使用权人权益保障问题，相关立法宗旨也不可能要求必须考虑类似于刘广明等个别人的土地承包经营权的保障问题。发展改革部门在作出项目审批行为时，也就无需审查项目用地范围内的征地拆迁、补偿安置等事宜，无需考虑项目用地范围内单个土地、房屋等权利人的土地使用权和房屋所有权的保护问题。因此，项目建设涉及的土地使用权人或房屋所有权人与项目审批行为不具有利害关系，也不具有行政法上的权利义务关系，其以项目审批行为侵犯其土地使用权或者房屋所有权为由，申请行政复议或者提起行政诉讼，并不具有申请人或者原告主体资格。具体到本案中，张家港市发改委作出 823 号通知即使涉及刘广明依法使用的土地，刘广明也不能仅以影响其土地承包经营权为由申请行政复议。张家港市政府以再审申请人的行政复议申请不符合《行政复议法实施条例》第 28 条第 2 项的规定为由，作出驳回其申请的决定，符合法律规定。一、二审法院判决并无不当。再审申请人刘广明如认为项目建设过程中行政机关的土地征收与补偿等行为侵犯其合法权益，应当通过其他法定途径解决。据此，最高人民法院最终认为，再审申请人刘广明的再审申请不符合《行政诉讼法》第 91 条规定的情形，因此裁定驳回。

【裁判要旨】

（1）行政诉讼以救济原告权利为首要目的，因此有权提起诉讼的原告，一般宜限定为主张保护其主观公权利而非主张保护其反射性利益的当事人。

（2）对主观公权利的判定，以行政机关作出行政行为时所依据的行政实体法和所适用的行政实体法律规范体系，是否要求行政机关考虑、尊重和保护原告诉请保护的权利或法律上的利益，作为判断是否存在公法上利害关系的重要标准。

【裁判理由与论证】

刘广明案经历一审、二审和再审，但焦点一直在于：刘广明起诉张家港市发改委向金沙洲公司作出的 823 号通知是否具有原告资格，而这一问题又凝结为刘广明与 823 号通知之间是否具备《行政复议法实施条例》以及《行政诉讼法》所规定的"利害关系"。在 2014 年修法后，《行政诉讼法》将原告界定为"行政行为的相对人以及其他与行政行为有利害关系的公民、法人或其他组织"。据此，行政行为相对人的原告资格获得概观承认，而相对人之外的其他人，又或称为"行政第三人"是否具备原告资格，则要看其与行政行为之间是否具有利害关系。而本裁定也针对此问题进行了层层递进的阐释和论证。

一、何为"与行政行为具有利害关系"

对"利害关系"的解释，本案的裁定却与此前的判决不尽相同，"有利害关系的公民、法人或其他组织，不能扩大理解为所有直接或间接受行政行为影响的公民、法人或其他组织，所谓利害关系，仍应限于法律上的利害关系，不宜包括反射性利益受到影响的公民、法人或者其他组织。同时，行政诉讼乃公法上的诉讼，上述法律上的利害关系，一般也仅指公法上的利害关系；除特殊情形或法律另有规定，一般不包括私法上的利害关系"。在进行了上述的铺陈和阐释后，法院在裁定中指出，"只有主观公权利，即公法领域权利和利益，受到行政行为影响，存在受到损害的可能性的当事人，才与行政行为具有法律上的利害关系，才形成了行政法上权利义务关系，才具有原告主体资格，才有资格提起行政诉讼"。据此，识别第三人是否与行政行为有法律上的利害关系，不再是以行政行为是否对其产生实际影响为标准，而是以其是否有主观公权利受损为基准。对于主观公权利，本案裁定尝试从两个方面进行界分：首先，主观公权利相对于反射利益，后者并不属于法律上的利害关系，因此也就不属于可诉请司法保护的范畴；其次，主观公权利一般仅指公法上的利害关系，除特殊情形或法律另有规定，一般不包括私法上的利害关系。"因而，举凡债务人夫妻的离婚登记行为、债务人的非抵押房屋转移登记行为、抵押人的公司股东变更登记行为，虽有可能影响民事债权人或者抵押权人债权或抵押权的实现，债权人或者抵押权人因而与上述行政登记行为有了一定的利害关系，但因此种利害关系并非公法上的利害关系，也就不宜承认债权人或者抵押权人在行政诉讼中的原告主体资格。上述债权人的普通债权和抵押权人的抵押权等民事权益，首先应考虑选择民事诉讼途径解决"。

二、为何是主观公权利

本裁定将作为我国行政诉讼判定原告判定基准的"利害关系"界定为"主观公权利"，认为唯有"公法领域权利和利益，受到行政行为影响，存在受到损害可能性的当事人，才与行政行为具有法律上的利害关系"。而将原告资格限定为主观公权利受损，根据本裁定的解释又与我国行政诉讼的功能定位有关。"行政诉讼的立法宗旨，体现了权利保护和权力监督的统一。""但行政诉讼虽有一定的公益性，却显然不能将原告主体资格范围无限扩大，将行政诉讼变相成为公益诉讼。现行行政诉讼法在确定原告主体资格问题上，总体坚持主观诉讼而非客观诉讼理念，行政诉讼首要以救济原告权利为目的，因此有权提起诉讼的原告，一般宜限定为主张保护其主观公权利而非主张保护其反射性利益的当事人。"既然行政诉讼的功能主要在于个人权益的保护，那么将原告资格限定为主观权利，强调"原告本人需要提供证据证明其存在与普通公众不同的独特的权益，且这种权益受行政实体法律规范所保护，并存在为被诉行政行为侵害的可能性"，就显得顺理成章。

三、如何判定主观公权利

在将原告资格中的"利害关系"等同于主观公权利后，对如何判定主观公权利，本裁定同样参考了欧陆法系国家的基本学理，即保护规范理论。所谓"保护规范理论"或"保护规范标准"，是"以行政机关作出行政行为时所依据的行政实体法和所适用的行政实体法律规范体系，是否要求行政机关考虑、尊重和保护原告诉请保护的权利或法律上的利益（以下统称权益），作为判断是否存在公法上利害关系的重要标准"。

保护规范理论是将司法救济所保护的利益诉诸行政机关在作出行政行为时所依据的实体法，通过探求实体规范是否具有"个人利益的保护指向"，来判定个人主观公权利的存立。这一理论将法律规范保护的权益与请求权基础相结合，因此具有较强的实践指导价值。除能够为原告资格的判定提供相对稳定明晰的基准外，这种回溯至行政实体法规范，藉由实体法规范的解释来框定原告资格的方式，也与行政行为的合法性审查原则互相契合。"法院对行政行为合法性的评判，除了依据行政诉讼法等行政基本法，更要依据行政机关所主管的行政实体法；在实体问题上的判断，更多是依据行政实体法律、法规、规章甚至规范性文件。如果原告诉请保护的权益，并不是行政机关作出行政行为时需要考虑和保护的法律上的权益，即使法院认可其原告主体资格，但在对行政行为合法性进行实体审查时，仍然不会将行政机关未考虑原告诉请保护权益之情形，作为认定行政行为违法的标准。"

四、如何适用保护规范理论

保护规范理论是通过回溯行政机关作出行政行为时依据的实体法规范，藉由对该规范是否要求行政机关考虑、尊重和保护原告诉请保护的权利的探求，作为判断是否存在公法上利害关系的重要标准，因此，其本质仍旧属于法律解释问题。在解释实体法规范的"个别利益保护指向"时，保护规范理论在其嬗变过程中，曾发展出纷繁复杂的各种解释基准。其中，影响最大、对照也最显著的属于旧保护规范理论所倚重的主观解释，及新保护规范理论所强调的客观解释。前者将规范保护指向的探求主要诉诸立法者的主观意图，因此具有相当的偏狭性。而后者则认为规范保护指向的探求不能"绝对地或是首要地、排他地、一次性地从规范制定者的主观意图中探求"，而应从"整体的规范构造以及制度性的框架条件下获得"。这种解释方法注重法规范的客观效果，因此更契合现代行政日渐扩张的权利保护需求。本裁定同样在引出保护规范理论后指出，对行政实体法某一法条或者数个法条保护的权益范围的界定，不宜单纯以法条规定的文意为限，以免孤立、割裂地只见树木不见森林，而应坚持从整体进行判断，强调"适用一个法条，就是在运用整部法典"。"在依据法条判断是否具有利害关系存有歧义时，可参酌整个行政实体法律规范体系、行政实体法的立法宗旨以及作出被诉行政行为的目的、内容和性质进行判断，以便能够承认更多的值得保护且需要保护的利益，属于法律保护的利益，从而认可当事人与行政行为存在法律上的利害关系，并承认其原告主体资格，以更大程度地监督行政机关依法行政"。但基于司法能力和司法资源的限制，"将行政实体规范未明确需要保护，但又的确值得保护且需要保护的权益，扩张解释为法律上保护的权益，仍应限定于通过语义解释法、体系解释法、历史解释法、立法意图解释法和法理解释法等法律解释方法能够扩张的范围为宜"。

五、主观公权利和保护规范理论在本案中的适用

在将原告资格中的利害关系界定为主观公权利，并将其判定方法归结为保护规范理论后，本案裁定遂通过探求张家港市发改委在作出 823 号通知时，

所依据的实体法规范是否要求其考虑、尊重和保护刘广明的个人权益，来判定作为原告的刘广明是否具备可诉请司法救济的主观公权利。依此思路，本案裁定认为，根据《国务院关于投资体制改革的决定》《中央预算内直接投资项目管理办法》《政府核准投资项目管理办法》《江苏省企业投资项目备案暂行办法》等规定，发展改革部门对政府投资项目的审批行为和企业投资项目的核准和备案行为，主要是从维护经济安全、合理开发利用资源、保护生态环境、优化重大布局、保障公共利益、防止出现垄断等方面，判断某一项目是否应予审批、核准或备案（以下统称项目审批行为）。考察上述一系列规定，并无任何条文要求发展改革部门必须保护或者考量项目用地范围内的土地使用权人权益保障问题，相关立法宗旨也不可能要求必须考虑类似于刘广明等个别人的土地承包经营权的保障问题。发展改革部门在作出项目审批行为时，也就无需审查项目用地范围内的征地拆迁、补偿安置等事宜，无需考虑项目用地范围内单个土地、房屋等权利人的土地使用权和房屋所有权的保护问题。因此，项目建设涉及的土地使用权人或房屋所有权人与项目审批行为不具有利害关系，也不具有行政法上的权利义务关系，其以项目审批行为侵犯其土地使用权或者房屋所有权为由，申请行政复议或者提起行政诉讼，并不具有申请人或者原告主体资格。经由上述分析，本案裁定最终确认，"即使张家港市发改委作出823号通知涉及刘广明依法使用的土地，刘广明也不能仅以影响其土地承包经营权为由申请行政复议"。因此，一、二审法院判决并无任何不当。

【涉及的重要理论问题】

本案在我国行政诉讼原告资格判定的司法实践中意义重大。它首先标志着法院对于"利害关系"的解读发生了重大转向。在此前较长的一段时间内，我国的行政审判在判定原告资格时很少提供说理，而仅以当事人与被诉行为"具有"或"不具有"法律上的利害关系简要带过。在有限的关于利害关系的说理中，最典型的对利害关系的界定就是"不利影响"或是"实际影响"。这种不利影响既包含"实际发生的"，也包含"确定会发生的"，法院也是从原告是否因被诉行政行为受到利益损害或是实际影响来直观判定是否具备原告资格。将利害关系等同于不利影响或者实际影响，显然是基于对《行政诉讼法》以及相关司法解释的系统解释而得。2000 年《执行解释》就将"对公民、法人或其他组织权利义务不产生实际影响的行为"排除在受案范围之外，2018 年新的司法解释同样沿用这一规定。学者和实务界都倾向于将是否产生实际影响同时作为权衡受案范围和原告资格的基准。但对何种权益受到影响始能起诉，行政诉讼所保护的权益范围究竟有多大，这种不利影响必须是直接由被诉行为所导致还是同样包含间接作用，司法裁判再未作细致深入的论证。因此，相较之前概略地将利害关系等同于不利影响，本案对于主观公权利以及保护规范理论的纳入，可以说是我国行政审判在原告资格领域的"重大迈进"。本案涉及的理论问题又包含以下方面。

一、主观公权利的概念与意义

本案中出现的"主观公权利"概念，是德国公法中的核心设置，其代表的是德国法有关个体权利的独特认识。我国行政法学者对这一概念的青睐源自有关行政诉讼功能定位的争议，伴随"主观诉讼与客观诉讼"的区分为人们所熟知，针对主观公权利的研究也开始兴起。德国法上有关主观公权利的经典概念为，"公法赋予个人的，为实现其权益而可向国家要求作为、不作为或承担一定容忍义务的权能"。主观公权利概念事实上是对私法权利的参照，后者被界定为"为实现个人利益，要求他人为一定行为或不为一定行为，或承担容忍义务的权能"。尽管是对私权概念的模仿，但主观公权利概念在现代公法中却意义重大：它赋予个人相对于国家的独立的主体地位，基于这种地位，个人可向国家要求其作为、不作为或承担一定容忍义务。因为对个体主观公权利的承认，个人在公法世界中也不复是国家统治的客体，公法尤其是行政法也不再只是"依法律行政"的客观法秩序，而是与私法一样的个人请求权体系。

但主观公权利的概念又与古典自由主义观念中的"个人自由与权利"不同，后者是一种抽象的、一般的、理想的自由，它并不依赖客观法规范，因此对其轮廓和范围也无法予以清晰把握。但作为实证主义法学观的产物，主观公权利却始终强调个人权利判定与客观法规范之间的依赖关系。"个人与行政间的关系不再通过某种先于法律的、抽象的自由与权利，而是由具体的实证法来确定"。也正是在这个意义上，并不存在普遍意义上的主观公权利，存在的仅仅是基于具体的客观法规范所产生的单项请求权，而个人的法律地位也由这些具体的、个别的单项请求权所塑造和勾勒。换言之，经由客观法而客观化的法秩序，又经由主观权利的归纳和探求而重新主观化（Resubjektivierung），而这种再主观化同样也意味着个别化（Individualisierung）[1]。

而将个人在公法世界中的权利凝结为"主观公权利"概念，并使其依赖于客观法，某些情形下的确会产生限缩个人权利保护的效果。因为面对不断出现的新兴利益类型，如果要诉诸主观公权利的解释框架，就必须将个体权利的判定付诸某种固定的法教义，将行政作用现实中产生的、值得保护的利益翻译成实体法的用语，而在此过程中，就不可避免地会因为受制于固定的教义体系，而不得不否认权利保护的可能，但主观公权利理论自始都强调个人权利对客观法规范的依赖，其本质仍旧是希望借由稳定、清晰的实定法为个人提供相对于国家的稳固的法地位，为个人自由的判定提供"超越情境式考量的坚实基础"[2]。而如果放弃客观法依据，那么个人公法权利的判定就极容易随波于行政统治的现实需要或是司法个案的恣意判断。

二、保护规范理论与主观公权利的关联

保护规范理论自始就与主观公权利紧密关联，且一直都是主观公权利的"基础性构成"（grundlegend）[3]。保护规范理论最初由布勒（Otto Buehler）于1914年提出。布勒最初提出保护规范时，只是将其与强制性法律规范、法律权能一起作为主观公权利的三项概念要素，或是提取主观公权利的三项步骤。但此后，"强制性法律规范"伴随裁量理论的发展，尤其是"无瑕疵裁量请求权"的提出而被破除。"法律权能"基准曾一度被便宜地理解为行为的诉讼可能或是可诉性。但这种为诉讼法所主宰的解释却使主观公权利的范围受到很大限缩。"二战"后，伴随行政诉权由"列举主义"转变为"概括主义"，法律权能已经无需再在个案中进行特别的检验和说明。因为"强制性规范"和"法律权能"基准的权重渐失，对主观公权的探求和检验就被凝结成

---

[1] Wilhem Henke, Das subjective oeffentliche Recht, Tuebingen, 1968, S. 45.

[2] ［日］小早川光郎：《行政诉讼的构造分析》，王天华译，中国政法大学出版社2014年版，第4页。

[3] Hartmut Bauer, Altes und Neues zur Schutznormtheorie, AoeR, 113, S. 588.

一个问题，即个案中所援引的法规范是否并不仅仅保护公共利益，而是同样保护个人利益，换言之，保护规范成为判定主观公权的核心基准。尽管主观公权的判断以客观法规范的利益保护指向为准，自布勒时代就未曾改变，但保护规范理论本身嗣后亦历经跌宕起伏的发展过程，而这一过程又可大致区分为旧保护规范与新保护规范两个阶段。

布勒的理论被称为旧保护规范理论（aeltere Schutznormtheorien）。布勒认为在解释客观规则时，优先考虑的仍旧是立法者的主观意图（Gesetzgeberwillen）。唯有在解释那些"疑问情形"时，才会考察客观规则是否在"事实上保护了公民的个体利益"[1]。后世学者认为布勒的保护规范并未提供清晰的判定步骤，主张对其予以全新归纳，由此也引申出"新保护规范理论"（Neuere Schutznormtheorie）。与旧保护规范理论相同，新保护规范同样将客观法作为主观权利的前提，而且要求该项客观规则不仅要保护公共利益，同样还要保护个体利益。对主观公权利的探求也因此都被转化为对法律规范的解释。但正是解释基准和解释方法上，新旧保护规范理论呈现出如下差异：

第一，在新保护规范的框架下，法规范的保护目的并非绝对地，或是首要地、排他地、一次性地从规范制定者的主观意图中探求，而是从"整体的规范构造以及制度性的框架条件下获得"，换言之，规范解释的重点转移至"规范适用时确定的现实和事实作用"（tatsaechliche und faktische Wirkungen）。[2]

第二，基本权利在新旧保护规范学理中扮演着不同的角色。布勒的旧保护规范直接将保护公民财产和自由的基本权利归于公民的主观公权利，但新保护规范理论却强调基本权利在解释一般法规范时，发挥的"价值明晰"和"体系定位"的作用。尽管新保护规范中也存在有关基本权规范和一般法规范的优位之争，但基本都确认在解释客观法规范的利益指向时，应当纳入基本权利及其所保护的各种价值秩序，例如人性尊严、人格的自由开展、法治国家、权力分立、比例原则、平等原则、信赖保护等。德国司法实践中甚至一度出现所谓的"宪法推定"（verfassungsrechtliche Vermutung），即"当在选择

---

[1] O. Buehler, Die subjektiven oeffentlichen Rechte und ihr Schutz in der deutschen Verwaltungsrechtsprechung, 1914, S. 47.

[2] Schmidt-Assmann, in: Maunz, Duerig u. a., Grundgesetz, Kommentar, Lieferung: 1985, Rndr. 128ff. zu Art. 19 Abs. 4GG.

解释规则存在疑问时，应优先选择赋予公民主观权利的解释"。

事实上，伴随着公法权利保护需求的不断拓展，保护规范理论的适用也渐趋放缓。保护规范理论最初认为，客观法规范的目的必须"纯为或至少除公共利益外，兼为个人利益"，始能推导出主观公权利。联邦行政法院以往认为，客观法对所保护的人的范围，必须在空间上，譬如经由标志一区域或其他方式，固定地予以界定，但这一见解现在已被放弃。在邻人保护等领域，尽管客观法规范并未以特别方式就保护者的范围予以规定，但只要以一般的形式要求其予以顾及时，就可确认其主观公权利的存在。这就是德国司法实践后来发展出的"照顾要求"（Das Gebot der Ruecksichtnahme）。"照顾要求"后续的发展，使相邻权人的不动产只要经由某种建筑计划受到明确的、个体化的影响时，其利益就应予考虑。由此，第三人权利的确认开始与事实上的利害关系紧密相连。尽管法院同时主张，对第三人权利的保护不仅依赖于事实上的利害关联，还依赖于这种关联的程度，但"照顾要求"的提出，还是在很大程度上缓和了传统保护规范理论的严苛，并使其在第三人保护问题上持开放态度。

三、主观公权利与主观诉讼

与主观公权利相对应的行政诉讼模式即主观诉讼。在本案裁定中，法院为证明纳入主观公权利概念的正当性，同样认为，"现行行政诉讼法在确定原告主体资格问题上，总体坚持主观诉讼而非客观诉讼理念，行政诉讼首要以救济原告权利为目的，因此有权提起诉讼的原告，一般宜限定为主张保护其主观公权利而非主张保护其反射性利益的当事人"。[1]

主观诉讼与客观诉讼相对应，是大陆法系典型的两种行政诉讼模式。客观诉讼主张，行政诉讼的主要目的在于客观法秩序的维护，或者说是行政适法性的促成，因此其审查对象是"行政行为是否存在客观违法性，而非当事人之间的权利或法律关系存在与否"。在此模式下，原告本无严格的资格限定，因为诉讼是由公民提起，还是由公益代表提起本质上并无多大差异，即使是个人提起行政诉讼，也只是为了服务于规制行政权的整体目标。客观诉

---

〔1〕 刘广明与张家港市人民政府再审案（2017）最高法行申 169 号行政裁定书。

讼当然也会产生"个人权利保护"的效果，但这种效果却只是"客观适法性监督"的反射。与客观诉讼不同，主观诉讼强调的是行政诉讼与民事诉讼的目的无异，都是为了个人提供司法保护，都是在纠纷解决的框架下，对具体法律关系下个人得以向行政所主张的权能及其界限予以判定。由此，行政诉讼给予私人的保护不再是"行政本身为客观法拘束的反射效果"，而是客观法适用于行政与私人时的"主观化"结果。相应的，既然客观法在诉讼中是以"当事人的请求权的要件体系的面目"出现，那么对原告资格、诉讼权能及其界限的判定，也都应回溯至实体法中的公权体系下。与客观诉讼是从组织法或是诉讼法寻求原告资格的界限不同，主观诉讼下诉讼权能的限制同样来自于个人与行政之间的实体性法律关系以及实体权利，实体法上的请求权为诉讼原告值得保护的权利提供教义基础，同时也对个体权利的范围加以限定。

【后续影响及借鉴意义】

相较之前概略地将利害关系等同于不利影响，本案裁定对于主观公权利以及保护规范理论的纳入，可以说是我国行政审判在原告资格领域的重大迈进。本案的积极作用使之后的行政判决在论及原告资格时，都会援引如下论断作为说理，"只有主观公权利，即公法领域权利和利益，受到行政行为影响，存在受到损害的可能性的当事人，才与行政行为具有法律上的利害关系，才形成行政法上权利义务，才具有原告资格，才有资格提起行政诉讼"。

一、积极影响

本案裁定至少在如下方面对我国的行政诉讼制度产生了积极影响：

其一，将利害关系置换为主观公权利，并将其诉诸保护规范理论，终使我国行政诉讼原告资格的判定有了相对清晰的分析框架和相对确定的推导步骤。如前文所述，主观公权利和保护规范理论在德国法的发展已逾百年，迄今也已累积出精致细密的法教义成果，以上述理论作为诉讼实践支持，相较之前相对粗糙乖戾的"经验探索"，会为我国行政诉讼的未来发展提供更扎实可靠的基础。而德国、日本和我国台湾地区的经验也已证明，在立法和司法中融入相对成熟的法教义，会在很大程度上促进法秩序的稳定、统一，减轻对具体问题重复讨论的负累，并会对法律未来发展提供启发。

其二，主观公权利和保护规范理论的纳入同样有助于我国行政诉讼整体功能定位的厘清和纯化。我国《行政诉讼法》将"保护公民、法人和其他组织的合法权益"与"监督行政机关依法行政"作为诉讼功能并列，两者不分伯仲，这也使我们很难区分，我国行政诉讼的基本定位到底是属于对客观法秩序予以维护的客观诉讼，还是以主观权利保障为主的主观诉讼。这种整体定位的模糊不清和规则设计的摇摆不定，使行政诉讼在很多环节都呈现失衡之势，而各种制度杂糅也在很大程度上引发规范的矛盾冲突和效力相抵。[1]从这个意义上说，刘广明案将主观公权利和保护规范作为核定原告资格的基准，并因此强调诉讼的目的首先在于保障公民主观权利，的确能够在一定程度上纠偏我国行政诉讼混杂交错的格局，也在一定程度上厘清和纯化了我国行政诉讼的功能定位。有关这一点，法院在裁定书中同样有明确涉及，"但行政诉讼虽有一定的公益性，却显然不能将原告主体资格范围无限扩大，将行政诉讼变相成为公益诉讼。现行行政诉讼法在确定原告主体资格问题上，总体坚持主观诉讼而非客观诉讼理念，行政诉讼首要以救济原告权利为目的，因此有权提起诉讼的原告，一般宜限定为主张保护其主观公权利而非主张保护其反射性利益的当事人"[2]。

其三，纳入保护规范理论，将对原告权益的保护引入案件所涉及的具体法规范的解释，同样会使我国行政诉讼对原告权益的保障彻底摆脱诉讼法明确列举的桎梏。如上文所述，将利害关系等同于不利影响的最大问题就在于，它并未廓清行政诉讼所保护的权益类型和权益范围。而在此之前学界或实务界对这些权益的总结往往也仅限于对《行政诉讼法》以及司法解释所论及的权利和利益的归纳和列举。"受行政行为实际影响的并能够获得司法保障的权利包括：《行政诉讼法》中的人身权与财产权；《司法解释》中补充的相邻权与公平竞争权、企业经营自主权，以及在司法实践中被逐渐纳入的受教育权和就业权等"[3]。但保护规范的导入却使原告权益是否受法律保护，不再依赖于该项权益是否属于诉讼法以及司法解释明确列举的权益类型范畴，而是转

---

[1] 赵宏："主观诉讼的完善"，载薛刚凌主编：《国家治理与行政诉讼》，中国政法大学出版社2015年版，第48页。

[2] 刘广明与张家港市人民政府再审案（2017）最高法行申169号行政裁定书。

[3] 江必新主编：《新行政诉讼专题讲座》，中国法制出版社2015年版，第112页。

向对被诉行为所涉及的行政实体法规范的解释，"即以行政机关作出行政行为时所依据的行政实体法和所适用的行政实体法律规范体系，是否要求行政机关考虑、尊重和保护原告诉请保护的权利或法律上的利益，作为判断是否存在公法上利害关系的重要标准"。从具体的法规范解释中探求应予保护的主观公权，这一思路不仅彻底打破传统行政审判有关"原告主张权益应属诉讼法明确列举的"认识窠臼，也确定地会为未来主观公权利在我国公法中的"逐渐扩大和与时俱进"[1]提供认识论和方法论基础。德国经验已证明，现代主观公权利的逐渐扩张恰恰就是对各个具体规范领域不断涌现的保护需求的回应。此外，引导法院在个案判断中，借由法律解释的技术和方法来功能性地划定"权利和法律上的利益"的边界，同样会迫使此前一向在判决中论证简略、说理匮乏的法院，通过不断的解释实践逐步累积并最终塑成体系化的原告资格的裁判基准。

其四，纳入保护规范理论，同样也在主观公权的确认与具体行政规范领域之间建立密切关联，并由此为主观公权的整体性观察和功能性判定提供基础。法院在判决中强调，保护规范理论是"以行政机关作出行政行为时所依据的行政实体法和所适用的行政实体法律规范体系，是否要求行政机关考虑、尊重和保护原告诉请保护的权利或法律上的利益，作为判断是否存在公法上利害关系的重要标准"，即通过回溯至行政行为所涉及的具体规范领域来判定主观公权利的有无，这种回溯同样在主观公权利与具体规范领域所涉及的事物构造（Sachstrukturen）之间，即在主观公权利与法律所作用的具体生活关系和生活领域之间建立密切关联。而将主观公权利与现实生活作用紧密相连，又为法院在"规范内容"和"客观现实"之间的"循环观察和诠释"[2]提供试炼场域。这种循环诠释所带来的不仅是法院在原告资格领域的规范续造，同样包含具体行政规范领域尤其是主观公权利的意涵拓展。此外，将主观公权利诉诸被诉行政行为所涉及的实体法规范，同样为主观公权利的整体性观察和判定提供可能。从上文所述，保护规范在德国法上历经长期的发展，而现代的保护规范区别于传统保护规范的标志之一，就在于其摒弃了诉诸单项

---

〔1〕 刘广明与张家港市人民政府再审案（2017）最高法行申169号行政裁定书。

〔2〕 Jost Pietzcker, Das Verwaltungsrechtsverhaeltnis—ArchimedischerPunkt oder Muenchhausens Zopf?, Die Verwaltung 30（1997）S. 282. ff.

规范的观察方式，而强调从整体规范构造中探求主观公权利。其依据就在于，"现代行政法律关系往往是行政任务的承担者与诸多相对人之间产生的，由法律所约束的，彼此对立、交互作用的权利与义务关系"，[1]因此，对某个相对人的主观公权利的探求也就不能诉诸某项单个的条款割裂处理，而应放置在互动关联之下，通过诉诸整体的规范构造予以整体把握。而这种对具体规范领域的整体性观察方式，同样在刘广明案判决中获得强调，"对行政实体法某一法条或者数个法条保护的权益范围的界定，不宜单纯以法条规定的文意为限，以免孤立、割裂地只见树木不见森林，而应坚持从整体进行判断，强调使用一个法条，就是在运用整部法典"。[2]

其五，就我国的司法实践而言，纳入主观公权利概念的意义不仅在于原告资格的判定由此稳固地系于实定法，从而摆脱司法的恣意与武断，还在于我们或许可以以此为起点，整序和塑成一种统一的公法权利观。在德国，行政诉讼原告资格的判定基准在于"主观公权利"，而这也成功地塑造出实体法与诉讼法之间的相互对照与彼此连接，实体法体系和诉讼法体系对置并列，又最终都收敛于实体法上的"主观公权利"概念中。与德国不同，我国行政法学理一直都未形成一种明确清晰的"权利观"，对于"权利保障"也始终缺乏一种一以贯之的教义学体系为其提供说明和论证。因为统一的"权利观"的阙如，我国公法尤其是行政法迄今也都无法被整序为如民法一样的"公民的请求权"体系。实体法上"权利"要素的阙如，同样导致我们虽然在行政诉讼问题上，例如功能定位、原告资格、审查限度等诸多问题上付出了可观的学术努力，但解决方案却常常是情境化的、片面的和断裂的，并无法形成与实体法之间的相互关联和对照。从这个意义上说，主观公权利概念的引入，或许会启发我们一种体系化的公法权利观的型塑，完成对于包含行政诉讼在内的整体公法制度的统摄和影响。

二、消极影响

尽管刘广明案会产生上述积极影响，但在本案对保护规范理论的适用上，

---

〔1〕 Zippelius/Wuertenberger, Deutsches Staatsrecht, 31. Auflage, Muenchen: C. H. Beck, 2005, S. 201.

〔2〕 刘广明与张家港市人民政府再审案（2017）最高法行申 169 号行政裁定书。

法院的解释却过于严苛，这也使法院对保护规范的纳入和适用非但没有成为扩张我国主观公权利的工具，反而成为限定原告资格的"正当理由"。法院在示范如何适用保护规范理论时也认为，对被诉行政行为所依据的行政实体法的解释，"不宜单纯以法条规定的文意为限"，"而应坚持从整体进行判断"，"参酌整个行政实体法律规范体系、行政实体法的立法宗旨以及做出被诉行政行为的目的、内容和性质进行判断"，但具体到本案，法院却认为，"根据《国务院关于投资体制改革的决定》《中央预算内直接投资项目管理办法》《政府核准投资项目管理办法》《江苏省企业投资项目备案暂行办法》等规定，发展改革部门对政府投资项目的审批行为和企业投资项目的核准和备案行为，主要是从维护经济安全、合理开发利用资源、保护生态环境、优化重大布局、保障公共利益、防止出现垄断等方面，判断某一项目是否应予审批、核准或备案。考察上述一系列规定，并无任何条文要求发展改革部门必须保护或者考量项目用地范围内的土地使用权人权益保障问题，相关立法宗旨也不可能要求必须考虑类似于刘广明等个别人的土地承包经营权的保障问题。发展改革部门在作出项目审批行为时，也就无需审查项目用地范围内的征地拆迁、补偿安置等事宜，无需考虑项目用地范围内单个土地、房屋等权利人的土地所有权和房屋所有权的保护问题，因此，项目建设涉及的土地使用权人或房屋所有权人与项目审批行为不具有利害关系，也不具有行政法上的权利义务关系"。在上述对规范利益指向的解释中，我们能够明确地看到法官对于立法者意图的特别倚重，即主要以立法者是否明确地要求对某项个人利益予以考虑作为主观公权的权衡基准，这种解释方法从本质而言仍旧属于旧保护规范的范畴。但如上文所述，旧保护规范因为过于偏狭已经为新保护规范所替代。在德国现代保护规范理论中，对规范保护意旨的探求，也不再主要是从立法者可获验证的主观意图中导出，而依赖于对利益的客观评价。

在刘广明案所涉及的邻人保护问题上，德国在"二战"后的整体发展尤其体现出逐渐放宽的趋向。德国联邦行政法院曾在判决中指出，邻人作为第三人的权利判定，在于"对特定规范的立法动机和内在正义予以综合权衡"，而其核心又在于协调弥合"邻人的利益确认和法的安定性之间的矛盾"[1]。

---

[1] BVerwGE 78, 40.

为回应在建筑法、计划法以及环境法领域中不断扩张的对邻人保护的要求，德国司法实践亦改变了传统保护规范理论的严苛，而在此问题上纳入了对第三人"照顾要求"（Das Gebot der Ruecksichtnahme）的原则。这一原则要求，只要相邻权人的不动产经由某种有关建筑计划的措施而受到明确的、个体化的影响，第三人的权益就应予考虑。"照顾要求"的提出，在极大程度上缓和了传统保护规范理论的严苛，并使其在第三人保护问题上保持开放。由于"照顾要求"的适用，在德国法上，作为第三人的邻人权利的确认不再依赖于实体法的明确赋权，事实影响就足以成为第三人权益应予权衡和考量的基准。

本案裁定对于保护规范理论严苛适用的趋向以及在刘广明案中法院在法解释过程中所做的过于倚重立法者意图的错误示范，都对此后的诸多案件产生消极影响。法院严苛适用保护规范理论的背后体现的是对滥诉的忌惮。从本质而言，对原告资格的确认需在保护当事人诉权和防止滥诉之间进行仔细权衡。而保护规范在此所扮演的正是保护诉权和防止滥诉这两个冲突目标之间的平衡器。但这个平衡器如何在两项价值之间摇摆，又需要对行政诉讼的整体制度以及主观公权的保护现状予以系统衡量，并在此基础上对其适用宽严进行能动性调整。而从当下的我国而言，过分严苛地适用保护规范恐怕并非值得鼓励的做法。

案例二　罗镕荣诉吉安市物价局物价行政处理案

赵　宏[*]

【案例名称】

罗镕荣诉吉安市物价局物价行政处理案［最高人民法院（2016）最高法行申 2560 号行政裁定］

【关键词】

举报投诉人　利害关系

【基本案情】

2012 年 5 月 20 日，原告罗镕荣在吉安市吉州区井冈山大道电信营业厅办理手机号码时，吉安电信公司收取了原告 20 元卡费并出具了发票。原告认为吉安电信公司收取原告首次办理手机号码的卡费，违反了《集成电路卡应用和收费管理办法》中不得向用户单独收费的禁止性规定，故向被告吉安市物价局申诉举报。2012 年 5 月 28 日，原告罗镕荣向被告吉安市物价局邮寄一份申诉举报函，对吉安电信公司向原告收取首次办理手机卡卡费 20 元进行举报，要求被告责令吉安电信公司退还非法收取原告的手机卡卡费 20 元，依法查处并没收所有电信用户首次办理手机卡被收取的卡费，依法奖励原告和书面答复原告相关处理结果。2012 年 5 月 31 日，被告收到原告的申诉举报函。

---

[*] 作者简介：赵宏，中国政法大学法学院行政法研究所教授，博士生导师。

2012 年 7 月 3 日，被告作出《关于对罗镕荣 2012 年 5 月 28 日〈申诉书〉办理情况的答复》，并向原告邮寄送达。答复内容为："2012 年 5 月 31 日我局收到您反映吉安电信公司新办手机卡用户收取 20 元手机卡卡费的申诉书后，我局非常重视，及时进行调查，经调查核实：江西省通管局和江西省发改委联合下发的《关于江西电信全业务套餐资费优化方案的批复》（赣通局〔2012〕14 号）规定，UIM 卡收费上限标准：入网 50 元/张，补卡、换卡：30 元/张。我局非常感谢您对物价工作的支持和帮助。"

原告认为，答复函中并没有对原告申诉举报信中的请求事项作出处理，被告的行为违反了《中华人民共和国价格法》（以下简称《价格法》）《价格违法行为举报处理规定》等相关法律规定。请求法院确认被告在处理原告申诉举报事项中的行为违法，依法撤销被告的答复，判令被告依法查处原告申诉举报信所涉及的违法行为。江西省吉安市吉州区人民法院于 2012 年 11 月 1 日作出（2012）吉行初字第 13 号判决：撤销吉安市物价局《关于对罗镕荣 2012 年 5 月 28 日〈申诉书〉办理情况的答复》，限其在 15 日内重新作出书面答复。宣判后，当事人未上诉，判决已发生法律效力。

【裁判要旨】

举报人就其自身合法权益受侵害向行政机关进行举报的，与行政机关的举报处理行为具有法律上的利害关系，具备行政诉讼原告资格。

【裁判理由与论证】

本案的基本案情事实上并不复杂，所涉及的核心问题主要集中于以下三个方面：其一，被告吉安市物价局针对原告罗镕荣的举报答复行为是否具有可诉性；其二，原告罗镕荣作为举报投诉人，是否具有行政诉讼的原告资格；其三，被告所作的举报答复是否合法。在这三个问题中，又以前两个问题最为关键，而本案的裁判也主要围绕这两个问题展开。

一、行政机关针对举报投诉所作出的答复行为是否具有可诉性

本案所涉及的首要问题即行政机关的举报答复行为是否可诉。在一审判决中，被告吉安市物价局最主要的抗辩理由是，其于"2012 年 7 月 3 日对原

告作出的答复不是一种具体行政行为，不具有可诉性"，且其"对原告的答复符合《价格违法行为举报处理规定》的程序要求，答复内容也是告知原告被告经过调查后查证的情况"。

行政机关的举报答复和举报处理行为是否可诉，《行政诉讼法》并无直接明确的规定。此处能够援引用以评断的最重要法条就是当时《行政诉讼法》第11条第1款第5项（现行《行政诉讼法》第12条第1款第6项），"申请行政机关履行保护人身权、财产权等合法权益的法定职责，行政机关拒绝履行或者不予答复的"。而在本案中，法院也援用此条认为罗镕荣在财产权遭第三人吉安市电信公司侵犯后，向被告吉安市物价局举报，属于"申请行政机关履行保护人身权、财产权等合法权益的法定职责"。而吉安市物价局本应根据原告罗镕荣的要求，对吉安市电信公司收取卡费行为是否违法进行调查认定，并告知其调查结果，但其做的答复只是将"《关于江西电信全业务套餐资费优化方案的批复》中规定的 UIM 卡收费上限标准进行了罗列，并未载明对举报事项的处理结果"。因此，被告的答复是对原告申请的消极的不作为，因此属于《行政诉讼法》所规定的"申请行政机关履行保护人身权、财产权的法定职责，行政机关拒绝答复或者不予答复的"情形。

与此相关的另一问题是，被告吉安市物价局对原告的答复是否侵犯其合法权益。本案区别于那些典型的"行政不作为"案的地方主要有两处：其一，对原告的财产权直接造成侵害的是作为第三人的吉安市电信局，而原告通过向行政机关举报投诉主张其权益保障，事实上是在民事纠纷或是民事关系的基础上叠加了行政关系，这样的"迂回"方式是否应获得行政诉讼的认可值得探讨。其二，被告的举报答复行为所涉及的并非首先是原告的人身权和财产权等这种典型权利类型，而是"举报权"。举报权是否能够成为原告借由行政诉讼可主张以及可获保障的权益，同样是本案中在行为的可诉性方面所涉及的关键问题。但针对上述两个问题，法院判决并未过多展开，而只是从开篇就言之确凿地指出，本案属于《行政诉讼法》所规定的，"申请行政机关履行保护人身权、财产权的法定职责，行政机关拒绝履行或不予答复的"情形，因此，人民法院应受理当事人对此提起的诉讼。

但上文提到的两个问题又会引发如下疑问，被告吉安市物价局的答复所侵犯的首先是原告的举报权，其对原告财产权的影响只是间接的，由此被告是否可依据《执行解释》第 1 条第 6 项（现为《行诉解释》第 1 条第 10 项）规定，主张其举报答复行为只是"对公民、法院或其他组织权利义务不产生实际影响的行为"，因此不属于行政诉讼的受案范围。对此，法院在判决中同样明确回应，被告"此种以告知《批复》有关内容代替告知举报调查结果的行为，未能依法履行保护举报人财产权的法定职责，本身就是对罗镕荣通过正当举报途径寻求救济的权利的一种侵犯，不属于《最高人民法院关于执行〈中华人民共和国行政诉讼法〉若干问题的解释》第 1 条第 6 项规定的'对公民、法人或者其他组织权利义务不产生实际影响的行为'的范围，具有可诉性，属于人民法院行政诉讼的受案范围"。

二、举报投诉人是否具有原告资格

本案最核心的问题是举报投诉人是否具有行政诉讼的原告资格问题，而上文谈到的行政机关的举报答复和举报处理行为是否具有可诉性的问题，同样与这一问题密切相关，可视为这一问题的两个侧面。在本案裁判作出时，最高人民法院尚未出台 2018 年《行诉解释》，尚未像该解释第 12 条第 5 项一样，确认"为维护自身合法权益向行政机关投诉，具有处理投诉职责的行政机关作出或者未作出处理的"，"与行政行为有利害关系"，因此有原告资格。也正是在这个意义上，此份判决可以说是第一次直接对举报投诉人是否具有行政诉讼原告资格的问题予以了直接回应，并在一定程度上提供了思考和判断举报投诉人是否具有原告资格的基本步骤。

在行政诉讼中，行政处理的直接对象的原告资格已获普遍承认，一般无需特别的说明和论证。而这些直接的相对人之外的其他人的原告资格，根据《执行解释》第 13 条（现为《行政诉讼法》第 25 条）的规定，则必须要依赖于"利害关系"标准，即该当事人须与被诉行为具有法律上的利害关系，始能确定其原告资格。由此，本案中，罗镕荣原告资格的判定问题也就转化为其与吉安市物价局的举报回复和举报处理行为之间是否有利害关系的问题。对此，本案裁判认为，"罗镕荣虽然要求吉安市物价局'依法查处并没收所有电信用户首次办理手机卡被收取的卡费'，但仍是基于认为吉安电信公司收取卡费行为侵害其自身合法权益，向吉安市物价局进行举报，并持有收取费用的发票作为证据。因此，罗镕荣与举报处理行为具有法律上的利害关系，具有行政诉讼原告主体资格，依法可以提起行政诉讼"。

上述论断虽然简单，但从其"虽然……但是……"的语词表述中，我们仍旧能够读取其中的潜在意涵：本案原告之所以具有行政诉讼原告资格，并非是因其要求被告依法查处违法行为，并没收第三人吉安市电信局对所有电信用户首次办理手机卡而收取的卡费，而是因为其自身合法权益受到违法行为的侵害，这一事实也有相关证据予以证明。如果将这一结论再作详尽阐释就是：如果原告仅是为公共利益的目的而要求被告行政机关对违法行为进行查处，而自身权益并未受到违法行为侵害时，原告并不具有行政诉讼原告资格；原告唯有自身合法权益受到违法行为侵害，且基于对自身权益的维护而向被告举报投诉，要求被告依法对违法行为进行查处时，原告才具有行政诉讼的原告资格。上述结论同样为最高人民法院为本案所提取的裁判要点所证明："举报人就其自身合法权益受侵害向行政机关进行举报的，与行政机关的举报处理行为具有法律上的利害关系，具备行政诉讼原告主体资格。"由此，我国司法实践对于举报投诉人的原告资格的判定基准也基本形成：如果举报人是就其自身合法权益受侵害而向行政机关进行举报的，与行政机关的举报处理行为之间具有法律上的利害关系，具备行政诉讼原告资格；反之，如果举报人是基于公共利益的维护而向行政机关进行举报的，并不具备原告资格。申言之，尽管举报投诉是法律赋予公民的一项重要权利，但举报投诉人却并非在所有情形下，都可对行政机关的举报投诉和举报处理行为提起行政诉讼。举报投诉人是否具有原告资格取决于其举报投诉行为是基于自身利益还是对公共利益的维护。

事实上，上述观点早在最高人民法院 2013 年所作的一份答复中就有所体现："根据《中华人民共和国行政复议法》第 9 条第 1 款、《行政复议法实施条例》第 28 条第 2 项规定，举报人为维护自身合法权益而举报相关违法行为人，要求行政机关查处，对行政机关就举报事项作出的处理或者不作为行为不服申请行政复议的，具有行政复议申请人资格。"如果将上述观点进一步提炼，则可将举报人划分为两类：第一类是自身合法权益受到被举报行为侵害的，此为"私益举报人"；第二类是自身合法权益并未受到被举报行为侵害，其举报仅仅是为了维护公共利益的，此为"公益举报人"。这类公益举报人在此前的司法判决中也曾出现过。在 2006 年《人民法院报》刊载的"启东市天外天饮用水有限公司诉南通市工商局不履行法定职责案"中，原告启东市天外天饮用水有限公司向被告南通市工商局举报启东市长龙街有多家商店公开零售、批发冥币，要求被告南通市工商局予以查处。被告虽然进行了查处，但并未答复原告。原告将被告诉至法院要求履行法定职责。在该案裁判中，法院就认为，"原告向被告举报并要求查处市场多家商店公开零售、批发冥币的违法经营行为，目的是维护公共利益、维护市场经营秩序，这种举报行为应予提倡和鼓励。但被告对原告的举报行为是否作出答复的具体行政行为，与原告不存在行政法上的利害关系，对上诉人的权利义务不产生实际影响"。

三、行政机关的举报处理行为是否违法

本案涉及的第三个问题，也是案件的实体问题，即被告吉安市物价局所作的举报答复是否合法。对吉安市物价局的举报处理行为的合法性的判定，需回溯至其所适用的实体法上进行判断。本案涉及的实体法为《价格违法行为举报处理规定》，根据该法第14条规定，"举报办结后，举报人要求答复且有联系方式的，价格主管部门应当在办结后5个工作日将办理结果以书面或者口头方式告知举报人"。据此，在本案中，吉安市物价局作为价格主管部门，依法具有受理价格违法行为举报，并对价格是否违法进行审查，提出分类处理意见的法定职责。罗镕荣在申诉举报函中明确列举了三项举报请求，且要求吉安市物价局在查处结束后书面告知其处理结果，"但被告的答复未依法载明吉安市物价局对举报事项的处理结果，因此违反了该法的规定，不具有合法性，应予以纠正"。

【涉及的重要理论问题】

本案涉及的主要理论问题如下：

一、举报人原告资格的判定标准

本案涉及的最核心问题就是举报投诉人的原告资格判定问题，本案的重要性和指导意义也在于其在这一问题上所作的努力和澄清。而本案所涉及的其他理论问题也都与这一问题相关，可以说是对这一问题的原因推导和逻辑递进。

这一问题产生的背景在于，伴随执法任务的日渐繁重，"举报"成为公众参与行政执法，弥补行政执法能力不足的重要途径。《价格法》《中华人民共和国海关法》《中华人民共和国产品质量法》《中华人民共和国安全生产法》《行政许可法》《中华人民共和国道路交通安全法》等法律均确立了举报制度。但伴随举报成为公众参与行政管理的重要途径，举报人针对行政机关的举报回复和举报处理行为的行政诉讼也开始不断攀升，由此也引发有关举报人是否具有行政诉讼原告资格的争议。肯定意见认为，举报是宪法和法律赋予公民的一项权利，行政机关不予答复或是处置不当会侵犯公民的举报权利，公民也当然拥有提起行政诉讼的原告资格。否定意见则认为，宪法和法律毫无差异地对所有单位和个人均赋予了举报权利，如果相对人因向行政机关举报后就具有了行政诉讼的原告资格，势必会引发滥诉，浪费司法资源，同时助长职业举报人的大量滋生。

从这个意义上说，本案在判决中所明确的"举报人就其自身合法权益受侵害向行政机关举报的，与行政机关的举报处理行为具有法律上的利害关系，具备行政诉讼原告资格"，可以说为举报人原告资格问题的澄清提供了一项相对清晰的基准，即举报人为私益而行使举报权，就与行政机关的举报处理行为之间具有利害关系；反之，举报人为公益而行使举报权，就不具备行政诉讼的原告资格。"私益举报人"和"公益举报人"的划分也由此展开。上述思路同样为《执行解释》所采纳，该解释第 12 条第 5 项几乎完全重复了上述内容："有下列情形之一的，属于《行政诉讼法》第 25 条第 1 款规定的'与行政行为有利害关系'：……（五）为维护自身合法权益向行政机关投诉，具有处理投诉职责的行政机关作出或未作出处理的。"

除了确定私益举报人的原告资格外，本案判决的表述，"罗镕荣虽然要求吉安市物价局依法查处并没收所有电信用户首次办理手机卡被收取的卡费，但仍旧基于认为吉安电信公司收取卡费行为侵害其自身合法权益，向吉安市物价局进行举报，并持有收取费用的发票作出证据……"，也同样要求，举报人除必须为私人利益的维护而起诉外，还必须为此承担相应的举证责任。这一点也为之后诸多的判决所支持，在本书上文提到的 2017 年"刘广明诉张家港市人民政府再审行政裁定书"中，法院同样强调"原告本人需要提供证据证明其存在与普通公众不同的独特的权益，且这种权益受行政实体法律规范所保护，并存在为被诉行政行为侵害的可能性"。[1]

二、"私益保护"背后的诉讼功能定位

尽管本案判决提出了"私益举报人"和"公益举报人"的划分，并以此作为判定举报人是否具有行政诉讼原告资格的基准，但简单的判决主文并未为此提供理由说明。因此，我们只能根据行政诉讼的一般原理来对此予以补充。

法院裁判强调举报人必须为维护个人利益方能提起行政诉讼的观点，其根本原因首先在于对行政诉讼基本功能的定位。关于我国行政诉讼的基本定位，一向都有保障私权和监督行政的争论。但本案否定公益举报人的原告资格，也在一定程度上表明，行政诉讼仍是一种主观诉讼，其首要目的在于维护公民、法人或其他组织的合法权益，因此，也只有自身权益因行政决定而受损的人才具有原告资格。也因此，那些仅仅是为了公共利益和公法秩序的维护，但自身权益并未受到被举报人侵害的"公益举报人"，并无原告资格。上述推理在法院之后的诸多判决中也获得验证。在 2017 年"刘广明诉张家港市人民政府再审行政裁定书"中，法院明确申明，"但行政诉讼虽有一定的公益性，却显然不能将原告主体资格范围无限扩大，将行政诉讼变相成为公益诉讼。现行行政诉讼法在确定原告主体资格问题上，总体坚持主观诉讼而非客观诉讼理念，行政诉讼首要以救济原告权利为目的，因此有权提起诉讼的原告，一般宜限定为主张保护其主观公权利而非主张保护其反射性利益的当事人"。而《行政诉讼法》第 25 条第 4 款同样将提起行政公益诉讼的原告资格限于人民检察院，而否定了个人作为"公益代表"而提起行政公益诉讼的可能。

三、举报人原告资格判定标准背后的公法与私法的关联与区分

本案在裁判时所适用的是《行政诉讼法》第 12 条第 1 款第 6 项，"申请行政机关履行保护人身权、财产权等合法权益的法定职责，行政机关拒绝履行或者不予答复的"，公民、法院或其他组织提起行政诉讼，法院应予受理。

---

〔1〕 刘广明与张家港市人民政府再审案（2017）最高法行申 169 号行政裁定书。

法院的主要理由也在于，被告"此种以告知《批复》有关内容代替告知举报调查行为，未能依法履行保护举报人财产权的法定职责，本身就是对罗镕荣通过正当举报途径寻求救济的权利的一种侵犯"。此处的逻辑本质上是将私益举报人归属于受害人，而举报人借由举报所要行使或是诉诸司法获得保护的并非仅仅是举报权，而是要求行政机关保护其人身权、财产权等合法权益的"履职请求权"。受害人要求行政机关通过行政介入来追究第三人的法律责任，同样是要求行政机关履行法律所规定的法定职责。受害人的权益受损不仅是源自作为行政法律关系第三人的加害人，还源自不履行法定职责的行政机关。

从 2000 年最高人民法院发布《执行解释》起至 2018 年新司法解释的颁布，上述"受害人"都被认为当然地具有原告资格。而这一概观认定的原因主要在于：行政机关追究加害人责任具有双重意义，其一在于维护公共利益，其二也是为了保护受害人的权利。依此逻辑反向推导，要求行政机关惩罚加害人，也同样属于受害人的权利。[1] 而行政机关在收到受害人请求后，不予答复或是不予处理，受害人当然有权提起行政诉讼。

但上述判断伴随行政诉讼的逐渐推进，也暴露出一定的思考局限，这种思考局限也在相当程度上为本案的判决所吸收，成为本案裁判的问题之一。事实上，在受害人、加害人与行政机关之间构成了不同于传统双边行政法律关系的三边行政法律关系，其具体法律关联如下：

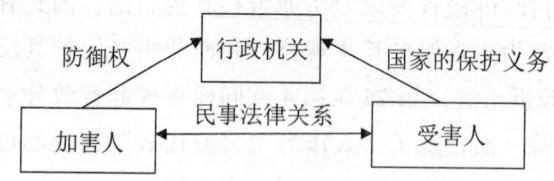

如上图所示，在上述法律关联中首先产生的是加害人与受害人之间的民事法律关系，受害人向行政机关请求介入并追究加害人责任是要求国家履行对其权利的保护义务（Staatliche Schutzphlicht），即受害人要求行政机关在自身权利受到加害人侵害时，采取积极举措予以保护。但此处值得注意的是，根据基本权利的教义学规定，作为加害人的第三方同样拥有要求排除行政干

---

〔1〕 陈鹏："行政诉讼原告资格的多层次构造"，载《中外法学》2017 年第 5 期。

预的防御性权利（Abwehrsrecht）。国家保护义务的核心问题也在此凸显，在履行对受害人的保护义务时，行政机关事实上是在两种相互冲突的私人权利之间进行权衡与选择。也因为上述难题，德国法否认了从国家的保护义务中直接推导出公民保护请求权的结论，申言之，并非是法律规范规定了行政机关有进行行政监管的义务，有对违法行为进行处置的义务，就可以认为受害人有要求行政机关惩处加害人的法定请求权。德国法确认"如有两项受基本权保护的法律地位相互冲突，则主要是一般法律立法者的任务，要去寻得一项符合客观事实、权益均衡的解决方案"[1]。这也就意味着，受害人是否拥有要求行政机关惩治加害人的主观公权，需要一般法的明确规定，否则受害人就并不概观地拥有要求行政机关惩治加害人的主观公权。

上述结论与复杂的三边行政法律关系相关，也和公法与私法以及民事诉讼与行政诉讼之间的必要分工相关。根据上述分工，加害人与受害人的民事纠纷应首先通过民事救济途径获得解决。在受害人与加害人之间产生民事纠纷后，受害人寄希望通过要求行政机关追究加害人法律责任，继而再通过行政诉讼来解决民事争议的做法，显然会使民事诉讼与行政诉讼之间的必要分工遭到破坏。因为从本质而言，行政机关对加害人违法行为的惩治虽然会给受害人带来心理上的抚慰，但这种"抚慰"明显是行政机关在保护公益时的辐射作用，并非主观公权的行使，而且受害人的民事权益受损也不会因为行政机关对加害人的惩治而获得恢复。从这个意义上说，对于加害人与受害人之间的民事争议，还是应首先通过民事诉讼的方式进行解决，如果对于受害人希望藉由向主管机关提起行政诉讼而解决民事争议的做法不加限制，势必就会扭曲公法、私法划分的基本格局，最终造成大量的"公器私用"。

经由上述分析可得：并不是举报投诉人因私益受损而处于"受害人"的地位，其要求行政机关惩治加害人的请求就一定要为诉讼所支持。概括地承认所有受害人的原告资格，无疑会混淆行政诉讼与民事诉讼之间的差异和区分。从这个意义上说，本案在判定举报投诉人的原告资格上进行了一定努力，提供了区分私益举报人与公益举报人的基本思路，但这一思考中还包含很多未涉及的核心问题，其概观地认定"私益举报人"就是受害人，因此具有原

---

[1] BVerwGE 81, 329/343.

告资格的观念也包含很多未尽之处。

四、行政机关的履职义务与公民的公法请求权

举报人原告资格的判定与公法与私法的区分相关，也与行政机关的履职义务与公民的公法请求权的区分相关。而这一组对立关系也再次证明，本案的判决并非是毫无瑕疵的。

如上文所述，法律赋予公民举报权的原因基本都在于经由公民的举报而向行政机关提供违法线索，并借此督促行政机关积极履职。相应的，在几乎所有的举报规范中也都规定了行政机关履职的法定义务。在本案中，法院还援引《价格违法行为举报处理规定》第 14 条证明，"举报办结后，举报人要求答复且有联系方式的，价格主管部门应当在办结后 5 个工作日内将办理结果以书面或者口头方式告知举报人"。法院也基于上述规定认为，被告吉安市物价局作为价格主管部门，依法具有受理价格违法行为举报，并对价格是否违法进行审查，提出分类处理意见的法定职责。而被告仅在查处结束后书面告知罗镕荣处理结果，并未按照法律规定进行相应履职。但上述推理过程也会使人产生如下认识：行政机关的履职义务与公民的公法请求权是否就是一一对应的？换言之，是否只要法律规定了行政机关的履职义务，就能够合逻辑地推导出公民的公法请求权？

上述逻辑显然是对私法的简单参照。在私法中，权利和义务基本上就是互相对应的。如果某项法律规范规定了某人的义务，也就意味着他人基于这种义务规定而被赋予了某种权利。权利人也因此可以基于此权能规定，要求当事人为一定行为、不为一定行为或承担相应的容忍义务。但这样的对应关系在公法中却并不存在。在公法中，所有的公法规范都会规定行政机关的履职义务，但仅有客观义务并不能够推导出公民相应的请求权。在公法中，法律规范要求行政机关履行各项义务，但其目的是公共利益和公共秩序的维护，而并非保障某个或某些个体的私人利益。也是基于这一原因，在公法中并不存在普遍意义上的，或是概括的要求行政机关履行法定职责的请求权。公民的公法权利或是公法请求权，必须要经过客观法秩序的"再个别化"和"再主观化"。这种"再个别化"和"再主观化"就依赖于下文要谈到的保护规范理论，也就是德国法有关主观权利的基本识别规则，即只有这些客观义务

规定仅为或是兼为某个个体的个人保护时，才认为在这种客观履职义务中包含了公民主观权利的规定。公民也基于这些主观权利拥有了各种法律请求权。据此，公民的公法请求权都是个人的、具体的，它表现为"个人由客观法所承认和保护的各项具体的法律请求权"。而这种请求权的个别化和具体化也就排除了"普遍意义上的主观公权"。换言之，公法并不承认存在"普遍的要求行政遵守法律的所谓法律执行请求权"。上述论证都旨在说明一个问题，就是即使公法规范规定了行政机关的履职义务，但这一规定并无法当然地推导出公民要求其履职的公法请求权。公民公法请求权的基础还在于那些规定了行政机关履职义务的公法规范，在保护公共利益的同时，具有明确地保护某个个体个人利益的"利益指向"。

在行政机关的履职义务和公民的公法请求权问题上涉及的另一问题是，即使个人拥有要求行政机关予以介入，要求行政机关履行职责的请求权，但这也并不意味着受害人有要求行政机关对加害人做出某项特定处罚等处置的请求权。具体到举报投诉领域，虽然大部分法律规范都规定了行政机关对于公民的举报投诉予以回复和处理的义务，但行政机关应作出何种处理，法律同样又赋予其一定的裁量权。例如《治安管理处罚法》规定，"公安机关受理报案、控告、举报、投案后，认为属于违反治安管理行为的，应当立即进行调查；认为不属于违反治安管理行为的，应当告知报案人、控告人、举报人、投案人，并说明理由"。据此，受害人也因此仅拥有要求行政机关作出"无瑕疵裁量决定的请求权"，而并没有要求行政机关作出某项具体决定，例如要求行政机关加重对加害人处罚的请求权。

【后续影响及借鉴意义】

如上文所述，本案的积极意义在于其为举报投诉人原告资格的判定提供了相对清晰的基准：即只有私益举报人才有原告资格，而公益投诉人并不具有原告资格。这一判定考虑到了行政诉讼的整体功能定位，因此具有一定的积极意义。但本案的裁判说理相对简单，上述划分标准也包含很多思考局限，这些都导致本案裁判所得出的结论嗣后被逐渐修正和改变。这种改变尤其体现在司法裁判纳入"保护规范理论"来阐释我国行政诉讼原告资格之后。在纳入保护规范理论后，"私益举报人"和"公益举报人"作为判定举报人原告资格的基准地位开始慢慢瓦解，即使举报人明显是为维护自身合法权益而向行政机关投诉举报，法院也不再概观地确认其原告资格。审判实践由此与以这份裁判为代表的司法意见和新司法解释明显背离。此处同样试举两个典型案例：

在"毛培旺诉兴化市民政局不履行法定职责案"[1]中，原告毛培旺是经被告兴化市民政部门批准核发有效证件，在陶庄镇范围内从事殡葬遗体接运服务的个体服务商。而第三人张某未经许可非法从事殡葬遗体接运服务，且又登记殡葬用品店从事非法殡葬营运。原告向被告兴化市民政局举报，要求其对第三人的行为进行制止和处罚。尽管被告兴华市民政局对第三人进行了行政处罚，但涉及的车辆仍在非法营运，违法行为仍旧继续，因此，原告诉至法院，请求判令被告依法查处并制止第三人非法经营的行为。在此案中，原告毛某举报的目的非常明确，就是为"保护自身的合法权益"，但法院却在判决中否认了其作为举报人的原告资格，理由为："被告作为行政区域内的殡葬管理部门，其有权对未经县级以上民政部门批准从事殡葬服务业务的行为进行处理。但该处理是出于对不特定公众利益的保护，并不会对举报人个人的合法权益造成影响。原告举报的目的在于，通过被告对第三人的制止或处罚，增加自身的收入，即原告对于要求被告实施的行政行为仅具有反射性利益，而非法律上的权益。原告以其举报的行为被作否定性评价后，可能会间接有利于保护其所主张的收入权益为由，不能取得原告主体资格。"[2]

在"任海超与宁波市奉化区市场监督管理局行政处罚案"中，原告任海超在第三人奉化市日新平民药品零售有限公司处购买精品绞股蓝。后原告被告知该产品属于不安全食品。原告因此向被告宁波市奉化区市场监督管理局进行投诉举报，要求其予以处理。被告对第三人进行检查后，作出《当场行政处罚决定书》，对其销售的中药材绞股蓝包装不符合规定要求的行为处以警告以及责令改正的处罚。但原告认为被告的处罚过轻，侵犯了原告的合法权益，因此向法院起诉，要求判决撤销被告的《当场行政处罚决定书》，并要求被告重新作出新的行政处罚。在这一案件中，原告同样并非通常意义上的

---

[1] 毛培旺与兴化市民政局不履行法定职责一审案（2017）苏 1202 行初字 267 号行政裁定书。
[2] 毛培旺与兴化市民政局不履行法定职责一审案（2017）苏 1202 行初字 267 号行政裁定书。

"职业打假人"，其起诉同样是为了自身权益，但与上一个案例的审判结果相同，法院也认为，"原告作为涉案绞股蓝的投诉人，投诉目的是为获取十倍赔偿金，……这显然属于私法上的利害关系，并不属于被告作出行政行为时需要考虑和保护的法律上的利益，故原告诉称的被侵害利益应选择民事诉讼途径解决。且本案被诉行政行为系被告对第三人作出的行政处罚决定，该行为产生实体影响的利害关系人是第三人，对原告的合法权益并不产生直接影响。因此，原告对被诉行政行为不具有法律上的利害关系，原告提起本案诉讼，不符合起诉的条件"。[1]

除上述两个案例外，在多个类似案件中，法院也都表达了"举报权"和"诉权"不能混同的立场："根据我国的法律规定，任何公民均享有依法举报公民、法人或其他组织违法行为的权利，负有行政管理职权的行政机关也均有及时查处违法行为的法定义务。但享有举报权与是否享有诉权，是不同性质的两个法律权利……只有行政机关的行政行为侵犯了公民的合法权益的，该公民才享有诉权。"[2]"私益"和"公益"的区分在此不再是核定举报人是否具有原告资格的基准，即使是为维护私益而投诉举报，法院也不再概观地确认举报人的原告资格。由此可见，法院在适用了保护规范理论后，对于举报人原告资格的框定明显呈现渐趋收紧的态势。对这种收紧的态势应作何种评价，需简要回溯保护规范理论的纳入意义与适用价值。

保护规范在 1914 年由布勒提出，在德国法中渊源已久，也历经了较为复杂的发展演变。这一理论的提出就是为了解决主观公权（Subjektives Recht）的判定难题，也因此自创设始就是主观公权学理的"基础性构成"。[3]根据保护规范理论，对主观公权的探求和检验主要在于："客观法规范在保护公共利益的同时，至少同样服务于某个特定的人或人群的私人利益"，[4]即产生主观权利的客观法规范必须包含"个人利益的保护指向"。"个人利益保护指

---

〔1〕 任海超与宁波市奉化区市场监督管理局行政处罚一审案（2017）浙 0213 行初 14 号行政裁定书。

〔2〕 王宇与泰州市城市管理行政执法局城管不履行法定职责二审案（2016）苏 12 行终 143 号行政裁定书。

〔3〕 Hartmut Bauer, Altes und Neues zur Schutznormtheorie, AoeR, 113, S. 588.

〔4〕 O. Buehler, Die Subjektiveen oeffentlichen Rechte, 1914, S. 1. ff.

向"也因此成为区分主观权利与反射利益的关键前提。

我国在较长时间内将"利害关系"等同于"不利影响"，但"利害关系"与"不利影响"几乎是同义置换，有关"不利影响"的讨论最后大多将问题凝结为"当事人的权益是否受到损害或是有受到损害的现实可能性"，以及"当事人的权益与行政行为之间是否有因果关系"〔1〕。也基于这一影响，对于个人的何种权益应为行政诉讼所保护，无论是学界还是实务界此前一直都依赖于《行政诉讼法》以及司法解释对保护权益的列举。从这个意义上说，主观公权利和保护规范的纳入价值就在于，它打破了传统行政审判有关"原告主张权益应属诉讼法明确列举"的认识窠臼，使对当事人的行政诉权探求转向对被诉行为所涉及的实体法规范的解释，通过判断"行政机关作出行政行为时所依据的行政实体法和所适用的行政实体法律规范体系，是否要求行政机关考虑、尊重和保护原告诉请保护的权利或法律上的利益"〔2〕，作为判定其是否存在主观公权利，既而判断其是否具有诉权的依据，行政实体法和诉讼法因此得以打破区隔，并建立起真正的联结。

在保护规范理论之下重新思考举报投诉人的原告资格问题，我们可逐步获得以下结论：

首先，举报权条款本身并未赋予举报人可要求行政机关予以个案介入的具体的、个别的主观公权，举报人本身也不能因为举报权受损就得以自动获得原告资格。指导性案例以及新司法解释区分公益举报人和私益举报人，并排除了公益举报人的原告资格的规定，与上述论证的逻辑相符。

其次，即使举报人是为私益而举报投诉，其是否就必然具备原告资格呢？认为举报人为维护自身权益而向负有监管职责的机关投诉，即对举报答复行为和举报处理行为拥有原告资格的思路，本质上是将举报人与受害人相混同。这一思路中所包含的问题在上文已经论证。而从保护规范理论出发，同样会阻却受害人概括性的、普遍的原告资格的原因有以下几点：其一，主观公权利理论否认"普遍的法律执行请求权"，行政机关履责的主要目的在于维护公共秩序和公共利益，如果承认单个个体普遍的"法律执行请求权"，势必会扭

〔1〕 黄陆军等人不服金华市工商行政管理局工商登记行政复议二审行政判决。
〔2〕 刘广明与张家港市人民政府再审案（2017）最高法行申 169 号行政裁定书。

曲公法的基本格局，造成大量的"公器私用"[1]；其二，加害人与受害人的民事纠纷应首先通过民事救济途径获得解决，受害人寄希望于通过行政诉讼来辐射和解决民事争议的做法，会使民事诉讼与行政诉讼之间的必要分工遭到破坏；其三，即使行政机关对加害人违法行为的惩治会给受害人带来心理上的抚慰，但这种"抚慰"明显是行政机关在保护公益时的辐射作用，并非主观公权利，而且受害人的民事权益受损也不会因为行政机关对加害人的惩治而获得回复；其四，受害人在投诉举报后，客观法对行政机关是否以及如何展开调查处理，往往都规定了行政裁量权，行政机关可基于对各项因素的权衡作出决定，受害人也因此并不拥有要求行政机关针对加害人采取某项具体举措或作出某项具体决定的请求权。据此，受害人身份同样无法成为概观判定其必然具备原告资格的基准，受害人是否拥有要求行政机关履行职责、惩治加害人的主观公权利，仍旧需要在个案中诉诸所涉及的实体法加以具体识别。

最后，既然举报人即使是为自身私益向行政机关投诉举报，也并不必然就具备原告资格，那么又如何评断举报投诉人的何种私益才受法律保护呢？保护规范理论为此问题提供的答案是：举报人原告资格的有无，并非是看举报人诉讼的主观意图究竟是维护私益还是公益，而是要看被告行政机关的举报答复行为和举报处理行为所依据的实体法规范，是否赋予了原告主观权利，原告又基于该项主观权利，拥有了要求行政机关予以介入并为特定行为的特定请求权。举报投诉人借由投诉举报所维护的"私益"参差各异，最典型的类型包括竞争权人，民事侵权案件中的消费者、相邻权人，警察行政执法中的受侵害人，政府信息公开的申请人等，对上述私益举报人的原告资格的判定都必须回到实体法规范，通过这些规范"个别利益指向"的判定来具体界别。

综上，从主观公权和保护规范理论出发，公民并不拥有普遍的、概括性的要求行政机关遵守法律和执行法律的请求权，举报投诉人也不能仅因其举报权受损就具备原告资格。但认为举报人为维护私益而举报投诉就当然具有原告资格同样存在重大疑问，这一观点忽视了民事诉讼和行政诉讼的分工，

---

〔1〕 龙非："行政诉讼中'受害者'原告资格之反思——以德国法作为比较"，载《法律适用·司法案例》2017年第22期。

忽视了举报投诉人要求行政机关惩处第三人时，国家保护义务和公民的防御权之间的冲突。即使举报人为私益而投诉举报，同样需适用保护规范理论判定，行政机关作出行政决定所依据的实体法规范，是否要求行政机关考虑、尊重和保护原告诉请保护的权利或法律上的利益，而在此过程中，就需要对举报人所欲维护的"私益"进行类型区分，再分别提炼规范解释方法以及判定利益的可保护性。

二、规范性文件审查

案例　华源医药股份有限公司诉国家工商总局
商标局等商标行政纠纷案

马　允[*]

【案例名称】

华源医药股份有限公司诉国家工商总局商标局等商标行政纠纷案〔北京知识产权法院（2015）京知行初字第 177 号行政判决，北京市高级人民法院（2016）京行终 2345 号行政判决〕

【关键词】

新增商标过渡期　规范性文件附带审查　确认违法判决

【基本案情】

2012 年 12 月 14 日，国家工商总局商标局（以下简称商标局）为落实《尼斯协定》关于新增"药用、兽医用、卫生用制剂和药品的零售或批发服务"项目的决定，发布《国家工商行政管理总局商标局关于申请注册新增零售或批发服务商标有关事项的通知》（以下简称《新增服务商标的通知》）并设置了受理新增服务项目过渡期，其中第 4 条规定：

我局借鉴 1993 年服务商标受理经验，设立注册申请过渡期，期限为 2013

---

* 作者简介：马允，中国政法大学法学院行政法研究所讲师，硕士生导师。

年 1 月 1 日至 1 月 31 日。在该期间内，在相同或类似新增服务项目上提出的注册申请，视为同一天申请。申请日以我局收到申请书的日期为准。在过渡期内，对申请注册新增服务商标采取以下措施：

（一）网上申请不予受理。

（二）申请人指定的新增服务项目范围应当与营业执照核准的经营范围一致。

（三）一般按以下原则确定商标专用权：同日申请的，初步审定使用在先的；同日使用或者均未使用的，由当事人协商解决；在规定期限内不愿协商或协商不成的，以抽签方式确权。

安徽华源医药股份有限公司（以下简称华源公司）、嵊州市易心堂大药房有限公司（以下简称易心堂公司）、上海健一网大药房连锁经营有限公司（以下简称健一网公司）分别于 2013 年 1 月 4 日、11 日和 28 日向商标局提出了商标注册申请。针对华源公司提出的商标注册申请，商标局于 2014 年 4 月 21 日作出《商标注册同日申请补送使用证据通知书》，要求华源公司在规定期限内提供申请商标的使用证据。华源公司在规定期限内提交证据材料后，2014 年 10 月 23 日，商标局根据《中华人民共和国商标法实施条例》第 19 条的规定，以其所申请注册的商标与易心堂公司和健一网公司申请注册的商标"构成近似且均未使用"为由，发出了《商标注册同日申请协商通知书》（以下简称《协商通知书》），要求各方当事人自收到本通知书之日起 30 日内自行协商，保留一方的申请，并将书面协议报送商标局。在规定的期限内未提交书面协议或协议无效的，视为协商不成，商标局将另行通知各方当事人以抽签方式确定一个申请人。

华源公司不服，向北京知识产权法院提起行政诉讼，请求法院：（1）对《新增服务商标的通知》第 4 条关于过渡期的规定的合法性进行审查；（2）撤销《协商通知书》并责令商标局重新作出决定。其理由是：（1）过渡期的规定违反了《中华人民共和国商标法》（以下简称《商标法》）第 31 条的规定，即"两个或者两个以上的商标注册申请人，在同一种商品或者类似商品上，以相同或者近似的商标申请注册的，初步审定并公告申请在先的商标；同一天申请的，初步审定并公告使用在先的商标，驳回其他人的申请，不予公告"；（2）原告提交的证据可以证明其在先使用了申请商标。

一审法院判决认定《新增服务商标的通知》第 4 条关于过渡期的规定不合法，商标局作出的《协商通知书》主要证据不足，适用法律、法规错误，判决撤销《协商通知书》并要求商标局重新审查华源公司的商标申请。商标局不服，提起上诉。北京市高院二审判决认为原判决认定事实清楚、程序合法，但适用法律不当。商标局的《协商通知书》虽然属于违法行政行为，但撤销后将会给社会公共利益造成重大损害，所以确认其违法。

【裁判要旨】

虽然商标局是《新增服务商标的通知》第 4 条关于过渡期的规定形式意义上的合法主体，但是，过渡期的规定将"2013 年 1 月 1 日至 1 月 31 日"31个自然日视为"同一天"实质上是对《商标法》第 31 条规定的"同一天"进行了重新定义，超越了商标局所主张的对法律如何具体应用进行解释的范畴，实质上是对公民、法人或其他组织的权利义务进行了设定，商标局作出该项规定已经超越了其法定权限。而且，过渡期的规定在内容上不符合《商标法》规定的申请在先原则，因与上位法不一致而不合法，不能将其作为《协商通知书》合法的依据。但由于撤销涉案行政行为将会对社会公共利益造成重大损害，所以不予撤销并确认其违法。

【裁判理由与论证】

一审法院认为本案的争议焦点为《新增服务商标的通知》第 4 条关于过渡期的规定以及《协商通知书》是否合法。首先，法院认定《新增服务商标的通知》在性质上为《行政诉讼法》第 52 条第 1 款规定的规范性文件，因为其系针对不特定的公民、法人或其他组织作出的，可在其第 4 条规定的过渡期内反复适用并具有普遍的拘束力，因此法院有权应原告申请对过渡期的规定进行合法性审查。

其次，关于过渡期的规定是否合法，一审法院判决认为应当着重从四个方面进行审查：（1）商标局是否为制定过渡期规定的合法主体；（2）商标局制定过渡期的规定是否超越法定权限；（3）过渡期的规定在内容上是否合法；（4）过渡期的规定在制定时是否履行了法定程序或者遵循了正当程序的要求。双方对第四点，即制定程序的合法性无异议。

第一，判断制定主体是否合法，关键在于审查该规范性文件所针对的事项是否属于该制定主体的主管范围。本案中，商标局作为全国商标注册和管理工作的主管部门，属于制定《新增服务商标的通知》第4条关于过渡期的规定的形式上的合法主体。

第二，判断制定主体是否超越法定权限，关键在于审查其是否行使了应当由其主管部门、上级部门或者立法部门等行使的法定权限，是否超越了其法定的职权范围。行政主体对法律如何具体应用的解释属于对法律的应用、执行行为，其权限在于如何将依法设定的权利义务及其实施方式等进行具体化，不得"设定"新的权利义务。对于法律的规定需要进一步明确具体含义或法律制定后出现新的情况需要明确适用法律依据的，依法应当由全国人大常委会作出解释（《中华人民共和国立法法》第42条）。本案中，过渡期的规定实际上是对《商标法》第31条规定的"同一天"进行了重新定义，对公民、法人或其他组织的权利义务进行了"设定"，商标局的行为已经超越了其法定权限。即便在新增服务项目上申请商标属于法律运行中新出现的问题，确实有设置过渡期的必要，商标局也应当依法定程序向有权机关提出立法建议，而不应行使应当由立法机关享有的权限。

第三，判断内容是否合法，应当主要从其具体规定是否符合上位法、制定目的是否正当、是否符合法律的基本原则、是否有事实依据等角度进行审查。《商标法》第31条确定了"申请在先"的原则，维护在先使用人利益是对"申请在先"原则的补充。过渡期将31个自然日"视为同一天"的解释不符合申请在先原则，且并未区分在先使用的商标"是否有一定影响"，与《商标法》对在先使用商标的保护程度不一致。此外，商标局在制定过程中征求相关组织和专家的意见这一事实不能证明该规定内容的合法性。

综上，法院认为商标局是制定规范性文件的形式意义上的合法主体，但过渡期的规定超越了其法定权限，且内容上与《商标法》不一致，根据《行政诉讼法》第64条的规定，认定《新增服务商标的通知》第4条关于过渡期的规定不合法，不将其作为《协商通知书》合法的依据，撤销《协商通知书》并责令商标局重新作出决定。

二审法院在生效裁判中归纳了四个争议焦点，分别是：（1）商标局作出《协商通知书》的行政行为是否具有可诉性；（2）原审法院是否有权对《新增服务商标的通知》第 4 条过渡期的规定进行审查；（3）《新增服务商标的通知》第 4 条是否属于临时措施、是否违反《商标法》第 31 条的规定；（4）商标局作出的《协商通知书》是否应予撤销。

第一，判断行政行为是否成立并可诉的标准是某一行为给相对人带来了实质性不利影响。本案中，《协商通知书》否定了华源公司根据《商标法》第 31 条第 1 款"申请在先原则"所享有的合法权益，对其商标申请带来了实质上的不利影响，因此《协商通知书》具有可诉性。

第二，鉴于针对《行政诉讼法》修改前的规范性文件是否可以进行附带审查，并无法律或司法解释作出特殊的法律安排，故原审法院有权对发布日和适用期在《行政诉讼法》修改生效前的《新增服务商标的通知》进行审查。而且华源公司在法庭调查中提出一并审查的请求符合《行诉解释》第 20 条的时限要求。

第三，《新增服务商标的通知》属于《行政诉讼法》第 53 条规定的规范性文件，并不属于临时措施。过渡期的规定与《商标法》第 31 条不符，在事实上对有关新增服务商标申请作出了新的制度安排，因此是违法的。

第四，根据《行政诉讼法》第 74 条第 1 款的规定，行政行为依法应当撤销，但撤销会给国家利益、社会公共利益造成重大损害的，法院判决确认违法。商标局作出的《协商通知书》缺乏法律依据，属于违法行政行为，但是由于商标行政主管机关根据该文件受理了 7000 余件商标注册申请，其中 1000 余件已经处理完毕。如果《协商通知书》被撤销，势必形成连锁反应，破坏基于《新增服务商标的通知》所形成的社会秩序，众多商标申请人的信赖利益亦将受到严重损害，进而影响社会秩序的稳定，因此不宜予以撤销。

【涉及的重要理论问题】

2015 年 9 月 17 日，北京知识产权法院审判委员会首次开庭审理了华源公司一案。此案是全国首例由审判委员会全体委员直接公开开庭审理的案件，也是新《行政诉讼法》实施后我国法院审理的首例涉及国家部委制定的规范性文件的合法性审查的案件，因此引发了广泛关注。历经三年，本案二审判决终于在 2018 年 7 月 5 日尘埃落定，虽然二审判决最终认定撤销《协商通知书》会给社会公共利益造成重大损害并以确认违法判决的方式结案，整个案件的审理涉及行政法、知识产权法中的一系列复杂和重要的法律问题，不仅为规范性文件附带审查制度的发展积累了前期的宝贵经验，也为新增服务商标过渡期制度的设定作出了明确的法律判断并指明了方向。下文将就本案涉及的若干理论问题展开分析。

一、规范性文件的附带审查制度

在我国，规范性文件的附带审查制度最早确立于《行政复议法》第 7 条中。2014 年修订的《行政诉讼法》第 53 条规定："公民、法人或者其他组织认为行政行为所依据的国务院部门和地方人民政府及其部门制定的规范性文件不合法，在对行政行为提起诉讼时，可以一并请求对该规范性文件进行审查。前款规定的规范性文件不含规章。"第 64 条规定："人民法院在审理行政案件中，经审查认为本法第 53 条规定的规范性文件不合法的，不作为认定行政行为合法的依据，并向制定机关提出处理建议。"这两条规定正式确立了行政诉讼的规范性文件附带审查制度，实现了这一制度从行政复议领域向行政诉讼领域的必要延伸，但是《行政诉讼法》对法院具体如何审查规范性文件并没有进行详细规定。直到最高人民法院出台《行诉解释》，才对具体的合法性审查方式进行了细化（第 148 条）。司法解释中这一条款的加入与华源公司案所确立的合法性审查框架有很高的契合性，也凸显了华源公司案作为示范性案例的作用。

（一）华源公司案之前对规范性文件的司法审查

实际上，在 2014 年《行政诉讼法》确立规范性文件附带审查制度之前，司法实践中已经通过自定规则确立了对规范性文件进行审查的态度。徐肖东将其分为四个阶段：（1）1989～2000 年：由于缺少法定依据，规范性文件一般被当做证据对待并获得审查；（2）2000～2004 年：2000 年最高人民法院在《执行解释》中明确在裁判文书中可以引用合法有效的规范性文件，但是区别于对规章的"参照"；[1]（3）2004～2009 年：2004 年最高人民法院在《关于

---

［1］《执行解释》第 62 条规定，人民法院审理行政案件，适用最高人民法院司法解释的，应当在裁判文书中援引。人民法院审理行政案件，可以在裁判文书中引用合法有效的规章及其他规范性文件。

审理行政案件适用法律规范问题的座谈会纪要》提出法院可以对规范性文件是否合法、有效、合理或适当进行"评述";[1]（4）2009～2015 年：2009 年最高人民法院在《关于裁判文书引用法律、法规等规范性法律文件的规定》第 6 条中规定，根据审理案件的需要，经审查认定为合法有效的，可以作为裁判说理的依据。在此阶段，虽然对上一阶段的突破有所收回，但肯定了规范性文件要作为判断行政行为的依据必须经过审查，且必须合法有效。[2]

　　除了法院自定规则之外，司法实践也为规范性文件的审查积累了一定的经验，并逐步形成了"一般审查（即法院在审理案件时，主动对行为依据进行的审查）——适当评价——选择适用"的司法模式。[3]在"陈爱华诉南京市江宁区住房和城乡建设局不履行房屋登记法定职责案"[4]中，法院认定司法部和原建设部合发的《关于房产登记管理中加强公证的联合通知》与《中华人民共和国物权法》《中华人民共和国继承法》《房屋登记办法》等有关法律法规相抵触，不能成为房屋登记主管部门不履行房屋登记法定职责的依据。陈爱华案判决初步确立了规范性文件合法性的审查标准，概括而言，包括两个方面：一是制定主体是否适格，标准为"行政机关行使行政职能必须符合法律规定，行使法律赋予的行政权力，其不能在有关法律法规规定之外创设新的权力来限制或剥夺行政相对人的合法权利"；二是规范性文件的内容是否与上位法相抵触，行政机关不能以规范性文件为依据干涉相对人的合法权利，要求其履行非依法赋予的责任义务。但由于当时并没有明文的法律依据直接对规范性文件进行附带审查，因此司法实践中对规范性文件的处理规则和审查标准都不尽一致，尚处于自发的探索阶段。

　　概括而言，在此期间，法院在审查规范性文件时广泛采用了"不抵触"

---

〔1〕《最高人民法院关于审理行政案件适用法律规范问题的座谈会纪要》：人民法院经审查认为被诉具体行政行为依据的具体应用解释和其他规范性文件合法、有效并合理、适当的，在认定被诉具体行政行为合法性时应承认其效力；人民法院可以在裁判理由中对具体应用解释和其他规范性文件是否合法、有效、合理或适当进行评述。

〔2〕徐肖东："行政诉讼规范性文件附带审查的认知及其实现机制——以陈爱华案与华源公司案为主的分析"，载《行政法学研究》2016 年第 6 期。

〔3〕徐肖东："行政诉讼规范性文件附带审查的认知及其实现机制——以陈爱华案与华源公司案为主的分析"，载《行政法学研究》2016 年第 6 期。

〔4〕《最高人民法院公报》2014 年第 8 期。

和"依据"两种标准。但两种标准都存在着一些问题。就前者而言：（1）不抵触标准是所有法规范的审查标准，并没有体现出对行政规范性文件审查的特殊性，无法满足对规范性文件进行司法审查的要求；（2）该标准缺乏具体内容，容易造成在上位法未就相关事项进行明确规定时，法院对规范性文件不予审查或回避审查。[1]就后者而言，"依据"标准是指审查规范性文件是否具有上位法依据。它与不抵触标准具有一定的相似性，二者都将规范性文件的司法审查路径定位在其与上位法的关系上。然而无论将"有依据"理解为上位法对特定事项有规定还是上位法对制定具体规则有授权，都不足以推导出规范性文件必然合法或违法的结论，因此这一标准是片面的、不完整的。[2]

相较而言，《行政诉讼法》确立的附带审查制度可以看成是原先法院审查规范性文件（即一般审查）的"2.0版本"。那么附带审查和一般审查是否存在核心区别呢？徐肖东认为一般审查的对象并非仅针对规范性文件，其审查进路是通过"同一法律规范体系的层级性规则对规范性文件内容进行审查，不合法的规范性文件不作为判定行政行为合法的依据"，而附带审查在审查要件、审查方法、审查强度上都与一般审查不同。首先附带审查从一般审查所表现出的单一的内容审查转向主体、职权和内容要件的三面向审查；其次审查方法上由同一法规体系内的层级分析转向了当然解释、目的解释等具体解释方法运用下的深层次分析；再次审查强度上从合法性判断转向了合理性向合法性渗透的实质合法性标准。[3]

（二）对审查对象"规范性文件"范围的界定

对规范性文件进行附带审查的先决问题是审查对象，即"规范性文件"本身的界定。华源公司案的一审判决提炼了认定《行政诉讼法》第52条第1款所指"规范性文件"的特征，即"针对不特定的公民、法人或其他组织作出的，可反复使用并具有普遍的拘束力"。这一标准基本上延续了我国学界有关"具体——抽象"行政行为的经典分类，其具体的判断标准脱胎于最高人

---

[1] 王留一："论行政规范性文件司法审查标准体系的建构"，载《政治与法律》2017年第9期。

[2] 王留一："论行政规范性文件司法审查标准体系的建构"，载《政治与法律》2017年第9期。

[3] 徐肖东："行政诉讼规范性文件附带审查的认知及其实现机制——以陈爱华案与华源公司案为主的分析"，载《行政法学研究》2016年第6期。

民法院 1991 年《关于贯彻执行〈中华人民共和国行政诉讼法〉若干问题的意见（试行）》第 1 条对于 "具体行政行为" 的界定，即 "国家行政机关和行政机关工作人员、法律法规授权的组织、行政机关委托的组织或者个人在行政管理活动中行使行政职权，针对特定的公民、法人或者其他组织，就特定的具体事项，作出的有关该公民、法人或者其他组织权利义务的单方行为"。关于过渡期的规定是否可视为对象不特定和反复使用，王天华对此提出质疑，他指出过渡期制度针对的只是新增的 "药用、兽医用、卫生用制剂和医疗用品的零售或批发服务"，而非《商标法》所调整的所有商标注册申请；而且设有时间限制，只能在 2013 年 1 月 1 日至 1 月 31 日期间适用，并不能反复适用。〔1〕此外，关于 "对象虽非特定但可得而知" 的一般处分，由于其一般被认定为等同于具体的行政处分，就是否属于附带审查的范围，司法实践并不统一。例如在 "王坤富与内江市卫生和计划生育委员会卫生行政管理案" 中，对涉案的《关于做好医师资格遗留问题有关工作的通知》的性质，法院认为 "虽然该文件涉及全省范围，人数较多，但系为解决医师资格历史遗留问题开展的一次性的医师资格认定补办和省医师资格考试工作，因此是对人的一般处分，不应纳入附带审查的范畴"。〔2〕这表明，在适用 "抽象——具体" 这一一般判断框架对规范性文件进行界定时，理论上的争议可能导致司法实践面临准确判断的难题。

除此之外，实践中还可能会产生如何准确区分规章与规范性文件从而确定附带审查范围的问题，因为二者无论从文件名称、制定程序还是制定主体上都有可能是重合和交叉的，尤其针对那些有权制定规章的主体所制定出来的规范性文件。除此之外，对于国务院批准的规范性文件、国务院隶属行政机构（包括国务院办公厅、法制办等）制定的规范性文件、行政机关与非行政机关联合发文以及规章解释的性质在认定上都还存在一些争议。〔3〕如何准

---

〔1〕 王天华："框架秩序与规范审查——'华源公司诉商标局等商标行政纠纷案'一审判决评析"，载《交大法学》2017 年第 1 期。

〔2〕 转引自李成："行政规范性文件附带审查进路的司法建构"，载《法学家》2018 年第 2 期。

〔3〕 王春业："从全国首案看行政规范性文件附带审查制度完善"，载《行政法学研究》2018 年第 2 期；王红卫、廖希飞："行政诉讼中规范性文件附带审查制度研究"，载《行政法学研究》2015 年第 6 期（主张规章解释应当纳入附带审查的范围）；李成："行政规范性文件附带审查进路的司法建构"，载《法学家》2018 年第 2 期（主张将行政机关与其他机关联合发文、国务院隶属的行政机构制定的规范性文件纳入附带审查的范围）。

确界定规范性文件的范围，尚需有权机关作出权威解释，以减少法院进行准确区分的难度和识别的风险，例如通过建立法院与行政系统之间的咨询识别机制，确保附带审查对象的正确性。

此外，根据《行政诉讼法》第53条的规定，法院审查的对象是作为被诉行政行为依据的规范性文件。由于法条将司法审查权限限定在与被诉行政行为相关联的范围内，因此审查对象具体而言是指该文件"直接对行政行为产生规范效力的部分……（即）特定内容（实质属性）的部分，而非该规范性文件整体"。[1] 这一点也体现在华源公司案的判决中，两级法院判决均是针对《新增服务商标的通知》这一规范性文件中作为被诉行政行为——《协商通知书》的合法性依据的特定部分的内容（即第4条关于过渡期的规定）进行分析的，最后的裁判结论也是认定该规范性文件中特定部分的规定不合法，即对被诉行政行为不具有规范效力。朱芒指出该判决从"依据"发挥的实质作用来界定司法审查权所涉及的规范性文件的范围，由此在规范性文件的整体中划定了最小范围（或严格范围）的规范性文件概念。[2]

（三）法院对规范性文件进行合法性审查的方式

一审判决创造性地提出法院在对《新增服务商标的通知》进行合法性审查时，应当从规范性文件的制定主体、权限、内容和程序四个方面展开。换言之，法院提炼出了一般性规范的雏形，即规范性文件的合法性构成要件是上述四个方面。在针对具体构成要件展开分析之前，首先需要解决这样几个问题：（1）法院是否要对所有的要件都进行逐一审查？（2）这四项合法构成要件是否适用于所有的规范性文件，它们彼此之间是何关系？（3）对规范性文件的合法性审查与对被诉行政行为进行合法性审查之间是何关系？

针对第一个问题，一审判决指出当事人对第四项程序要件不持异议，因此法院将重点分析前三个要件。这表明法院在对规范性文件进行合法性审查时，是针对原告的审查请求进行的，而不是对其所有合法构成要件进行整体

---

〔1〕 朱芒："规范性文件的合法性要件——首例附带性司法审查判决书评析"，载《法学》2016年第11期。

〔2〕 朱芒："规范性文件的合法性要件——首例附带性司法审查判决书评析"，载《法学》2016年第11期。

的全面审查。本案确立了"不告不理"的规范性文件审查机制。但是对于这一问题，即法院是否应当对规范性文件的构成要件进行全面审查，学界存在分歧。有学者主张将司法审查的范围限定在内容这一构成要件上，对司法机关是否有权对制定主体、制定权限、制定程序等其他要件进行审查抱有怀疑态度，并对华源公司案中的一审法院"认定商标局为《新增服务商标的通知》的合法制定主体"是否属于有权认定保留意见。[1] 王红卫、廖希飞指出法院不具有全面审查的义务，如果法院进行全面审查，可能陷入司法资源浪费、司法能力欠缺和民主性、专业性不足的尴尬境地。[2]

此外，对于程序要件的审查，有学者主张不宜对规范性文件的制定程序进行审查。王春业认为我国目前尚未出台统一的规范性文件制定程序，如果适用规章制度程序标准来审查规范性文件制定程序的合法性，本身存在悖论。[3] 江必新认为"法院对规范性文件的附带审查只宜审查制定机关是否具有相应职权以及规范性文件的内容"，因为"法院对规范性文件的审查是附带性的，因其是行政机关的作出依据而受审查。而行政行为依据的显然是规范性的内容，而并非规范性文件的程序"。[4] 徐肖东认为如果法院认定规范性文件的制定程序违法而不将其作为行政行为合法的依据，就会导致很多情况下得出"作为依据的规范性文件的程序合法，行政行为违法"的假命题，从而严重影响到行政效率和政府公信力。[5] 但也有学者指出现行法律体系中，包括《规章制定程序条例》在内的中央和地方立法均可为规范性文件制定程序的合法性审查提供参考依据，尤其是在国务院办公厅下发了《关于加强行政规范性文件制定和监督管理工作的通知》《关于全面推行行政规范性文件合法性审核机制的指导意见》等文件后，对规范性文件的程序审查获得了更加

---

〔1〕 王春业："从全国首案看行政规范性文件附带审查制度完善"，载《行政法学研究》2018年第2期。

〔2〕 王红卫、廖希飞："行政诉讼中规范性文件附带审查制度研究"，载《行政法学研究》2015年第6期。

〔3〕 王春业："从全国首案看行政规范性文件附带审查制度完善"，载《行政法学研究》2018年第2期。

〔4〕 江必新：《新行政诉讼法专题讲座》，中国法制出版社2015年版，第416页。

〔5〕 徐肖东："行政诉讼规范性文件附带审查的认知及其实现机制——以陈爱华案与华源公司案为主的分析"，载《行政法学研究》2016年第6期。

明确的依据，而且地方层面有关规范性文件制定程序的立法已经非常普遍。[1]
如果不对制定程序问题进行审查，无疑隔断了程序违法可能对实体内容产生
的影响，有违反《行政诉讼法》第70条第3项（违反法定程序的，法院判决
撤销或部分撤销行政行为）法理之嫌。[2]

　　针对第二个问题，即规范性文件的合法性构成要件，学界对于构成要件
的数量和名称表述不一，例如程琥曾将审查要点或审查标准归纳为职责权限、
制定内容、制定程序三个方面，职责权限要素是指制定主体有无制定权、所
制定的规范性文件是否属于其职权范围。[3]章剑生提出应当从主体、内容和
程序三个方面进行审查，其中主体合法是指行政机关须在其法定职权范围内
制定和发布规范性文件。[4]可以看出学界并未对主体和权限这两个构成要素
进行刻意区分，而是混在一起来谈。相较而言，华源公司案的一审判决提供
了下表所示的分析框架。

要件	含义		判断方式	特征
主体	规范性文件所针对的事项属于该主体的主管范围		由事项推断主体	形式层面的合法性判断
权限	规范性文件的制定主体没有行使应当由其他主管部门、上级部门或立法部门等行使的法定权限，没有超越其法定的职权范围	行政部门之间：/	划分行政系统内部不同机关之间的权限以及行政机关与立法机关之间的权限	以"是否设定新的权利义务"为判断基准，并未指出设定了何种具体的权利义务（形式判断）
		行政部门 vs 立法部门：　不能设定应当由立法权来设定的新的权利义务，仅应对法律如何具体应用进行解释		

　　[1]　王留一："论行政规范性文件司法审查标准体系的建构"，载《政治与法律》2017年第9期。
　　[2]　章剑生、黄锴主编：《行政法判例选析（I）》，法律出版社2017年版，第181页。
　　[3]　程琥："新《行政诉讼法》中规范性文件审查制度研究"，载《法律适用》2015年第7期。
　　[4]　章剑生："论行政诉讼中规范性文件的合法性审查"，载《福建行政学院学报》2016年第3期。

续表

要件	含义	判断方式	特征
内容	符合上位法、制定目的正当、符合法律的基本原则、具有事实依据等	在原告诉请范围内与上位法进行权利义务内容的比对	是否符合法律的原则并产生了不同于法律规定的权利义务内容的后果（实质判断）
程序	在制定时履行了法定程序或遵循了正当程序的要求		不告不理的审查方式

首先，关于主体合法这一构成要件，通常来说，主体是否合法包含有没有行政主体资格、超越事务管辖权、地域管辖权、级别管辖权以及超越法定规定的职权等。[1]华源公司案判决中所指的主体要件只是针对有无事务管辖权的形式判断，至于主体合法的其他方面，则被独立为第二个权限要件。徐肖东表示职权要件应当属于实质意义的主体要件，把形式上的主体要件与职权要件合二为一亦无不可。[2]

其次，关于权限合法要件，华源公司案判决着重区分了行政的解释权与立法权之间的边界划分问题，并提出了"设定新的权利义务"的判断基准，但判决书并没有指出过渡期的规定将31个自然日视为同一日究竟设定了哪些新的权利义务。这里涉及的理论问题是对"行政解释权"本身的界定。王留一认为一审判决将所有行政规范性文件的性质认定为法律解释这一观点是站不住脚的，因为除了法律解释外，行政规范性文件中还有另外一个重要组成部分，即公共政策性质的文件。对于此二者，应区分设置不同的司法审查标准。对于行政解释而言，其审查基准是不能超出其所揭示的概念的语义范围，否则就可能是创设了新的权利义务——即适用"权利义务标准"；对于以公共政策形式表现的裁量基准而言，只要在法律赋予的裁量权范围内，就可以进行创设性的规定，只要其不强制下级机关和公众遵守——即适用"约束力标

---

[1] 胡建淼：《行政法学》，法律出版社2015年版，第49页。
[2] 徐肖东："行政诉讼规范性文件附带审查的认知及其实现机制——以陈爱华案与华源公司案为主的分析"，载《行政法学研究》2016年第6期。

准"。[1] 此外，关于如何对行政解释进行司法审查，朱芒指出如果要求行政机关的解释内容中的文字表述与制定法中的文字表述形式上完全一致，那么这一方面会使解释本身失去价值，另一方面使得解释的范围被紧缩在制定法立法之时而不能适应社会的变化。[2] 除了包括判决书所指的对"天"字的扩张解释这种类型之外，行政解释还包括其他类型，尤其是在行政裁量领域对不确定法律概念的解释。如果行政机关在规范性文件中对不确定法律概念进行解释并设置一定的具体基准，也被认定为设定了新的权利义务的话，那么制定法将被之虚化，无法付诸具体应用。

最后，关于内容的合法性判断，一审判决并没有对"内容"这一不确定概念进行细致界定。关于法律上的"内容"，其核心是权利义务及其构成，而"权限"要素亦涉及权利义务的内容构成，两者都关注权利义务内容是否发生变化，这就产生了如何对二者进行区分的问题。朱芒认为这二者是同一事项的两个方面。正是因为规范性文件没有设定公民权利义务的权限，因此产生了改变相应法条规定的权利义务内容的结果，故同时造成了权限和内容要件的缺失。[3] 在本案中，正是由于规范性文件中有关过渡期的规定对"天"的重新解释设定了新的权利义务，导致这一文件改变了《商标法》关于"保护申请在先"的法律原则，从而产生了改变商标申请人权利义务内容的结果。

就该四种合法性审查要件的关系，有学者主张应建立以内容审查为主、其他审查为辅的审查标准。相应的，针对不同要件的审查强度亦应有所区别。内容审查应限于条款内容方面，只需将规范性文件的相关条款内容与上位法相关条款进行比对从而确定是否存在冲突，且只进行字面上的、条文上的审查即可。而对于制定主体、权限、程序等，则以明显违法为审查原则，即无需运用专业知识进行判断即可得出是否违法的结论。只要不是明显的主体、

---

〔1〕 王留一："论行政规范性文件司法审查标准体系的建构"，载《政治与法律》2017年第9期。

〔2〕 朱芒："规范性文件的合法性要件——首例附带性司法审查判决书评析"，载《法学》2016年第11期。

〔3〕 朱芒："规范性文件的合法性要件——首例附带性司法审查判决书评析"，载《法学》2016年第11期。

权限、程序违法，都可以归结到内容合法的审查上来。[1]

针对第三个问题，即对规范性文件和对被诉行政行为进行合法性审查的关系。《行政诉讼法》第53条规定的是附带审查制度，这意味着原告在提起诉讼时必须以行政行为为请求审查的对象，并附带提出对规范性文件的审查请求。换言之，审查规范性文件并不是直接目的，解决当事人之间因为行政行为而引发的具体争议才是根本目的。此种具体审查方式不同于比较法上不依附于行政行为争议而对规范性文件进行单独审查（抽象审查）的模式。[2]因此，法院进行规范性文件审查的侧重点之一是审查规范性文件是否构成争讼行政决定的依据。关于如何认定"依据"之含义，李成提出了如下标准：（1）行政规范性文件应当具备形成公法上利害关系的规范能力，能够为外部相对人创设、变更或消灭公法上的权利义务关系；（2）行政机关有依据规范性文件进行"概念涵摄——效果选择"的适用行为；（3）适用结果处于行政规范性文件文意射程内，即行政机关不能突破规范性文件中的法律概念、构成要件等在文义解释下所能延展的极限，将案件事实错误涵摄其中或逾越其对法律效果的细分；（4）行政规范性文件是形成利害关系的直接依据，即法院需要排除那些关联强度尚不足以直接影响相对人权利义务或并未直接形成利害关系的规范性文件的附带审查。[3]

值得注意的是，附带审查的制度设计只是在诉讼的启动环节，那么在进入法院的审查环节后，法院是"停留在该规范性文件本身的内容层面，还是需要结合被诉行政行为在适用该依据时产生的法律效果予以一并审查"，对此并不明确。在华源公司一案中，法院实际上是对规范性文件的合法性构成进行了单独审查，并在认定其为非法后直接判定《协商通知书》缺乏法律依据而应予以撤销，未从行政行为合法性构成方面对《协商通知书》再进行审查。就域外经验而言，确实存在着只审查规范性文件而不审查被诉行为的单独审查类型，故学者指出我国《行政诉讼法》第53条的附带审查制度也容纳了单

〔1〕 王红卫、廖希飞："行政诉讼中规范性文件附带审查制度研究"，载《行政法学研究》2015年第6期。

〔2〕 杨士林："试论行政诉讼中规范性文件合法性审查的限度"，载《法学论坛》2015年第5期。

〔3〕 李成："行政规范性文件附带审查进路的司法建构"，载《法学家》2018年第2期。

独审查的空间。[1]

二、新增商标过渡期制度的必要性与合法性

华源公司案不仅对行政法中的若干理论和实践问题产生了重要影响，还关涉到商标法领域内的重要制度设计问题，尤其是新增服务商标的过渡期制度。一审判决认定商标局制定的过渡期制度将 31 个自然日视为同一天是对《商标法》第 31 条所指"同一天"的重新定义，而非"具体应用过程的解释"，并因此否定了其合法性。同时一审判决还指出现有法律已经对保护在先使用权人的利益进行了较为完备的制度设计，"即使被抢注商标的在先使用人会耗费时间、人力与物力寻求救济，这也是法律正常运行所必然带来的制度成本，符合法律正常运行的规律"，这导致过渡期的设置并不必要，从而否定了其必要性。上述判决理由受到了学者的质疑。

首先，有关设立过渡期制度的必要性，商标局在诉讼中提出三点理由：（1）避免在先使用人的商标被抢注，尤其是在地处偏远或信息闭塞的地区；（2）避免消费者对药品来源产生误认；（3）防止在先使用权人维权成本过高，因为其商标一旦被抢注可能面临被诉侵权的风险。王天华结合日本设置过渡期的实践对此补充了两点理由：（1）我国新增的商标注册项目是药品零售或批发服务而非普通商品，关涉人民身体健康乃至生命安全的重大法益；（2）抢注不仅会给在先使用人、消费者带来影响，还会影响到行政实务的顺畅运作。[2]至于一审判决中提出被抢注商标的在先使用权人进行维权的成本是法律正常运行所必然带来的制度成本这一说法，这仅仅是对上述第三点的回应，并没有对其他四点理由进行恰当回应，说理并不充分。

其次，学者指出"过渡期制度的确是商标局所创设的，但它是作为《商标法》第 31 条的适用而创设的个别规范，而非在该法条之外另起炉灶的一般

---

〔1〕 朱芒："规范性文件的合法性要件——首例附带性司法审查判决书评析"，载《法学》2016 年第 11 期。

〔2〕 王天华："框架秩序与规范审查——'华源公司诉商标局等商标行政纠纷案'一审判决评析"，载《交大法学》2017 年第 1 期。

规范，更非对该法条中的法律概念本身的'重新定义'即对立法本身的修改"。[1] 王天华认为商标局有权创设过渡期制度，理由有三：（1）并不违反法律的禁止性规定；（2）为法律秩序所必要；（3）已为法律秩序所容忍有事实依据，包括1993年设置过渡期的先例、立法不作为和《新增服务商标的通知》发布过程中的征求意见程序。此外，通过采用判断过程审查方式，商标局所设置过渡期制度的内容合法，理由是：（1）综合考虑信息传播速度和交通情况的变化，把过渡期设置为一个月的长度是合理的；（2）过渡期把31个自然日视为同一天可以缓和申请在先原则，对于实现过渡期制度的目的是必要和妥当的；（3）过渡期的确权规则，即"同日使用或均未使用的由当事人协商解决；在规定期限内不愿协商或协商不成的，以抽签方式确权"，对原告造成的不利影响小于不设置过渡期带来的制度成本。[2]

最后，一审判决认定《商标法》第31条中的"同一天"中的"天"指自然日，其理由有二：一是经验法则；二是《民法通则》第154条。这两点理由是法院判决认定商标局关于过渡期的规定将31个自然日视为同一日违法的核心理由，因此需要展开讨论。首要问题是这两个理由之间的关系是什么。经验法则属于对"天"这一概念的文意的判断，而作为制定法的《民法通则》对"天"的定义则属于法定内容。在本案中，经验法则与制定法规定的内容是一致的，都是自然意义上的24小时。但如果这二者不同，那么在解释相关概念时，就会产生应该适用哪一个规范的问题，[3] 毕竟制定法的内容因为政策导向在内容设置上很可能与经验法则不同。一审判决对这一问题并没有给出明确答案。如果认为在规范位阶上制定法优于经验法则并因此把制定规范性文件是否超越权限的判断集中在制定法的层面，那么会产生"被解释对象概念所在的制定法"与"作为根据规范的制定法"之间上下位关系的判断问题。在本案中，这一问题被具象为在对《商标法》第31条中的"天"字

---

〔1〕 王天华："框架秩序与规范审查——'华源公司诉商标局等商标行政纠纷案'一审判决评析"，载《交大法学》2017年第1期。

〔2〕 王天华："框架秩序与规范审查——'华源公司诉商标局等商标行政纠纷案'一审判决评析"，载《交大法学》2017年第1期。

〔3〕 朱芒："规范性文件的合法性要件——首例附带性司法审查判决书评析"，载《法学》2016年第11期。

进行解释时，是否必须以《民法通则》第 154 条为依据的问题。正如朱芒所言，一审判决在这一点上并没有进行分析，而是将《民法通则》的规定理所当然地或者潜在地设定为准用规范。[1] 因此，在说理方面，一审判决存在着不充分之处。

【后续影响及借鉴意义】

华源公司案作为新《行政诉讼法》实施后首例涉及部委规范性文件合法性审查的案件，体现了法院在没有直接先例的情况下，如何理解和适用《行政诉讼法》有关的条款。该案无论在学术研究还是司法实践上都具有很强的典型意义，为规范性文件的附带审查制度提供了鲜活的样本。华源公司案将规范性文件的司法审查标准从原有实践对上下位法关系的关注中剥离出来，初步确立了多元的、全方位的审查标准体系，较以往的不抵触或依据标准而言，新的审查框架在内容上获得了极大地丰富。华源公司案所确立的规范性文件审查的分析框架在一定程度上体现在《行诉解释》中。其中第 148 条规定："人民法院对规范性文件进行一并审查时，可以从规范性文件制定机关是否超越权限或者违反法定程序、作出行政行为所依据的条款以及相关条款等方面进行。有下列情形之一的，属于行政诉讼法第 64 条规定的'规范性文件不合法'：（一）超越制定机关的法定职权或者超越法律、法规、规章的授权范围的；（二）与法律、法规、规章等上位法的规定相抵触的；（三）没有法律、法规、规章依据，违法增加公民、法人和其他组织义务或者减损公民、法人和其他组织合法权益的；（四）未履行法定批准程序、公开发布程序，严重违反制定程序的；（五）其他违反法律、法规以及规章规定的情形。"从司法解释所列举的合法性审查标准来看，它基本上确立了"权限——内容——程序"三个层次的审查标准。第（一）项基本上涵盖了华源公司案判决所指的主体和权限两项标准，第（二）项和第（三）项是对内容标准的进一步细化，遵循了依法行政原则的两大子原则即法律优位和法律保留的要求，第（四）项是对程序标准的细化，第（五）项则是兜底条款，有可能通过司法

---

[1] 朱芒："规范性文件的合法性要件——首例附带性司法审查判决书评析"，载《法学》2016年第 11 期。

实践的扩展解读将违背上位法的立法精神、目的、原则、宗旨等情形纳入进来。但值得注意的是，据学者统计，附带审查后规范性文件被宣告违法的比例仅仅在 4% 左右，这与立法机关在引入规范性文件附带审查制度时对实践中规范性文件"数量过多，越权制定或者内容违法"的基本判断相去甚远。[1]这也意味着我国法院适应自己作为规范性文件附带审查机关的新角色，还有很长的路要走。

除了体现在后续的司法解释中，华源公司判决之后，学界对行政规范性文件的司法审查标准体系的研究也逐渐趋于细化和深化。区别于传统理论界坚持的单一化标准建构思维，有学者提出要对规范性文件进行区分审查并对司法审查标准进行差异化建构，例如在纵向上区分为权限审查、合法性审查和合理性审查三个层次，横向上将规范性文件区分为解释基准和裁量基准两种类型并分别适用不同的审查标准。[2]也有学者主张根据规范性文件权威性程度的不同，将审查分为两个步骤，首先是狭义合法性审查，核心是上下位法关系的判断；其次是检验规范性文件的权威性要素高低，分别予以司法尊重或者根据立法目的、法律精神、法律原则等进行广义的合法性审查。[3]还有学者提出应当把那些具有规范性文件形式并涵括公共政策事项的"公共政策决定"区分为政策事项和执行措施，分别适用不同的司法审查标准。对于前者，应首先考量该事项是否符合现代政府管制的正当性准则和具备实质合法性，而后判断行政机关是否有形式上的主体权限。如果政策事项的审查结论是合法，方进行下一步的对执行措施的合法性的审查，其审查标准与传统的司法审查一致，包括行政行为的主体、事实、依据和程序四个方面。[4]随着司法实践和理论研究的进一步推进，规范性文件附带审查制度将会日趋精细化、复杂化，更加具有可操作性和理论上的自洽性。但无论该制度未来如何发展，华源公司一案的分水岭意义已初见端倪。

---

〔1〕 李成："行政规范性文件附带审查进路的司法建构"，载《法学家》2018 年第 2 期。

〔2〕 王留一："论行政规范性文件司法审查标准体系的建构"，载《政治与法律》2017 年第 9 期。

〔3〕 俞祺："规范性文件的权威性与司法审查的不同层次"，载《行政法学研究》2016 年第 6 期。

〔4〕 谭清值："公共政策决定的司法审查"，载《清华法学》2017 年第 1 期。

三、行政诉讼中的法律适用

案例一　于艳茹诉北京大学撤销博士学位案

成协中[*]

【案例名称】

于艳茹诉北京大学撤销博士学位案［北京市第一中级人民法院（2017）京 01 行终 277 号行政判决］

【关键词】

正当程序原则　学位撤销权　行政相对人

【基本案情】

原告于艳茹于 2008 年 9 月考入北京大学历史学系攻读博士学位。2013 年 7 月，于艳茹博士毕业，进入中国社会科学院世界历史研究所（其博士学位证书的落款时间是 2013 年 7 月 5 日）。2013 年 1 月，于艳茹将其撰写的论文《1775 年法国大众新闻业的"投石党运动"》（以下简称《运动》）向《国际新闻界》杂志社投稿。同年 3 月 18 日，该杂志社编辑通过电子邮件通知于艳茹按照该刊格式规范对《运动》一文进行修改。同年 4 月 8 日，于艳茹按照该杂志社要求通过电子邮件提交了修改稿。同年 5 月，临近博士学位论文

＊作者简介：成协中，中国政法大学法学院行政法研究所教授，博士生导师。

答辩，于艳茹提交了答辩申请书及科研统计表，《运动》被她作为科研成果列入答辩申请书，注明"《国际新闻界》于2013年3月18日接收，待发"。连同《运动》提交的还有她已发表在核心期刊的4篇论文及其他3篇未发表的论文。同年7月23日，《国际新闻界》2013年第7期刊载于艳茹《运动》一文。

2014年8月17日，《国际新闻界》发布公告称，于艳茹在《运动》中大段翻译原作者的论文，直接采用原作者引用的文献作为注释，其行为已构成严重抄袭。随后，北京大学成立专家调查小组对于艳茹涉嫌抄袭一事进行调查。同年9月1日，北京大学专家调查小组召开第一次会议，决定聘请法国史及法语专家对于艳茹的博士学位论文、《运动》一文及在校期间发表的其他论文进行审查。同年9月9日，于艳茹参加了专家调查小组第二次会议，于艳茹就涉案论文是否存在抄袭情况进行了陈述。其间，外聘专家对涉案论文发表了评审意见，认为《运动》一文"属于严重抄袭"。同年10月8日，专家调查小组作出调查报告，该报告提到在审查小组第三次会议中，审查小组成员认为《运动》一文"基本翻译外国学者的作品，因而可以视为严重抄袭，应给予严肃处理"。同年11月12日，北京大学学位评定委员会召开第117次会议，对于艳茹涉嫌抄袭事件进行审议，决定请法律专家对现有管理文件的法律效力进行审查。2015年1月9日，北京大学学位评定委员会召开第118次会议，全票通过决定撤销于艳茹博士学位。同日，北京大学作出校学位〔2015〕1号《关于撤销于艳茹博士学位的决定》（以下简称《撤销决定》）。该决定载明："于艳茹系我校历史系2008级博士研究生，2013年7月获得博士学位，证书号为（×××）。经查实，其在校期间发表的学术论文《1775年法国大众新闻业的"投石党运动"》存在严重抄袭。依据《中华人民共和国学位条例》《国务院学位委员会关于在学位授予工作中加强学术道德和学术规范建设的意见》《北京大学研究生基本学术规范》等规定，经2015年1月9日第118次校学位评定委员会审议批准，决定撤销于艳茹博士学位，收回学位证书。"

上述决定于同年1月14日送达于艳茹。于艳茹不服，于同年1月20日向北京大学学生申诉处理委员会提出申诉。同年3月16日，北京大学学生申诉处理委员会作出2015〔3〕号《北京大学学生申诉复查决定书》，决定维持

《撤销决定》。同年 3 月 18 日，于艳茹向北京市教育委员会（以下简称市教委）提出申诉，请求撤销上述《撤销决定》。同年 5 月 18 日，市教委作出京教法申字［2015］6 号《学生申诉答复意见书》，对于艳茹的申诉请求不予支持。于艳茹亦不服，于同年 7 月 17 日向北京市海淀区人民法院提起行政诉讼，请求撤销北京大学作出的《撤销决定》，并判令恢复其博士学位证书的法律效力。

【裁判要旨】

正当程序原则是裁决争端的最基本的原则及最低的公正标准，行政机关在作出任何影响行政相对人权益的行政行为前，都必须遵循正当程序原则，包括事先告知相对人，听取相对人的陈述、申辩等。作为法律、法规授权的组织，高等院校在行使学位撤销权时，亦应当遵守正当程序原则，充分听取行政相对人的陈述和申辩，保障其享有相应的权利，否则，其作出的对于行政相对人不利的决定即有违正当程序原则，应当予以撤销。

【裁判理由与论证】

一审法院认为，根据《中华人民共和国学位条例》第 8 条规定："博士学位，由国务院授权的高等学校和科研机构授予。"该条例第 17 条规定："学位授予单位对于已经授予的学位，如发现有舞弊作伪等严重违反本条例规定的情况，经学位评定委员会复议，可以撤销。"根据上述规定，北京大学作为学位授予机构，依法具有撤销已授予学位的行政职权。因此，北京大学向于艳茹作出的《撤销决定》，属于《行政诉讼法》规定的行政行为；于艳茹不服该《撤销决定》而提起的诉讼，亦属于人民法院行政诉讼受案范围。

学位条例及相关法律法规虽然未对撤销博士学位的程序作出明确规定，但撤销博士学位涉及相对人重大切身利益，是对取得博士学位人员获得的相应学术水平作出否定，对相对人合法权益产生极其重大的影响。因此，北京大学在作出被诉《撤销决定》之前，应当遵循正当程序原则，在查清事实的基础上，充分听取于艳茹的陈述和申辩，保障于艳茹享有相应的权利。本案中，北京大学虽然在调查初期与于艳茹进行过一次约谈，于艳茹就涉案论文是否存在抄袭陈述了意见；但此次约谈系北京大学的专家调查小组进行的调查程序；北京大学在作出《撤销决定》前未充分听取于艳茹的陈述和申辩。因此，北京大学作出的对于艳茹不利的《撤销决定》，有违正当程序原则。

此外，北京大学作出的《撤销决定》中仅载明"依据《中华人民共和国学位条例》（以下简称《学位条例》）、《国务院学位委员会关于在学位授予工作中加强学术道德和学术规范建设的意见》（以下简称《学术道德和学术规范意见》）、《北京大学研究生基本学术规范》等规定"，未能明确其所适用的具体条款，故其作出的《撤销决定》没有明确的法律依据，适用法律亦存在不当之处。

综上，北京大学作出的被诉《撤销决定》违反法定程序，适用法律存在不当之处，法院应予撤销。该《撤销决定》被依法撤销后，由北京大学依照相关规定进行处理。于艳茹要求恢复其博士学位证书法律效力的诉讼请求，不属于本案审理范围，法院依法予以驳回。

二审法院认为，本案的争议焦点在于：一、北京大学作出《撤销决定》时是否应当适用正当程序原则；二、北京大学作出《撤销决定》的程序是否符合正当程序原则；三、北京大学作出《撤销决定》时适用法律是否准确。

关于焦点一，正当程序原则的要义在于，作出任何使他人遭受不利影响的行使权力的决定前，应当听取当事人的意见。正当程序原则是裁决争端的基本原则及最低的公正标准，其在我国《行政处罚法》《行政许可法》等基本行政法律规范中均有体现。作为最基本的公正程序规则，只要成文法没有排除或另有特殊情形，行政机关都要遵守。即使法律中没有明确的程序规定，行政机关也不能认为自己不受程序限制，甚至连最基本的正当程序原则都可以不遵守。应该说，对于正当程序原则的适用，行政机关没有自由裁量权。只是当法律未对正当程序原则设定具体的程序性规定时，行政机关可以就履行正当程序的具体方式作出选择。本案中，北京大学作为法律法规授权的组织，其在行使学位授予或撤销权时，亦应当遵守正当程序原则。即便相关法律法规未对撤销学位的具体程序作出规定，其也应自觉采取适当的方式践行上述原则，以保证其决定程序的公正性。

关于焦点二，正当程序原则保障的是相对人的程序参与权，通过相对人的陈述与申辩，使行政机关能够更加全面地把握案件事实、准确适用法律，防止偏听偏信，确保程序与结果的公正。而相对人只有在充分了解案件事实、法律规定以及可能面临的不利后果之情形下，才能够有针对性地进行陈述与申辩，发表有价值的意见，从而保证其真正地参与执法程序，而不是流于形式。本案中，北京大学在作出《撤销决定》前，仅由调查小组约谈过一次于艳茹，约谈的内容也仅涉及《运动》一文是否涉嫌抄袭的问题。至于该问题是否足以导致于艳茹的学位被撤销，北京大学并没有进行相应的提示，于艳茹在未意识到其学位可能因此被撤销这一风险的情形下，也难以进行充分的陈述与申辩。因此，北京大学在作出《撤销决定》前由调查小组进行的约谈，不足以认定其已经履行了正当程序。

关于焦点三，作为一个对外发生法律效力的行政行为，其所依据的法律规定必须是明确的，具体法律条款的指向是不存在争议的。唯有此，相对人才能确定行政机关的确切意思表示，进而有针对性地进行权利救济。公众也能据此了解行政机关适用法律的逻辑，进而增进对于相关法律条款含义的理解，自觉调整自己的行为，从而实现法律规范的指引、教育功能。本案中，北京大学作出的《撤销决定》虽载明了相关法律规范的名称，但未能明确其所适用的具体条款，而上述法律规范的条款众多，相对人难以确定北京大学援引的具体法律条款。一审法院据此认定北京大学作出的《撤销决定》没有明确的法律依据并无不当，应予支持。

综上，二审法院驳回上诉，维持一审判决。

【涉及的重要理论问题】

一、撤销学位的法律适用

于艳茹案二审判决作出之后，有学者指出，法院避开实体问题而只聚焦于程序是一次"技术处理"。但实际上，二审判决是比较巧妙地处理了本案的实体问题。二审判决尽管未对于艳茹的《运动》一文是否涉嫌抄袭做出直接认定，但其从法律适用的角度对北京大学作出的《撤销决定》进行了裁断："本案中，北京大学作出的《撤销决定》虽载明了相关法律规范的名称，但未能明确其所适用的具体条款，而上述法律规范的条款众多，相对人难以确定北京大学援引的具体法律条款，一审法院据此认定北京大学作出的《撤销决定》没有明确的法律依据并无不当，本院应予支持。"这一判断实际上非常巧妙地回应了本案的实体问题。因为北京大学作出的《撤销决定》之所以未援引具体法律条款，并非因为工作疏忽而遗漏，而是找不到合适的法律条款。

在北京大学作出的《撤销决定》中，载明的依据有《学位条例》《学术道德和学术规范意见》和《北京大学研究生基本学术规范》（以下简称《学术规范》）。

首先，根据《学位条例》第6条[1]之规定，授予博士学位的程序要求仅有两项，一是通过课程考试，二是通过论文答辩。本条后面三项学术水平要求是否达到，也要通过这两项程序要求实现。《学位条例》并未就有关论文发表作出明确要求。《北京大学学位授予工作细则》（以下简称《工作细则》）（2011）第36条规定："对于已经授予的学位，如发现有舞弊作伪等严重违反本工作细则的情况，经校学位评定委员会核准，予以撤销。"《工作细则》只是对颁发学位的相关要求和程序予以了细化，并无增加多少新的要求，也无关于学术论文发表的相关要求。换言之，从规范要求上看，只要申请人通过了课程考试和论文答辩（当然是指成绩合格），其就应被授予博士学位。学校不得在法律规范之外为当事人创设其他法律义务。是否发表相关学术论文，不影响其博士学位的获取。因此，《学位条例》第17条规定的可以撤销已经授予学位的情形"有舞弊作伪等严重违反本条例规定的情况"，应当系指作为博士学位获取条件之"课程考试"或"学位论文"存在舞弊作伪等严重情形，而不是与博士学位获取条件无关之其他违规违纪行为。很显然，本案也不属于此类情形。

其次，《学术规范》不能作为撤销学位证书的法律依据。表面上看来，《学术规范》第5条第3项与本案关联更为直接："已结束学业并离校后的研究生，如果在校期间存在严重违反学术规范的行为，一经查实，撤销其当时获得的相关奖励、学历证书和学位证书。"这一规定，既界定了可追责行为发生的时间，也明确只有"严重违反学术规范的行为"才可以撤销学位。但是，该规定也不得作为《撤销决定》的法律依据。原因如下：（1）该规定界定的

---

〔1〕《学位条例》第6条规定，高等学校和科学研究机构的研究生，或具有研究生毕业同等学力的人员，通过博士学位的课程考试和论文答辩，成绩合格，达到下述学术水平者，授予博士学位：（一）在本门学科上掌握坚实宽广的基础理论和系统深入的专门知识；（二）具有独立从事科学研究工作的能力；（三）在科学或专门技术上做出创造性的成果。

可追责行为发生的时间是"在校期间"。《运动》一文发表的时间是当年7月23日，是在于艳茹从北京大学正式毕业之后。尽管论文的署名仍是北京大学历史系，但这是在她两次致函刊物要求修改作者单位未得到满足之后的结果。尽管论文的构思和投出是在校期间完成，但判定论文构成抄袭必然只能是以论文的正式发表作为时间节点。对于尚未发表的文献，显然无从判定是否构成抄袭。对于发表之前的行为进行惩戒，无异于对思想、对构思过程的惩戒，难以成立。（2）本条关于学位证书撤销的内容是对《学位条例》第17条的解释。作为一个学校内部的规范性文件，其无权在没有上位法依据的情况下自行创设惩罚性规范。因而其只能是一种解释性规范。（3）本条第3项明显扩大了《学位条例》第17条规定的可以撤销已授予学位的条件。根据前述分析，《学位条例》第17条规定的撤销条件，应当是"课程考试"或"学位论文"存在舞弊作伪等严重情形。而《学术规范》第5条第3项将其扩大为"在校期间存在严重违反学术规范的行为"。《学术规范》第4条列举了八项违反学术规范之情形，大大超过了《学位条例》第17条规定的范围。（4）如果要对此项规范做合法性辩护的话，作为撤销学位理由之"严重违反学术规范的行为"，应当系指"课程考试"或"博士学位论文"严重违反学术规范的行为。至于在校期间其他违反学术规范的行为，可依照情节轻重，分别给予撤销相关奖励、毕业证书等处理。（5）超出上位法规范范围的内容无效，不应得到适用。《学术规范》是学校颁布的一个规范性文件，在无上位法依据时，其通常只能是一种引导性规范，而不能成为一种惩戒性、裁判性规范。《学术规范》的相关内容如果超出了上位法规定的适用范围，则构成越权无效，不能得到适用。

最后，《学术道德和学术规范意见》不得作为撤销学位的法律依据。首先，《学术道德和学术规范意见》只是一部规范性文件，不能作为具有惩戒性质的行政行为作出的依据。其次，《学术道德和学术规范意见》明确列明应予严肃处理的行为，只包括：（1）在学位授予工作各环节中，通过不正当手段获取成绩；（2）在学位论文或在学期间发表学术论文中存在学术不端行为；（3）购买或由他人代写学位论文；（4）其他学术舞弊作伪行为。其中第（2）项与本案的情形相近，但显然也并不符合。《运动》一文既不属于学位论文，也不属于在学期间发表的学术论文，如果要适用前述兜底条款，根据该意见

第6条的规定，也必须"要遵循客观、公正、合法的原则，根据舞弊作伪行为的性质和情节轻重，依据法律、法规和有关规章制度对相关人员做如下处理"。很显然，在本案中，难以找到适用于本案的"法律、法规和有关规章制度"。

因此，尽管二审判决仍主要以程序不正当为由维持了一审法院的撤销判决，但其并非回避了本案的实体问题。相反，其对北京大学作出的《撤销决定》没有列明具体的法律条款的判断，可谓点到了"死穴"。北京大学作出的《撤销决定》之所以未援引具体法律条款，并非因为工作疏忽而遗漏，而是找不到合适的法律条款，没有直接的法律依据。

二、学位撤销程序的合法性：正当程序原则的司法适用

本案中，北京大学在作出《撤销决定》前，由专家调查小组对于艳茹进行过一次约谈，约谈的内容仅涉及《运动》一文是否涉嫌抄袭的问题。至于该问题是否足以导致于艳茹的学位被撤销，北京大学并没有进行相应的提示。此后，北京大学校学位评定委员会未听取于艳茹的陈述和申辩，亦未经举证质证就完全否定了专家调查小组调查后提出的初步意见，直接作出了《撤销决定》。据此，一审、二审判决均认定北京大学作出对于艳茹不利的《撤销决定》前未充分听取其陈述和申辩，有违正当程序原则。

通过本案的审理，二审法院再次重申了正当程序原则的核心要义，即行政机关作出任何使他人遭受不利影响的行使权力的决定前，应当听取当事人的意见。同时，对于正当程序原则的意义和重要性，法院明确指出，正当程序原则保障的是相对人的程序参与权，通过相对人的陈述与申辩，使行政机关能够更加全面把握案件事实，准确适用法律，防止偏听偏信，确保程序与结果的公正。而相对人只有在充分了解案件事实、法律规定以及可能面临的不利后果的情形下，才能够有针对性地进行陈述与申辩，发表有价值的意见，从而保证其真正地参与程序，而不是流于形式。此外，判决书还强调，正当程序原则作为最基本的公正程序规则，只要成文法没有排除或另有特殊情形，行政机关都要遵守。即使法律中没有明确的程序规定，行政机关也不能认为自己不受程序限制，甚至连最基本的正当程序原则都可以不遵守。

应当说，二审判决对于正当程序原则的相关论述是十分到位的，而这对

于程序权利意识的普及和强化无疑具有正向促进作用。正当法律程序在防止公权力滥用、遏制腐败的同时，也起着保护公民、法人和其他组织的合法权益不受公权力主体滥权、恣意行为侵犯的重要作用。因此，该判决在网络上公布后，赢得了实务界、学术界和社会公众的一致好评。

其实，正当程序原则出现在法院的裁判文书中早已不再新鲜。近年来，随着我国行政法治的发展，正当程序原则作为公共行政的基本原则得以确立，其重要性日益得到凸显。[1] 现在来看，正当程序原则已成为一个在司法实践中被广为接受的原则。早在 1999 年的"田永诉北京科技大学拒绝颁发毕业证、学位证"案中，法院的判决书中即已蕴含了正当程序原则的理念。此后，一系列与高校教学管理相关的行政诉讼案件，如"刘燕文案""甘露案"，共同廓清了高校自治与依法行政的范围：法律尊重并支持高校从教学管理与学术伦理的角度独立作出判断，但当这一判断涉及权力行使并影响他人权益时，就需要接受法律的检验。其中，程序问题一直是司法审查高校管理行为合法性的重点。

尽管正当程序原则的重要价值已被广为认可，但正当程序原则究竟应该包括哪些具体内容，不仅法律未予以明确规定，学术界也一直争论不断。不同的学者对此有着不同的理解。不过，多数观点认为通知、说明理由、听取陈述和申辩等属于正当程序中不可或缺的内容。因此，高校在作出撤销学位的决定之前必须进行上述程序。

就于艳茹案而言，我国现行法律对于学位撤销的程序并未作出具体的规定。《学位条例》第 17 条仅规定，学位授予单位对于已经授予的学位，如发现有舞弊作伪等严重违反本条例规定的情况，经学位评定委员会复议，可以撤销。但对于撤销学位适用的程序，则未作出规定。教育部 2012 年发布了《学位论文作假行为处理办法》，其中第 12 条规定，"发现学位论文有作假嫌疑的，学位授予单位应当确定学术委员会或者其他负有相应职责的机构，必要时可以委托专家组成的专门机构，对其进行调查认定"。第 13 条则确立了听取当事人陈述和申辩制度，要求学位授予单位"对学位申请人员、指导教

---

〔1〕 江国华、彭珮："法治原则在大学治理中的适用——于艳茹诉北京大学撤销博士学位案检视"，载《江汉大学学报（社会科学版）》2018 年第 2 期。

师及其他有关人员作出处理决定前，应当告知并听取当事人的陈述和申辩"。据此，参照前述学位论文作假的处理程序，高校在撤销学位时也应当履行调查认定程序并听取当事人的陈述和申辩。

此外，由于学位的撤销和行政处罚均为使当事人承担不利后果的行政行为，两者包含一样的效果因素。因此从保护相对人合法权益的角度出发，撤销学位的程序也可以适当参照《行政处罚法》的相关程序规定。参照《行政处罚法》第6条、第31条、第32条、第39条、第40条和第42条的规定〔1〕，高校撤销学位至少应当经过以下关键程序：调查认定、告知理由和依据、听取陈述和申辩、听证、作出决定并告知权利、制作决定书并送达。

从一定意义上说，程序就是法治和恣意而治的分水岭。在我国法治建设初期，"重实体、轻程序"的观念普遍存在。无论是政府的行政管理活动，还是高校的教学管理活动，按程序办事的意识均十分淡薄，正当程序的观念亦相当落后。"田永诉北京科技大学拒绝颁发毕业证、学位证案"等一系列案件便在一定程度上反映出程序问题普遍存在于高校内部管理之中。从1999年的"田永案"到2015年的"于艳茹案"，经过十几年的时间，高校对学生的程序权利保障仍未到位，足见当前高校依法治校之任重道远。

总之，必须强调的是，高校享有自主办学权并不意味着其可以不遵循正当程序原则。高校在办学中应当将正当程序原则引入各个管理与服务领域，注重运用民主、告知、听证、申辩、送达、内部救济等一系列程序制度，实现高等学校内部管理与服务的法治化，切实保障学生的合法权益。

---

〔1〕《行政处罚法》第6条第1款规定："公民、法人或者其他组织对行政机关所给予的行政处罚，享有陈述权、申辩权。"第31条规定："行政机关在作出行政处罚决定之前，应当告知当事人作出行政处罚决定的事实、理由及依据，并告知当事人依法享有的权利。"第32条规定："当事人有权进行陈述和申辩。行政机关必须充分听取当事人的意见，对当事人提出的事实、理由和证据，应当进行复核；当事人提出的事实、理由或者证据成立的，行政机关应当采纳。行政机关不得因当事人申辩而加重处罚。"第39条第1款规定："行政机关依照本法第38条的规定给予行政处罚，应当制作行政处罚决定书。"第40条规定："行政处罚决定书应当在宣告后当场交付当事人；当事人不在场的，行政机关应当在7日内依照民事诉讼法的有关规定，将行政处罚决定书送达当事人。"第42条规定："行政机关作出责令停产停业、吊销许可证或者执照、较大数额罚款等行政处罚决定之前，应当告知当事人有要求举行听证的权利。"

三、学位撤销应当考虑的要件：不当联结禁止原则的运用

根据现有的法律规范和不当联结禁止原则，北京大学将非在学期间发表的非学位论文的抄袭作为撤销学位的考量因素，显然是不恰当的，因为两者之间并不具有合理的关联。

大陆法系的"不当联结禁止原则"要求公权力机关在行使权力时，行为与目的之间必须具有实质的、合理的关联，不应当将与法律目的无关的规范或事实要素纳入考虑，以避免行政恣意。[1]而判断是否具有合理的关联时，通常须考量法律对系争措施所设定的要件或规范旨趣。若行政机关所结合的事项与系争法规意旨相同或相近者，即属合理的关联。[2]

本案中，于艳茹博士学位证书的落款时间是 2013 年 7 月 5 日，而其涉嫌抄袭的论文发表于 2013 年 7 月 23 日，已经是博士毕业之后。这些日期在平时看来或许并不重要，但是在作出一个非常严苛和不利的处分时，应当严格地予以审视和观察。结合不当联结禁止原则，具体到本案中，需要考虑的问题便是，于艳茹的行为与学位的撤销之间是否具有正当联结。换句话说，北京大学将于艳茹非在校期间发表的非学位论文的抄袭作为撤销学位的考量因素是否恰当。下面就具体结合学位撤销的相关法律依据来展开分析。

正如在前面法律适用部分所分析的那样，根据《学位条例》第 6 条[3]之规定，授予博士学位的程序要求仅有两项，一是通过课程考试，二是通过论文答辩。后面三项学术水平要求是否达到，也要通过这两项程序要求实现。所以从规范要求上看，只要申请人通过了课程考试和论文答辩（当然是指成绩合格），其就应被授予博士学位。学校不得在法律规范之外为当事人创设其他法律义务。同时，对于学位的撤销，《学位条例》第 17 条规定："学位授予单位对于已经授予的学位，如发现有舞弊作伪等严重违反本条例规定的情况，

---

〔1〕 周佳宥：《行政法基本原则》，台湾三民书局 2016 年版，第 151 页。

〔2〕 伍劲松："论行政法上禁止不当结合原则"，载《西南政法大学学报》2004 年第 4 期。

〔3〕《学位条例》第 6 条规定：高等学校和科学研究机构的研究生，或具有研究生毕业同等学力的人员，通过博士学位的课程考试和论文答辩，成绩合格，达到下述学术水平者，授予博士学位：（一）在本门学科上掌握坚实宽广的基础理论和系统深入的专门知识；（二）具有独立从事科学研究工作的能力；（三）在科学或专门技术上做出创造性的成果。

经学位评定委员会复议，可以撤销。"根据不当联结禁止原则，此处的"舞弊作伪等严重违反本条例规定的情况"与学位的撤销之间应当具有正当联结，非正当联结则不应考量。结合《学位条例》第6条之规定，授予学位的主要标准是"课程考试"和"博士论文"。因此，第17条规定的可以撤销已经授予学位的情形，即"有舞弊作伪等严重违反本条例规定的情况"，应当系指作为博士学位获取条件之"课程考试"或"学位论文"存在舞弊作伪等严重违反学位条例的情形，而不是与博士学位获取条件无关的其他违规违纪行为。简言之，撤销学位应属于对"不符合学位授予条件而授予学位"这一情形的纠错行为。因此行为人在与博士学位获取条件无关之研究事务中舞弊作伪的，不应导致撤销学位的后果。这两者之间并不具有合理的关联。本案中，于艳茹的课程考试和博士论文并没有舞弊作伪等严重违反《学位条例》规定的情况，完全符合博士学位的授予条件。北京大学以于艳茹的非学位论文舞弊作伪撤销其博士学位，并不恰当，违背了不当联结禁止原则。

退一步讲，即便参考不能单独作为撤销学位的法律依据的《学术规范》和《学术道德和学术规范意见》的规定，本案中于艳茹的行为与学位的撤销之间也不具有合理关联。《学术规范》第5条第3项规定："已结束学业并离校后的研究生，如果在校期间存在严重违反学术规范的行为，一经查实，撤销其当时获得的相关奖励、学历证书和学位证书。"不难看出，可能导致学位证书撤销的严重违反学术规范的行为只限于在校期间。另外，根据国务院学位委员会发布的《学术道德和学术规范意见》，在学位授予工作中，学位授予单位对以下舞弊作伪行为，必须严肃处理：（1）在学位授予工作各环节中，通过不正当手段获取成绩；（2）在学位论文或在学期间发表学术论文中存在学术不端行为；（3）购买或由他人代写学位论文；（4）其他学术舞弊作伪行为。从前述规定中的"学位授予工作各环节""学位论文""在学期间发表学术论文"等字眼可以看出，在学位授予工作中应予以严肃处理的应当限于学位授予各环节中出现的舞弊作伪行为。也就是说，即便可以对与"课程考试"和"学位论文"无关的其他严重违反学术规范的舞弊作伪行为进行严肃处理，比如第（2）项中列出的"发表学术论文中存在学术不端行为"，该行为也必须被限定于在校期间。因此根据《学术规范》和《学术道德和学术规范意见》的规定，对于博士学位的撤销，只有在校期间违反学术规范的行为才应当被纳入考虑范围。

综合上述内容，无论是根据《学位条例》规定的"课程考试"和"学位论文"标准，还是《学术规范》和《学术道德和学术规范意见》中的"在校期间"标准，非在校期间发表的非学位论文的抄袭都不应成为撤销学位的考量因素。北京大学以于艳茹非在校期间发表的非学位论文舞弊作伪而撤销其博士学位，并不恰当，违背了不当联结禁止原则。

四、以非学位论文抄袭而撤销学位的合理性：比例原则的检视

运用比例原则来分析此案，同样可以得出北京大学的做法并不恰当的结论。

作为公法领域的帝王条款，比例原则一般指行政机关为达成行政目的，应选择适当的手段进行。其包含三个子原则，分别为适当性原则、必要性原则和均衡性原则。适当性原则指手段应有助于行政目的的达成；必要性原则要求在有多重手段可供选择时，应选择对人民侵害最小的手段；均衡性原则指手段与目的要成比例，即因采取该手段所造成的侵害与达成目的而获致的利益应当均衡。下面就结合这三个子原则来对本案进行分析。

首先，北京大学采取撤销学位这一极其严厉的手段无疑有助于实现其严肃学术规范的目的，因而其行为符合妥当性原则的要求。2017年6月10日，北京大学官方微博发布了《北京大学研究生院关于于艳茹诉北京大学一案的说明》。这则说明中明确强调北京大学将继续严肃学术规范，对任何违反学术道德、抄袭剽窃的行为绝不容忍姑息，切实维护学术共同体的尊严。由此不难看出，北京大学撤销于艳茹博士学位的目的就在于严肃学术规范，维护学术共同体的尊严。由于此案社会影响较大，舆论纷纷要求严惩于艳茹，肃清学术圈不良风气。因此，客观地讲，北京大学采取撤销学位这一严厉手段确实有助于严肃学术规范，维护学术共同体的尊严。但是，北京大学撤销学位的决定很难通过必要性原则和均衡性原则的检验。

当前，在法律规范层面，我国仅对学位论文作假的处理进行了规定，对于普通学术论文的作假与抄袭，并没有明确的处理规定。2012年11月，教育部发布了《学位论文作假行为处理办法》（以下简称《处理办法》）。其中，第7条规定："学位申请人员的学位论文出现购买、由他人代写、剽窃或者伪

造数据等作假情形的，学位授予单位可以取消其学位申请资格；已经获得学位的，学位授予单位可以依法撤销其学位，并注销学位证书。"该规定明确了学位论文如果出现作假情形，学位授予单位可以撤销学位。但是在本案中，于艳茹涉嫌抄袭的论文并非是其博士学位论文，而只是普通的学术论文。该论文既非参与博士论文答辩的必要前提，也非于在校期间发表。北京大学按照学位论文作假的处理办法来对待此篇非学位论文的抄袭，无疑有违背必要性原则和均衡性原则之嫌。

另外，如果从法律规范的字面来看，对于学位论文的作假，《处理办法》第7条规定的只是"可以"依法撤销其学位，而非必须。同样，根据上位法《学位条例》第17条之规定，学位授予单位对于已经授予的学位，如发现有舞弊作伪等严重违反本条例规定的情况，经学位评定委员会复议，可以撤销。两则规范中的"可以"都说明学位授予单位存在一定的裁量权。也就是说，即便存在学位论文作假或者其他严重违反《学位条例》规定的情形，学位授予单位也应综合考虑行为的恶劣程度、与学位授予条件的关联程度等因素施加与之相应的处理，做到"过罚相当"，而非不加区别地一律采取撤销学位的措施。

具体到本案，于艳茹非在校期间发表的非学位论文的抄袭，其严重性显然要弱于学位论文的作假。将撤销学位这一对学位论文作假行为情节严重时才采取的处理措施适用于非学位论文的抄袭，显然违背了比例原则中的必要性原则和均衡性原则。撤销学位这一手段对相对人来说非但不是损害最小的措施，其给相对人造成的损害也远远超过达成目的而获致的利益。具体来说，撤销学位对于任何学生而言，都是致命的打击。尚且不谈相对人为了获取博士学位投入多少时间和精力，撤销学位等于将数年的努力与付出全部抹杀。学位还关系个人的职业发展和社会评价尤甚，直接影响到个人的未来发展。仅凭一篇非学位论文涉嫌抄袭就撤销学位，显然是对相对人利益的严重侵害，既非必要，也不适当。

总的来说，北京大学作为知名学府，其严肃学术规范的决心和担当值得肯定。但是高校在进行学位授予与撤销时是代表国家行使公权力，其行为不仅应具有事实和法律上的依据，还应当兼顾手段与目的的平衡。不能因为舆论或者其他因素的影响而作出从重处罚，恣意践踏相对人的合法权利。比例原则作为控制行政裁量权，规制公权力的重要原则和工具，应当被公权力行使主体所严格遵循。

五、高校自治的边界与司法介入的空间

在于艳茹案中，一审法院和二审法院审查的重点均在于行政行为的合法性。具体来讲，法院分别对北京大学是否享有撤销已授予学位的行政职权、行政行为是否有明确法律依据，以及行政行为程序的合法性进行了审查。至于于艳茹的论文是否构成严重抄袭这一事实问题，法院并未对此进行评判，而是选择尊重高校对学术问题的专业性判断。应当说，本案中，法院在介入高校管理事务时始终保持着谦抑的态度。

从充分保障高校自主权的角度而言，法院无疑应尊重高校的自治空间。高等教育学通说认为，大学自治的理由在于大学是生产和传播高深知识的地方，高深学位需要非凡的、复杂的甚至是神秘的知识，只有学者能够深刻理解它的复杂性。因而在知识上，应该让专家单独解决这一领域的问题。[1]在法律规范层面，自1999年起实施的《高等教育法》在第四章"高等学校的组织和活动"部分，详细规定了高等学校在制订招生方案和教学计划、选编教材、组织实施教学活动、开展境外交流与合作、确定内部组织机构的设置和人员配备等方面均享有自主决定权。因此，对于高校自主权范围内的事项，司法权力保持谦抑性是有必要的。

具体到本案中，对于学术不端行为的边界划定和程度判断，教育领域的法律规范和学术共同体的相关讨论都还存在着较大的模糊性。在此情况下，法官更难凭借自身有限的知识进行判断。[2]所以法官对于学术组织作出的专业判断应当给予充分的尊重。于艳茹案中，一审、二审的法官均采取这样的态度，很好地把握了司法介入的限度。

另一方面，有必要强调的是，高校的自治空间绝不是法治的真空领域。高校自主权应始终在法治的轨道上发展，其与依法治教、依法治校的发展应当是同步的。在法治社会，公民权利的司法保障最具权威性，同时也是最终

---

〔1〕 邓世豹："论司法介入大学管理三原则——以大学对学生管理权为例"，载《高教探索》2004年第1期。

〔2〕 刘一玮："学术不端行为的认定及其司法审查——以于艳茹案为切入点"，载《河南教育学院学报（哲学社会科学版）》2018年第3期。

保障。因此，司法介入高校管理是公民权利保障的逻辑结果。[1]对于高校管理的司法审查，需要探讨的问题集中于两个方面。一是司法审查的广度，即司法审查的范围问题；二是司法审查的强度。

首先，在针对高校管理的司法审查的范围方面，我国2014年修正的《行政诉讼法》第2条规定："公民、法人或者其他组织认为行政机关和行政机关工作人员的行政行为侵犯其合法权益，有权依照本法向人民法院提起诉讼。前款所称行政行为，包括法律、法规、规章授权的组织作出的行政行为。"因此，从法律规范层面来看，对于高校依据法律、法规、规章授权作出的行政行为，相对人认为侵犯其合法权益的，有权向法院提起行政诉讼。

但是在实践中，"法律、法规、规章授权"这一标准的适用存在相当程度的模糊性。基于法条固有的概括性和抽象性，具体到个案中，往往很难判断某项权力是否属于法律、法规、规章授权的范围。与此同时，不可否认的是，高校的诸多管理行为都极有可能侵犯学生的受教育权、就业权、人身自由权等一系列宪法基本权利，或是对学生的权益产生重大的不利影响。因此针对高校的哪些决定与行为能够纳入司法审查的范围，我国理论界引入了德国联邦宪法法院通过司法判例所确立的"重要性理论"。具体言之，凡是涉及学生基本权利的重要事项的决定，都可以通过司法途径获得救济。有学者根据法律规定和司法实践，进一步归纳出下列事项应当纳入司法审查的范围：违纪处分类行为、学籍处理类行为、学业证书管理类行为、学位管理类行为和招生考录类行为。[2]

本案中，北京大学依据《学位条例》第17条[3]的授权实施的撤销学位的行为，是代表国家行使公权力的行为。毫无疑问，其应被纳入司法审查的范围，这一点在本案中并无争议。

其次，在司法审查的强度方面，就于艳茹案而言，如前所述，法院的审查重点在于行政行为的合法性，对于行政行为的合理性则未有涉及。大概是

---

[1] 邓世豹："论司法介入大学管理三原则——以大学对学生管理权为例"，载《高教探索》2004年第1期。

[2] 程雁雷："司法介入高校学生管理纠纷范围的界定"，载《公法研究》2006年第3期。

[3] 《学位条例》第17条规定："学位授予单位对于已经授予的学位，如发现有舞弊作伪等严重违反本条例规定的情况，经学位评定委员会复议，可以撤销。"

基于尊重高校自治，尤其尊重学术判断的考量，法院的审查聚焦于北京大学作出撤销决定的法律依据和程序是否合法的问题。但是从最大限度地保障公民权益的角度来看，法院还应当对行政行为的合理性进行审查。因为高校在处理学生学术不端问题上存在很大的裁量空间。对于这一点，前已述及的《学位条例》和《处理办法》中规定的"可以"撤销学位即是例证。在高校享有较大的裁量权且行政行为对学生权益产生较大影响的情况下，法院应当对行政行为进行合理性审查。具体操作上，可适用比例原则、不当联结禁止等原则进行衡量与判断，确保行政行为的目的与手段之间的均衡和正当联结。从而更好地保障相对人的合法权益，实现实质法治的更高目标。本案中，北京大学以于艳茹非在校期间发表的非学位论文舞弊作伪而撤销其博士学位，并不恰当，严重违背了不当联结禁止原则和比例原则。法院可根据《行政诉讼法》第 70 条之规定，判决撤销或者部分撤销这一明显不当的行政行为，并可以判决被告重新作出行政行为。

因此，综上所述，尽管于艳茹案的二审判决广获赞誉，但在对行政行为的合理性审查方面，法院的表现并不能令人满意。在高校具有较大裁量权且行政行为会对学生的权益产生较大影响的情况下，法院有必要对运用比例原则等对行政行为进行合理性审查。只有这样，才能最大限度地保护学生的合法权益，推动高校实质法治的实现。当然，法院在进行合理性审查时，仍应尽可能贴合相关法律规范进行推理论证而非依赖法官的主观判断，以避免司法对高校行政行为的不当干预。

【后续影响及借鉴意义】

于艳茹案如今虽然已尘埃落定，但由该案折射出的许多问题，都值得我们进一步的思考。比如学术不端的认定与处理问题、撤销学位的程序问题、司法介入高校管理的限度问题，等等。

于艳茹案是我国首个因涉嫌论文抄袭导致博士学位被撤销的行政诉讼案件。近年来，我国学术不端、学术腐败的现象时有发生，扰乱了学术秩序，败坏了学术风气和学术道德。对于学术不端行为的治理，不仅需要依靠学术自律和道德约束，更要从法治的角度进行约束。有关学术不端行为的认定及处理等问题，急需更加明确的规范标准。

同样，撤销学位作为对学生基本权益产生重大影响的行政行为，其应当经过的具体程序也需要法律予以明确规定。本案中，由于缺乏相应的程序规定，北京大学在作出撤销学位的决定前完全忽视了于艳茹的程序权利。虽然正当程序原则已被司法实践所广泛接受，法院也撤销了相当数量的违反正当法律程序的高校行政行为。但是这种事后救济的方式很难有效保证高校对正当法律程序的一贯遵循。

另外，由于《学位条例》的规定较为概括和笼统，高校在进行细化规定时很有可能扩大相关惩罚性规定的适用条件，对学生权利进行不当限缩。例如，《学位条例》第17条规定，"学位授予单位对于已经授予的学位，如发现有舞弊作伪等严重违反本条例规定的情况，经学位评定委员会复议，可以撤销"。但其中"舞弊作伪等严重违反本条例规定的情况"究竟具体指向哪些行为，《学位条例》以及相关规定并没有予以明确。这就导致一些高校在细化该规定时，明显扩大《学位条例》第17条规定的可以撤销已授予学位的条件，对学生的合法权利进行不当限缩。于艳茹案中，《北京大学研究生基本学术规范》就存在这一问题。该《学术规范》第5条第3项〔1〕将《学位条例》第17条规定的可以撤销已授予学位的条件扩大为"在校期间存在严重违反学术规范的行为"。且该《学术规范》第4条〔2〕具体列举了七项违反学术规范之情形并在第八项设置了兜底条款，大大超过了《学位条例》第17条规定的范围。无疑，这样的规定将使所有严重违反《学术规范》第4条规定的行为都会导致学位的撤销。而撤销学位这一对学生基本权益产生重大影响的行为，

---

〔1〕《北京大学研究生基本学术规范》第5条第3项规定："已结束学业并离校后的研究生，如果在校期间存在严重违反学术规范的行为，一经查实，撤销其当时所获得的相关奖励、毕业证书和学位证书。"

〔2〕《北京大学研究生基本学术规范》第4条规定："研究生不得发生有违学术规范的行为，包括：（一）编造或篡改研究成果、实验数据、引用资料及调查结果。（二）以不正当手段将他人作品或工作的全部或部分据为己有，引用他人著述而不加以注明等抄袭、剽窃行为。（三）由他人代写或代替他人撰写学位论文或学术论文，提供虚假论文发表证明，编造学术经历，向研究资助人谎报研究结果等弄虚作假行为。（四）发表论文时未如实署名，或发表时未征得合作者同意。（五）采取伪造或涂改等手段制作推荐信、鉴定意见、评阅意见、成绩单等有关个人学术情况的证明材料；采用不正当手段干预并影响学业成绩与各种奖励的评定，干预论文评阅或答辩等。（六）违反实验操作规定，故意损坏实验器材或原料，或私自将危险性实验用品带出实验室等违反实验安全的行为。（七）违反有关保密规定，将保密事项对外泄露。（八）其他偏离学术规范要求的行为。"

其具体条件显然应由法律予以规定，不能任由各高校自由确定。

总体来看，《学位条例》经年失修，一部分规定与现实脱节，对公民权利的保护达不到应有水平，应当尽快予以修订。尤其是在学位授予和学位撤销等方面，《学位条例》规定得过于笼统，也缺乏程序方面的要求，在实践中容易引起争议。当前以《学位条例》第17条为代表的学位撤销法律规定过于概括和模糊，已经成为引发诸多学位撤销争议的深层根源。[1] 基于此，从保障公民权利的角度出发，《学位条例》一方面应当增加对学生程序权利的保障，如规定高校作出拒绝授予毕业证、学位证或者撤销学位等对学生权益产生重大影响的行政行为时，应当经过调查认定、告知理由和依据、听取陈述和申辩、听证、作出决定并告知权利、制作决定书并送达等程序。另一方面，《学位条例》也应当明确撤销学位的法律保留原则。

最后，对于本案引申出的司法介入高校管理的限度问题，我们的理想目标自然是达到高校自治和公民权利保障的平衡，实现高校管理中的公平正义。而要在具体个案中实现这一目标，不仅需要教育领域相关法律法规的完善，也需要法官的聪明智慧。

---

〔1〕 李川："学位撤销法律规定的现存问题与厘清完善——以《学位条例》的相关修订为例"，载《学位与研究生教育》2018年第11期。

案例二 "北雁云依"诉济南市公安局历下区分局燕山派出所行政登记案

卞修全[*]

【案例名称】

"北雁云依"诉济南市公安局历下区分局燕山派出所行政登记案 [山东省济南市历下区人民法院 (2010) 历行初字第 4 号行政判决]

【关键词】

公安行政登记 姓名权 公序良俗 正当理由

【基本案情】

原告"北雁云依"法定代理人吕晓峰诉称:其妻张瑞峥在医院产下一女取名"北雁云依",并办理了出生证明和计划生育服务手册新生儿落户备查登记。为女儿办理户口登记时,被告济南市公安局历下区分局燕山派出所(以下简称燕山派出所)不予上户口。理由是孩子姓氏必须随父姓或母姓,即姓"吕"或姓"张"。根据《中华人民共和国婚姻法》(以下简称《婚姻法》)和《民法通则》关于姓名权的规定,请求法院判令确认被告拒绝以"北雁云依"为姓名办理户口登记的行为违法。

被告燕山派出所辩称:依据法律和上级文件的规定不按"北雁云依"进行户口登记的行为是正确的。《民法通则》规定公民享有姓名权,但没有具体

---

* 作者简介:卞修全,中国政法大学法学院行政法研究所教授,硕士生导师。

规定。而2009年12月23日最高人民法院举行新闻发布会，在关于夫妻离异后子女更改姓氏问题的答复中称，《婚姻法》第22条是我国法律对子女姓氏问题作出的专门规定，该条规定子女可以随父姓，可以随母姓，没有规定可以随第三姓。行政机关应当依法行政，法律没有明确规定的行为，行政机关就不能实施，原告和行政机关都无权对法律作出扩大化解释，这就意味着子女只有随父姓或者随母姓两种选择。从另一个角度讲，法律确认姓名权是为了使公民能以文字符号即姓名明确区别于他人，实现自己的人格和权利。姓名权和其他权利一样，受到法律的限制而不可滥用。新生婴儿随父姓、随母姓是中华民族的传统习俗，这种习俗标志着血缘关系，随父姓或者随母姓，都是有血缘关系的，可以在很大程度上避免近亲结婚，但是姓第三姓，则与这种传统习俗、与姓的本意相违背。全国各地公安机关在执行《婚姻法》第22条关于子女姓氏的问题上，标准都是一致的，即子女应当随父姓或者随母姓。综上所述，拒绝原告法定代理人以"北雁云依"的姓名为原告申报户口登记的行为正确，恳请人民法院依法驳回原告的诉讼请求。

济南市历下区人民法院经审理查明：原告"北雁云依"出生于2009年1月25日，其父亲名为吕晓峰，母亲名为张瑞峥。因酷爱诗词歌赋和中国传统文化，吕晓峰、张瑞峥夫妇二人决定给爱女起名为"北雁云依"，并以"北雁云依"为名办理了新生儿出生证明和计划生育服务手册新生儿落户备查登记。2009年2月，吕晓峰前往燕山派出所为女儿申请办理户口登记，被民警告知拟被登记人员的姓氏应当随父姓或者母姓，即姓"吕"或者"张"，否则不符合办理出生登记条件。因吕晓峰坚持以"北雁云依"为姓名为女儿申请户口登记，被告燕山派出所遂依照《婚姻法》第22条之规定，于当日作出拒绝办理户口登记的具体行政行为。

该案经过两次公开开庭审理，原告"北雁云依"法定代理人吕晓峰在庭审中称：其为女儿选取的"北雁云依"之姓名，"北雁"是姓，"云依"是名。

因案件涉及法律适用问题，需送请有权机关作出解释或者确认，该案于2010年3月11日裁定中止审理，中止事由消除后，该案于2015年4月21日恢复审理。

济南市历下区人民法院于2015年4月25日作出（2010）历行初字第4号行政判决：驳回原告"北雁云依"要求确认被告燕山派出所拒绝以"北雁

云依"为姓名办理户口登记行为违法的诉讼请求。

一审宣判并送达后，原被告双方均未提出上诉，本判决已发生法律效力。[1]

【裁判要旨】

公民选取或创设姓氏应当符合中华传统文化和伦理观念。仅凭个人喜好和愿望在父姓、母姓之外选取其他姓氏或者创设新的姓氏，不属于全国人民代表大会常务委员会《关于〈中华人民共和国民法通则〉第 99 条第 1 款、〈中华人民共和国婚姻法〉第 22 条的解释》第 2 款第 3 项规定的"有不违反公序良俗的其他正当理由"。[2] 不管是私权利，还是公权力，都不可滥用，否则都要承担不利的后果。只有正确地行使权利和权力，才能得到法律的保护。

【裁判理由与论证】

济南市历下区人民法院从双方当事人的主要分歧和本案的关键问题两个方面，分析和论证了作出上述判决的理由。

一、双方当事人的主要分歧

济南市历下区人民法院认为，双方当事人主要对《民法通则》第 99 条第 1 款、《婚姻法》第 22 条的适用问题存在分歧。对这项法律适用问题，本院层报至最高人民法院，最高人民法院请求全国人民代表大会常务委员会进行解释。2014 年 11 月 1 日，第十二届全国人民代表大会常务委员会第十一次会议通过了《关于〈中华人民共和国民法通则〉第 99 条第 1 款、〈中华人民共和国婚姻法〉第 22 条的解释》，该解释规定："公民依法享有姓名权。公民行使姓名权，还应当尊重社会公德，不得损害社会公共利益。公民原则上应当随父姓或者母姓。有下列情形之一的，可以在父姓和母姓之外选取姓氏：（一）选取其他直系长辈血亲的姓氏；（二）因由法定扶养人以外的人抚养而

---

〔1〕 "北雁云依"诉济南市公安局历下区分局燕山派出所行政登记案，中华人民共和国最高人民法院 http://www.court.gov.cn/fabu-xiangqing-74112.html，最后访问时间：2019 年 3 月 22 日。

〔2〕 "北雁云依"诉济南市公安局历下区分局燕山派出所行政登记案，中华人民共和国最高人民法院 http://www.court.gov.cn/fabu-xiangqing-74112.html，最后访问时间：2019 年 3 月 22 日。

选取抚养人姓氏；（三）有不违反公序良俗的其他正当理由。少数民族公民的姓氏可以从本民族的文化传统和风俗习惯。"该立法解释第1款重申了公民依法享有姓名权，同时指出，公民行使姓名权作为一项民事活动，应尊重社会公德，不得损害社会公共利益。第2款采用了"列举+一般条款"的形式，规定了可以在父姓和母姓之外选取姓氏的三种情形。第3款则针对少数民族公民，规定其姓氏可以遵从本民族传统和习惯。[1]只要正确理解与适用上述立法解释，双方的主要分歧就可以解决。

二、本案的关键问题

在上述分析的基础上，济南市历下区人民法院认为，本案的关键问题在于，原告法定代理人吕晓峰提出的理由是否符合该立法解释第2款第3项规定的"有不违反公序良俗的其他正当理由"，同时符合尊重社会公德、不得损害社会公共利益的前提。应认为，该项规定设定了在父母姓氏之外选取其他姓氏的两个必备要件，一是不违反公序良俗，二是存在其他正当理由。其中，不违反公序良俗是选取其他姓氏时应当满足的最低规范要求和道德义务，存在其他正当理由要求在符合上述条件的基础上，还应当具有合目的性。

（1）所谓公序良俗，即指社会公共秩序和社会善良风俗，要求公民从事民事活动应当遵守公共秩序，符合善良风俗，不得损害社会公共利益，不得违反国家的公共秩序和社会的一般道德。

关于"公序良俗"对姓名的规制问题。首先，从社会管理和发展的角度，子女承袭父母姓氏有利于提高社会管理效率，便于管理机关和其他社会成员对姓氏使用人的主要社会关系进行初步判断。倘若允许随意选取姓氏甚至恣意创造姓氏，则会增加社会管理成本，无利于社会和他人，而且极易使社会管理出现混乱，增加社会管理的风险和不确定性。其次，姓氏主要来源于客观上的承袭，系先祖所传，名字则源于主观创造，为父母所授。在我国，姓氏承载了对血缘的传承、对先祖的敬重、对家庭的热爱等，而名字则承载了个人喜好、人格特征、长辈愿望等。中国人民对姓氏传承的重视和尊崇，不

---

[1] 山东省济南市历下区人民法院行政判决书（2010）历行初字第4号，中国裁判文书网 http://wenshu.court.gov.cn，最后访问时间：2019年3月22日。

仅仅体现了血缘关系、亲属关系，更承载着丰富的文化传统、伦理观念、人文情怀，符合主流价值观念，是中华民族向心力、凝聚力的载体和镜像。反之，如果任由公民仅凭个人意愿喜好，随意选取姓氏甚至自创姓氏，则会造成对文化传统和伦理观念的冲击，既违背社会善良风俗和一般道德要求，也不利于维护社会秩序和实现社会的良性管控。故，本案中"北雁云依"的父母自创姓氏的做法，不符合公序良俗对姓名的规制要求。

（2）关于"存在其他正当理由"，要求选取父母姓氏之外其他姓氏的行为，不仅不应违背社会公德、不损害社会公共利益，还应当具有合目的性。这种行为通常情况下主要存在于实际抚养关系发生变动、有利于未成年人身心健康、维护个人人格尊严等情形。本案中，原告"北雁云依"的父母自创"北雁"为姓氏、选取"云依"为名给女儿办理户口登记的理由是"我女儿姓名'北雁云依'四字，取自四首著名的中国古典诗词，寓意父母对女儿的美好祝愿"。此理由仅凭个人喜好愿望并创设姓氏，具有明显的随意性，不符合立法解释第 2 款第 3 项所规定的正当理由，不应给予支持。[1]

【涉及的重要理论问题】

行政登记是一种重要的行政确认行为，属于具体行政行为，如果公民、法人或者其他组织认为行政机关的具体行政行为侵犯了他的合法权益，可以向有管辖权的人民法院提起行政诉讼。本案就是一起典型的涉及行政登记的行政诉讼案件。但是公民、法人或者其他组织在利用行政诉讼维护自己的合法权益的时候，一定要严格依法进行，条件允许的条件下，最好聘请律师进行。本案涉及的重要理论问题有以下几个方面。

一、公安行政登记及其可诉性

行政登记是行政确认的一种。行政确认是指行政主体依法对行政相对人的法律地位、特定法律关系或者有关法律事实进行甄别和确证，并以法定方式予以宣告的行政行为。行政确认是现代行政管理的重要手段。行政主体依

---

〔1〕 山东省济南市历下区人民法院行政判决书（2010）历行初字第 4 号，中国裁判文书网 http://wenshu.court.gov.cn，最后访问时间：2019 年 3 月 22 日。

法进行权威判定，确定和证明法律事实、法律地位和法律关系的状态及其真实性、合法性等，并采用证书、标志或登记等法定形式予以告示，以稳定社会关系，维护公共秩序和公共利益，保障行政相对人合法权益，实现社会稳定和社会公正。[1]

我国行政确认广泛存在于公安、教育、卫生、工商等行政领域，依照不同的标准可以进行不同的划分，其中以确认形式为标准可划分为认定、证明、鉴定、登记等。认定是指对行政相对人已有法律地位、权利义务或者法定事项是否符合法律要求进行判定和确认，如产品质量认证、驰名商标认定、工伤医疗事故责任认定等。证明是指对法律关系存在状态或者法律地位、法律事实的真实性、合法性等进行明确肯定和确认，如学历和学位证明、无违法犯罪记录证明等。鉴定是指对特定的法律事实或客体的性质、状态、质量等进行的客观评价，如纳税鉴定、审计鉴定、会计鉴定等。登记是指在政府有关登记簿册中记载法定事项，依法明确某种法律事实或者确认某种法律关系的存在、变更或消灭，并依法予以正式宣告，如工商企业登记、婚姻登记等[2]。这里的登记就是指行政登记。

关于行政登记，学界更流行的概念是这样的：行政登记是指行政机关为实现一定的行政管理目的，根据法律、法规、规章的有关规定，依相对人申请，对符合法定条件的涉及相对人人身权、财产权等方面的法律事实予以书面记载的行为。[3]根据这个概念，行政登记具有以下六方面的特征：（1）行政登记是依申请的具体行政行为。没有行政相对人的申请，行政机关不能主动登记。（2）行政登记是单方行政行为。尽管行政登记是依申请的行政行为，但是否登记，由行政机关单方决定，不受行政相对人的控制。（3）行政登记是行政机关依法实施行政职权的行为。没有行政职权的行使，行政登记也不成其为一种具体行政行为。（4）行政登记是羁束行政行为，是否给予登记，行政机关无自由裁量权，对符合法定条件的登记申请，行政机关必须依法受理并予以登记。（5）行政登记的内容为相应的法律事实，主要是行政相对人有关

---

〔1〕 应松年主编：《行政法与行政诉讼法学》，高等教育出版社 2018 年版，第 194 页。

〔2〕 应松年主编：《行政法与行政诉讼法学》，高等教育出版社 2018 年版，第 195~196 页。

〔3〕 戴涛："行政登记侵权之诉研究"，载《行政法学研究》2001 年第 4 期。

人身权、财产权和其他权利方面的法律事实。这种法律事实是一定的法律关系的基础。(6)行政登记具有一定的行政管理的目的。

行政登记的种类很多，依据不同的标准，可以做不同的分类。以我国《行政许可法》调整范围的确立为立足点，可以将行政登记分为许可类登记与非许可登记两类。我国《行政许可法》第 12 条规定的行政许可包括以下六种：(1)普通许可，可以许可直接涉及国家安全、公共安全、经济宏观调控、生态环境保护以及直接关系人身健康、生命财产安全等特定活动，需要按照法定条件予以批准的事项。这是运用最广泛的一种行政许可，功能主要是防止危险、保障安全，一般没有数量限制，只要申请人符合条件均能获得许可。驾驶执照就是典型的普通许可。(2)特许，可以许可有限自然资源开发利用、公共资源配置以及直接关系公共利益的特定行业的市场准入等，需要赋予特定权利的事项。这些资源权利在享有和使用上必然是排他的，因此特许一定有数量上的限制。采矿许可，国有土地使用许可，航线使用许可，无线电频率使用许可，市政公用事业如水、电、公交、移动通信等经营权的许可，都是典型的特许。(3)认可，可以许可提供公众服务并且直接关系公共利益的职业、行业，需要确定具备特殊信誉、特殊条件或者特殊技能等资格、资质的事项。行政机关对申请人认可的结果，是确认申请人的从业权，一般来说不应当有数量限制，但不排除它在一定时期、一定条件下实行阶段性的数量控制。常见的需要认可的资格、资质有：法律职业资格、注册会计师资格、医师资格、建筑企业经营资质等。(4)核准，可以许可直接关系公共安全、人身健康、生命财产安全的重要设备、设施、产品、物品，需要按照技术标准、技术规范，通过检验、检测、检疫等方式进行审定的事项。在核准事项中，行政机关所核实的是特定的设施、设备、产品、物品是否达到一定的技术标准，只要这些物品达到了相关标准，就应核准，不应有数量上的限制。各种药品批文、产品合格证，都是典型的核准。(5)登记，可以许可企业或者其他组织的设立等，需要确定主体资格的事项。所谓确定主体资格，主要是指市场组织、事业组织、社会团体等企业或者其他组织设立时所需的主体资格。工商营业执照、社团设立登记，都是典型的登记许可，这里的登记就是许可类登记。而诸如婚姻登记之类的登记行为则被排除在《行政许可法》调整的登记范围之外。(6)法律、行政法规规定可以设定行政许可的其他事项。

非许可性登记包括作为事实行为的非许可登记与作为法律行为的非许可登记。作为事实行为的登记主要有户籍登记、税务登记、排污登记、暂住登记等，作为法律行为的非许可登记主要涉及对民事权属与民事关系的法律确认，如产权行政登记、抵押行政登记、机动车行政登记、户口行政登记、婚姻行政登记、收养行政登记等。

除了上述分类方法之外，行政登记还有一种常见的分类，就是以登记机关为分类标准，将行政登记分为公安行政登记、工商行政登记、民政行政登记、税务行政登记、海关行政登记、卫生行政登记、知识产权行政登记等，本案中的户口登记就是典型的公安行政登记。

尽管我国《行政诉讼法》第12条没有将公安行政登记明确列入行政诉讼的受案范围，但该法第2条规定："公民、法人或者其他组织认为行政机关和行政机关工作人员的行政行为侵犯其合法权益，有权依照本法向人民法院提起诉讼。"《行诉解释》第1条也重申："公民、法人或者其他组织对行政机关及其工作人员的行政行为不服，依法提起诉讼的，属于人民法院行政诉讼的受案范围。"因此，公安行政登记作为一种具体行政行为，具有可诉性。行政相对人认为公安机关的行政登记行为（包括不作为）侵犯其合法权益的，有权向人民法院提起行政诉讼。本案中济南市历下区人民法院依法受理"北雁云依"提起的行政诉讼并依法审理判决，就说明了这个问题。

二、燕山派出所的被告资格

我国行政诉讼被告的确定是以构成行政主体为标准。所谓行政主体，是指能够以自己的名义实施国家行政管理职能并承受一定法律后果的国家行政机关和社会组织。它的重要特征是以实施者的独立名义从事行政活动和承担相关法律责任。具备权、名、责三要素，即具备行政主体资格，可以作为行政诉讼的被告。能够成为行政主体的包括行政机关和法律、法规、规章授权组织，但是它们管理具体行政事务时需要有法律、法规、规章的规定作为根据。

首先，行政机关是最重要、最常见的行政主体，但是并非所有的行政机关都能成为行政主体。哪些行政机关能够成为行政主体，应当依据法律规定来确定，而且即使是行政主体，由于宪法与组织法的规定不同，不同的行政机关享有的行政职权和应该承担的责任也是不同的。

其次，法律、法规、规章授权的组织根据法律、法规、规章的规定，可以自己的名义从事行政管理活动、参加行政诉讼并承担相应法律责任，因授权获得行政主体资格。[1]与行政机关相比，法律、法规、规章授权的组织具有以下特征：（1）法律、法规、规章授权的组织是指非国家机关的组织。它们不同于行政机关，不具有国家机关的地位，它们只有在行使法律、法规、规章所授职权时，才享有国家权力和承担行政法律责任，在非行使法律、法规、规章授权时，它们只是一般主体，享有民事权利和承担民事义务。（2）法律、法规、规章授权的组织行使的是特定行政职权而非一般行政职权。所谓特定职权，即限于相应法律法规明确规定的某项具体职权或具体事项。法律、法规、规章授权组织包括企业组织（主要是公用企业，涉及铁路、电信、邮政、煤气、自来水等行业），事业单位（如高等学校、科研机构、防疫站等），行业组织（如律师协会、注册会计师协会、医师协会等），社会团体（如工会、妇联等），基层群众自治组织（包括村委会与居委会等）。

最后，在行政机关体系之内，还有一些机构，如各级政府的参事室、办公办事机构、议事协调机构，一般都不具备行政主体资格，国务院有的议事协调机构，如国务院学位委员会、防汛抗旱总指挥部、抗震救灾指挥部等因得到法律、法规的授权，取得了行政主体资格。类似情况还有一些行政机关的内设机构和派出机构，如国务院部门的内设机构，设立于国务院组成部门、直属单位，甚至办公机构、办事机构的内部，是这些单位的一个组成部分，一般不具有行政主体资格。但也有某些此类机构获得特别授权而成为行政主体，如国家知识产权局内设的专利复审委员会获得《中华人民共和国专利法》的授权而成为行政主体；国家市场监督管理总局内设的商标评审委员会获得《商标法》的授权而成为行政主体。又如一些地方行政机关设立的派出机构或内设机构，同样是这些机关的组成部分，一般不具有独立职权，不能成为行政主体，但也有一些派出机构与内设机构获得授权，在一定权限内具备行政

---

　　[1]　其中，法律、法规授权组织既可以作为行政诉讼的被告，又可以作为行政复议的被申请人，而规章授权组织只能作为行政诉讼的被告，不能作为行政复议的被申请人。

主体资格。在内设机构方面，常见的如地方公安部门的内设机构，包括公安消防机构、公安交通管理机构、公安出入境管理机构等。在派出机构方面，最常见的就是公安派出所。

我们知道，公安派出所作为公安局的派出机构，不是一个独立的行政机关，本来不具备行政主体资格，不能作为行政诉讼的被告和行政复议的被申请人，但是由于它得到了《治安管理处罚法》的授权，可以对违反《治安管理处罚法》的行政相对人处以警告和 500 元以下的罚款，在这个授权范围内，它具备行政主体资格。[1]那么，在户口登记方面，公安派出所是否具备行政主体资格，能不能作为行政诉讼的被告呢？答案是肯定的。1958 年施行的《中华人民共和国户口登记条例》第 3 条规定，"户口登记工作，由各级公安机关主管。城市和没有公安派出所的镇，以公安派出所管辖区为户口管辖区；乡和不设公安派出所的镇，以乡、镇管辖区为户口管辖区。乡、镇人民委员会和公安派出所为户口登记机关"。明确授权公安派出所为户口登记机关。因此，本案中的燕山派出所在户口登记方面具备行政主体资格，是本案的适格被告。

三、姓名权的正确行使

姓名权是公民依法享有的决定、使用、改变自己姓名的权利。法律规定，对于干涉、盗用、假冒他人姓名的行为，应追究行为人的民事责任。《民法通则》第 99 条规定："公民享有姓名权，有权决定、使用和依照规定改变自己的姓名，禁止他人干涉、盗用、假冒。"《民法总则》第 110 条规定："自然人享有生命权、身体权、健康权、姓名权、肖像权、名誉权、荣誉权、隐私权、婚姻自主权等权利。"《婚姻法》第 22 条规定："子女可以随父姓，可以随母姓。"姓名权的特征主要有：（1）姓名权的主体只能是自然人，法人不享有姓名权。只有自然人人格的文字标识才叫做姓名，因而自然人才享有姓名权。法人人格的文字标识是名称，享有的是名称权。（2）姓名权是一种对世权和绝对权，除了姓名权本人之外，任何人都是义务主体，都负有不得侵害其姓

---

〔1〕 作为《治安管理处罚法》前身的《治安管理处罚条例》对公安派出所的授权是警告和 50 元以下的罚款。

名权的义务，都不得非法干涉、使用他人的姓名。（3）自然人取名时，可以随父姓，可以随母姓。但要在父姓和母姓之外，另用他姓，须符合上述全国人大常委会《关于〈中华人民共和国民法通则〉第99条第1款、〈中华人民共和国婚姻法〉第22条的解释》的规定。本案的产生就是因为行政相对人错误地理解和适用上述立法解释的规定而错误行使姓名权，在前面的"裁判理由与论证"部分，济南市历下区人民法院已进行了充分论证。

本案的行政相对人之所以错误地理解和适用上述立法解释的规定，是因为没有正确地适用法律解释的方法。法律解释的方法是解释者在进行法律解释时为了达到解释的目标所使用的方法。具体来说，大体上可概括为文义解释、历史解释、体系解释、目的解释等方法。这些方法有时是综合使用的。（1）文义解释，也称语法解释、文法解释、文理解释，是指严格遵循法律规范的字面含义的一种以尊重立法者意志为特征的解释。这种解释按照法律条文的语言表述的字义、语法和通用的表达方式以及逻辑规律进行解释，目的在于使人们正确理解法律规范的含义和立法者的意志。这种解释的特点是将解释的焦点集中在语言上，而不顾及根据语言解释得出的结果是否公正、合理。（2）历史解释，是指通过对法律文件制定的时间、地点、条件等历史背景材料的研究，或者通过将这一法律与历史上同类法律规范进行比较研究来阐明法律规范的内容和含义。进行历史解释的目的，主要是探求某一法律概念如何被接受到法条中来，立法者是基于哪些价值作出的决定。（3）体系解释，又称系统解释，是指通过分析某一法律条文在整个法律体系和所属法律部门中的地位和作用，来揭示其内容和含义。这种解释的必要性在于，每一个法律条文都是统一的法的整体的一部分，也是某一法律部门的一部分。它是在与相关法律条文的相互配合下发挥作用的。因此，要正确了解和适用某一法律条文，就必须同其他法律条文联系起来理解，以便更好地了解它的真实内容和含义。其作用在于以法律体系整体为参照，保证法律体系内在的统一性，把握法律条文的精神所在。（4）目的解释，是指从制定某一法律的目的来解释法律。这里所讲的目的不仅可以指原先制定该法律时的目的，也可以是探求该法律在当前条件下的需要；既可以指整部法律的目的，也可以指个别法条、个别制度的目的。按照这种方法，在解释法律时应当首先了解立法机关在制定法律时所希望达到的目的，然后以这个目的或这些目的为指导，去说明法律的含义，尽量使有关目的得以实现。如果由于社会关系发展变化，原先的立法目的不能适应新的社会情势的需要，解释者可以通过这种解释方法，根据需要确定该法律的新的目的。（5）社会学解释，是指着重于社会效果的预测和社会利益的衡量，根据各种社会因素对法律规范的社会目的和社会效益进行解释，以更深刻地理解法律的社会内容和利益所在，适应社会的发展变化，使法律适用符合社会政策。（6）比较法解释，是指通过比较外国的立法和判例及其原则、经验和效果，对本国法律进行解释。其不仅有助于在法的适用中准确理解立法原意，同时有助于弥补法律漏洞。

　　具体到本案，要想正确地解释和适用上述立法解释的规定，最重要的是运用体系解释和文义解释的方法，事实上，济南市历下区人民法院就是这么做的。而本案的行政相对人不仅不能把该立法解释的相关条文放在整个法律体系和所属法律部门中去把握，甚至对该立法解释本身的内在逻辑都没有搞清楚，所以只能孤立、片面、错误地解释相关条文。此外，本案的行政相对人还忽视了该立法解释条文前面的说理部分。具体来说，全国人大常委会《关于〈中华人民共和国民法通则〉第99条第1款、〈中华人民共和国婚姻法〉第22条的解释》的正式条文之前有以下说理内容，"最高人民法院向全国人民代表大会常务委员会提出，为使人民法院正确理解和适用法律，请求对《民法通则》第99条第1款'公民享有姓名权，有权决定、使用和依照规定改变自己的姓名'和《婚姻法》第22条'子女可以随父姓，可以随母姓'的规定作法律解释，明确公民在父姓和母姓之外选取姓氏如何适用法律。全国人民代表大会常务委员会讨论了上述规定的含义，认为：公民依法享有姓名权。公民行使姓名权属于民事活动，既应当依照《民法通则》第99条第1款和《婚姻法》第22条的规定，还应当遵守《民法通则》第7条的规定，即应当尊重社会公德，不得损害社会公共利益。在中华传统文化中，'姓名'中的'姓'，即姓氏，体现着血缘传承、伦理秩序和文化传统，公民选取姓氏涉及公序良俗。公民原则上随父姓或者母姓符合中华传统文化和伦理观念，符合绝大多数公民的意愿和实际做法。同时，考虑到社会实际情况，公民有正当理由的也可以选取其他姓氏"。这些说理内容既交代了本立法解释的由来，又对本立法解释所用的方法进行了说明，把《民法通则》第99条第1款的规定与第7条以及《婚姻法》第22条的规定结合起来理解，同时厘清了公序良俗的含义，即"在中华传统文化中，'姓名'中的'姓'，即姓氏，体现着血缘传承、伦理秩序和文化传统，公民选取姓氏涉及公序良俗。公民原则上随父姓或者母姓符合中华传统文化和伦理观念，符合绝大多数公民的意愿和实际做法"。[1] 可以看出，这里既运用了体系解释的方法，又运用了文义解释的方法。此外，该说理内容还强调公民选取其他姓氏应当有正当理由。当然，这里的正当理由是指合目的性，而不是随心所欲的选择。对此，本案生效判决已作了解释，这里不再重复。

四、合法行政原则

合法行政原则是行政法的基本原则之一，是指行政机关执法必须合乎法律的要求。合法行政原则的根据，是行政机关在政治制度上对立法机关的从属性。合法行政原则是作为我国根本政治制度的人民代表大会制度在国家行政制度上的体现和延伸。人民代表大会制度确定了国家行政机关对人民代表大会的从属性。我国《宪法》第 2 条和第 3 条规定，中华人民共和国的一切权力属于人民，人民行使国家权力的机关是全国人民代表大会和地方各级人民代表大会。国家行政机关由人民代表大会产生，对它负责，受它监督。这样就从根本法上解决了国家行政权力来源的合法性问题。同时，《宪法》第 5 条规定，中华人民共和国实行依法治国，建设社会主义法治国家。一切国家机关都必须遵守宪法和法律。国家行政机关应当依照宪法和法律行使行政职权。

合法行政原则在结构上包括法律优先和法律保留两个方面。第一，法律优先，又叫法律优位，即行政机关必须遵守现行有效的法律。这一方面的基本要求是，行政机关实施行政管理，应当依照法律、法规、规章的规定进行，禁止行政机关违反现行有效的立法性规定，包括禁止错误地理解和执行现行有效的立法性规定。具体来说，包括以下三点：（1）行政机关的任何规定和决定都不得与法律相抵触，行政机关不得作出不符合现行法律的规定和决定。行政机关的规定和决定违法，就不能取得法律效力。（2）行政机关有义务积

---

〔1〕 "关于《民法通则》第 99 条第 1 款和《婚姻法》第 22 条的解释"，中国人大网 http://www.npc.gov.cn/npc/lfzt/rlys/node_ 25754. htm，最后访问时间：2019 年 3 月 24 日。

极执行和实施现行有效的法律规定的行政义务。行政机关不积极履行法定作为义务，将构成不作为违法。（3）对于法律授予的职权，行政机关应当严格按照法定的程序、在法定的范围内行使。第二，法律保留，即行政机关应当依照法律授权活动。这一方面的基本要求是：没有法律、法规、规章的规定，行政机关不得作出影响公民、法人和其他组织合法权益或者增加公民、法人和其他组织义务的决定。具体来说，包括以下两点：（1）行政机关采取行政措施必须有立法性规定的明确授权。（2）没有立法性规定的授权，行政机关不得采取影响公民、法人和其他组织权利义务的行政措施。行政机关不遵守这一不作为义务，将构成行政违法。

本案中，行政相对人在错误地理解和适用相关法律条文的前提下，要求当地派出所在父姓和母姓之外，另取"北雁"姓氏为其登记户口，如果当地派出所按其要求登记，就违反了现行有效的立法性规定，也就违反了合法行政原则。

【后续影响及借鉴意义】

本案是一起典型的因错误解释与适用法律条文而引起的行政争议，通过人民法院释法说理，作出公正判决，从而得到了解决。济南市历下区人民法院作出一审判决并送达之后，原告被告均没有上诉，说明原告被告对济南市历下区人民法院的说理与判决认可。本案判决生效后，引起了网友热烈的讨论，大家对如何增加法的明确性，行政机关如何严格执法，人民法院如何公正司法，以及公民如何正确行使权利，都提出了自己的看法。本案的借鉴意义有以下几点。

首先，各级人大及其常委会、国务院及其部门、设区的市政府等规则制定部门，应该大力贯彻科学立法的精神，在立法过程中尽可能地强化法律条文的明确性和具体性，尽可能少地避免在未来适用过程中发生分歧，产生纠纷。本案就是因为法律条文规定的不明确、不具体而引发的纠纷，尽管经过层报至最高人民法院，请求全国人大常委会作出了立法解释，但该解释中的其他正当理由仍然不明确，仍然需要运用正确的方法，进行科学的解释与适用，否则仍然会产生分歧和纠纷。

其次，行政机关在执法的过程中，要严守法律底线，遵守合法行政等行政法的基本原则，不拿原则做交易，否则就与全面建设法治政府，推进依法行政背道而驰。本案中燕山派出所发现行政相对人在父姓、母姓之外自创姓氏申请户口登记，认为这是对法律的错误理解与适用，属于违法申请，遂明示拒绝，于法有据，值得其他行政机关学习。

再次，各级人民法院在审理行政案件的时候，要严格以事实为根据，以法律为准绳，公正司法，努力做到让人民群众在每一个案件中都感受到公平正义。这就要求，人民法院在查清事实的基础上，正确地适用法律。如果遇到自己无法准确理解法律条文含义的情形，可以学习本案中济南市历下区人民法院的做法，层报上级人民法院处理，上级法院如果仍无法处理，可以继续层报，直至最高人民法院，甚至提请全国人大常委会进行解释。当然，除此之外，还要求我们的司法工作人员，严守法律人的底线，客观公正地审理判决，既不受行政机关的干扰，也不向行政相对人的无理诉求低头，从而作出经得起历史检验的公正判决。

最后，权利不可滥用是每一个公民都要遵守的原则。权利也好，自由也罢，都是有边界的，每个人在行使自己权利的时候，不能损害他人的合法权益，不能侵害国家利益和社会公共利益，不能违反社会公德与公序良俗。不仅如此，正确行使权利，还要依法进行，尤其是正确地理解和适用法律，自己的权利才能得到法律的有效保障。本案中的行政相对人就是因为没有认识到权利的边界，并错误地理解和行使了法律赋予公民的姓名权，从而与行政机关产生了纠纷，诉至人民法院，几年时间，久拖不决，浪费了大量的人力、物力、财力，教训不可谓不深刻。要正确地行使权利，就需要平时注重法律知识的学习，加强自身的法律素养，发生纠纷的时候，要量力而行，如果自己并没有把握解决，要及时地向法律专业人员请教学习，必要的时候，聘请法律专业人员帮助处理纠纷。

四、判决类型

案例　尹荷玲诉台州市国土资源局椒江分局土地行政批准案

张冬阳*

【案例名称】

尹荷玲诉台州市国土资源局椒江分局土地行政批准案 [浙江省台州市中级人民法院 (2011) 浙台行终字第 136 号行政判决]

【关键词】

裁判时机成熟　重作判决　内容明确　行政审批行为

【基本案情】

台州市中级人民法院经审理查明事实如下：尹荷玲系台州市椒江区海门街道百果村村民，丈夫方林贵系非农户口，儿子方旭跟随尹荷玲落户农村，系百果村农村村民。方林贵共有兄弟姐妹 5 人，父母在台州市椒江区光明路拥有 2.5 间房屋，合计建筑面积 156.41 平方米。2000 年 1 月 14 日，方林贵父母办理遗嘱公证，决定在去世后将双方共同所有的房屋由五子女均分。2000 年 2 月 13 日，方林贵父亲去世，母亲健在。2010 年 3 月，尹荷玲所在的百果村村民委员会允许符合条件的村民申请建房，同年 3 月 5 日，百果村村

* 作者简介：张冬阳，中国政法大学法学院行政法研究所讲师。

民委员会在尹荷玲的《农村私人建房用地呈报表》上签字同意其建房一间。2010年11月17日，台州市国土资源局椒江分局下属的海门中心所向尹荷玲作出答复：经椒江区国土分局领导商量意见，方林贵父母拥有2.5间老屋，按照农村审批宅基地政策，父母房屋不能分给女儿，不能审批宅基地，就此驳回了尹荷玲的建房申请。尹荷玲申请行政复议未获支持后，于2011年1月19日向台州市中级人民法院提起诉讼。台州市中级人民法院指令台州市玉环县人民法院审理本案。尹荷玲起诉请求撤销上述回复，并判令被告重新作出同意原告审批宅基地的行政行为。

浙江省台州市玉环县人民法院经审理认为，作为农村村民，原告以所有家庭成员作为一户申请宅基地建房，符合法律规定。虽然原告丈夫方林贵的父母已经公证遗嘱五子女均分2.5间房产，但因其母亲尚健在，原告丈夫所能分到的房产不足25个平方米。因此，被告作出的不能审批宅基地的答复没有事实根据，亦违反法律规定，应予以撤销；同时责令被告台州市国土资源局椒江分局于判决生效后30日内，对原告尹荷玲要求宅基地建房的申请予以审核同意。

对于浙江省台州市玉环县人民法院的判决，台州市国土资源局椒江分局不服提起上诉。

本案涉及的法律条款有：

《浙江省实施〈中华人民共和国土地管理法〉办法》第36条第1款规定：

"农村村民建造住宅用地，应当向户口所在地的村民委员会或者农村集体经济组织提出书面申请，经村民委员会或者农村集体经济组织讨论通过并予以公布，乡（镇）人民政府审核，报县级人民政府批准。"

《椒江区农村村民宅基地管理补充实施意见一》第10条规定：

"农嫁居人员，该户夫方未享受过集资建房、经济适用房、房改房或货币分房等政策，祖传及继承老屋建筑面积小于25平方米的，在符合该村村规民约和村民委员会同意的前提下，可按正常分户标准分户，并按农业在册人口数计算建房面积。"

【裁判要旨】

《行政诉讼法》第54条规定，人民法院可以判决"被告重新作出具体行政行为"，这不仅指人民法院原则上可以判令被告重新作出行政行为，也包括在裁判时机成熟时，直接判令被告作出内容明确的特定行政行为。[1]

【裁判理由与论证】

浙江省台州市中级人民法院经二审认为，上诉人作出的被诉答复缺乏事实根据和法律依据，应当予以撤销，一审法院判决内容并无不当，故驳回台州市国土资源局椒江分局的上诉，维持原判。

在判决理由部分，浙江省台州市中级人民法院主要对两个焦点问题作出回应：首先是对台州市国土资源局椒江分局的所作答复行为的性质认定；其次对法院可否在判决中对行政机关重新作出的行政行为限定具体内容进行说理。

一、答复行为的性质认定

台州市国土资源局椒江分局在上诉中称，"上诉人的答复是职能部门对具体事实的意见，不是具体行政行为"。台州市中级人民法院则认为，"上诉人对被上诉人尹荷玲提出的农村建房用地申请作出不能审批宅基地的答复，属于具体行政行为"。

根据《浙江省实施〈中华人民共和国土地管理法〉办法》第 36 条第 1 款的规定，农村居民建造住宅用地，应当向户口所在地的村民委员会或者农村集体经济组织提出书面申请，经村民委员会或者农村集体经济组织讨论通过并予以公布，乡（镇）人民政府审核，报县级人民政府批准。从这一规定可以看出，农村居民建造住宅用地的审批手续中并没有涉及土地行政机关的职责和管辖，法院则认为："但经查明，当地在实践操作上，农村村民建造住宅申请材料在报给乡镇人民政府、街道办事处进行审核前，均先由国土资源部门予以审查，无异议后再按上述规定的程序办理。"

本案中，尹荷玲申请宅基地建房的办理流程就遵循了这种操作办法。法院由此认定上诉人作出的不能审批宅基地的答复构成具体行政行为。

---

〔1〕　最高人民法院行政审判庭编：《中国行政审判案例》（第 4 卷），中国法制出版社 2012 年版，第 165 页。

二、法院可否限定行政机关重新作出的行政行为的具体内容

对于一审法院的判决，上诉人台州市国土资源局椒江分局在上诉中除了否定被上诉人符合法律规定的申请建房资格外，还称"被上诉人所在的百果村没有同意其申请报批，其所在的乡镇（街道）人民政府也没有签署任何意见，上诉人无权作出审核同意的意见。综上，请求撤销一审判决，维持被诉答复"。

《椒江区农村村民宅基地管理补充实施意见一》第10条规定："农嫁居人员，该户夫方未享受过集资建房、经济适用房、房改房或货币分房等政策，祖传及继承老屋建筑面积小于25平方米的，在符合该村村规民约和村民委员会同意的前提下，可按正常分户标准分户，并按农业在册人口数计算建房面积。"台州市中级人民法院认为，尹荷玲丈夫是居民户口，没有享受过集资建房、经济适用房、房改房或货币分房等；且按照公证遗嘱，其目前能够继承的房产亦不足25平方米。这些条件符合了上述法律规定的申请资格，综合在案证据和法律依据，上诉人作出的被诉答复也就没有事实依据和法律依据，应当予以撤销，一审法院责令上诉人在判决生效30日内作出审核同意的具体行政行为也就并无不当。

综上，台州市中级人民法院判决驳回上诉，维持原判。

【涉及的重要理论问题】

"尹荷玲诉台州市国土资源局椒江分局土地行政批准案"被最高人民法院行政审判庭提取"裁判要旨"后刊登在《中国行政审判案例》第4卷上，列于"裁判方式"之下[1]。实际上，正如法官们评析部分所显示的，本案争议的焦点有两个：首先，能否根据实践中行政机关的长期操作办法，作为认定其具有相应职责的依据。其次，人民法院判决行政机关重新作出具体行政行为，是否可以对重作的行为限定为相应的具体内容。前者关系到行政惯例的认定；后者则涉及裁判时机成熟理论。

---

〔1〕 最高人民法院行政审判庭编：《中国行政审判案例》（第4卷），中国法制出版社2012年版，第167页。

一、行政惯例的认定

根据《浙江省实施〈中华人民共和国土地管理法〉办法》第 36 条第 1 款规定，农村村民建造住宅用地的，应当先是提出书面申请，经村民委员会或者农村集体经济组织讨论通过并予以公布，再经乡（镇）人民政府审核，最后报县级人民政府批准。在这一流程中，并没有赋予国土资源部门审查农村村民建造住宅申请等职责权限。而本案中，台州市国土资源局椒江分局在答复中驳回了尹荷玲的建房申请，"提前介入"宅基地审批环节。

（一）行政惯例的拘束效果

对于台州市国土资源局椒江分局驳回建房申请的做法，如果完全依据《浙江省实施〈中华人民共和国土地管理法〉办法》考查，该行为并无法律依据，应当依法予以撤销。但国土资源部门对土地使用申请先予审查并且嵌入到既有法定审批流程中的做法不仅是长期普遍存在的，以提高行政效率；而且从行政职权实际运作上来看，法律法规中规定的县级人民政府批准，具体操作的职能部门也是国土资源部门。这种反复同样的行政实践，在不违背上位法时，可以作为人民法院认定行政机关具有相应法定职责的依据。[1]

在第 135 号行政审判案例"吴小琴等诉山西省吕梁市工伤保险管理服务中心履行法定职责案"的评析部分，法官给"行政惯例"下了定义："行政惯例，是指行政机关在处理某一类行政事务时长期反复存在，并普遍适用的习惯性做法。"[2] 这些习惯性做法可能是为了应对法律规范的不明确而试行的做法，也可能是在有法律规范的情况下，为了方便行政实务而进行的变通。这些试行或者变通的做法，也许与现行法律规范的要求并不完全契合，依法应当调整甚至废除。

我国台湾地区的通说认为，基于行政惯例（Verwaltungspraxis）及平等原则，使行政规则发生"间接的法律上对外效力"。换言之，由于经常平等地适

---

〔1〕 最高人民法院行政审判庭编：《中国行政审判案例》（第 4 卷），中国法制出版社 2012 年版，第 169 页。

〔2〕 最高人民法院行政审判庭编：《中国行政审判案例》（第 4 卷），中国法制出版社 2012 年版，第 79 页。

用，使行政规则成为行政惯例，因而，行政机关必须自我约束（Selbstbindung der Verwaltung），若无实质上的合理理由，对于相同的案件不得有不同的处理。行政机关对于具体案件，若无实质的合理理由，违反行政规则所生之行政惯例，则可认为违反平等原则。[1]

实践中，行政惯例进入到行政裁量过程中，可以实现行政的自我约束。这主要表现为：一是行政机关在个案裁量时，参考具体先例或者典型案例直接作出处理决定；二是行政管理实践中的某些习惯性做法内化为固定的"行规"或者得到成文规则的认可，行政机关在个案裁量时直接予以适用；三是行政惯例借助行政自我拘束原则或者平等原则的适用，彰显对行政裁量活动的引导。[2]

在"广州德发房产建设有限公司与广东省广州市地方税务局第一稽查局税务处理决定纠纷上诉案"中，最高人民法院审查"广州税稽一局行使《税收征管法》第 35 条规定的应纳税额核定权是否超越职权的问题"时认为："在国家税务总局对税务局和稽查局职权范围未另行作出划分前，各地税务机关根据通知确立的职权划分原则，以及在执法实践中形成的符合税务执法规律的惯例，人民法院应予尊重。"[3] 通过司法确认的方式，认可省级以下的税务局及其税务稽查局在具体执法过程中形成的不违反法律原则和精神且符合具体执法规律和特点的惯例，最高人民法院首次明确要求审判机关尊重行政机关长期执法活动中形成的专业判断和行政惯例。[4]

（二）行政惯例适用的界限

行政惯例的适用也有着自身的界限，即不能违反法律原则和精神，不违背上位法。在"李云林诉江苏省南京市人力资源和社会保障局案"中，原告以自由职业者身份分两次在江苏省淮安市涟水县补缴了 2006 年 1 月至 2010 年 12 月和 2011 年 1 月至 2011 年 12 月期间的社会保险，南京市人社局在进行退

---

〔1〕 大法官解释释字第 705 号。

〔2〕 章志远："行政惯例如何进入行政裁量过程——对'钓鱼执法事件'的追问"，载《江苏行政学院学报》2012 年第 4 期。

〔3〕 最高人民法院（2015）行提字第 13 号行政判决书。

〔4〕 陈新民："论行政惯例的适用问题——评最高人民法院'广州德发房产建设有限公司与广东省广州市地方税务局第一稽查局税务处理决定纠纷上诉案'判决"，载《法学评论》2018 年第 5 期。

休审批时否认了该段缴费年限。法院认为，无论是原劳动和社会保障部还是江苏省人社厅文件都禁止以事后追补缴费的方式增加缴费年限，"李云林在淮安市涟水县以自由职业者身份一次性补缴社会保险费的行为存在重大明显违法，涟水县当地社会保险经办机构的行为属于无效行为，当然不可能对江苏省和南京市的社会保障行政部门产生任何拘束力"。[1] 因此，个别地方政府为了解决社会问题，采取"拆东墙补西墙"的办法，通过制定规范性文件和实践变通的办法在法外设定准许补缴养老保险的人员和范围，属于无效行为，不能产生拘束力。[2]

从上述裁判可以看出，法院拥有审查行政违法的权限，如果行政惯例违法，法院可以依照自身判断，变更或者予以废止；但如果行政惯例并无违法的情事，而主管机关不遵循此惯例，也没有出具具体理由，那么法院可以认定主管机关违反"恣意禁止原则"，从而宣告行政裁量为违法。[3]

行政惯例不仅可以用于限制行政机关的裁量权运作，也可以用于行政职责的认定。作为行政主体在行使行政职权过程中应当承担的义务，不仅法律法规等规范性文件、行政协议可以设定行政职责，行政主体在对某种或者某类事务实际上采取反复同样的处理方法从而形成的行政惯例亦可。[4] 而且《土地管理法》第 66 条也规定，县级以上人民政府土地行政主管部门对违反土地管理法律、法规的行为进行监督检查。即使地方性法规没有将其纳入审批流程，台州市国土资源局椒江分局因长期参与农村宅基地建房申请审批手续，应当承认其为相关职能部门。

二、裁判时机成熟的认定

我国《行政诉讼法》第 70 条规定，在行政行为主要证据不足、法律法规

---

〔1〕 江苏省南京铁路运输法院（2017）苏 8602 行初 1138 号行政判决书。

〔2〕 夏文浩："社保经办机构违法准许自由职业者一次性补缴养老保险的行为对社会保障行政部门和人民法院没有拘束力"，载《行政执法与行政审判》（总第 70 集），中国法制出版社 2018 年版，第 257 页。

〔3〕 陈新民："论行政惯例的适用问题——评最高人民法院'广州德发房产建设有限公司与广东省广州市地方税务局第一稽查局税务处理决定纠纷上诉案'判决"，载《法学评论》2018 年第 5 期。

〔4〕 最高人民法院行政审判庭编：《中国行政审判案例》（第 4 卷），中国法制出版社 2012 年版，第 169 页。

错误、违反法定程序、超越职权、滥用职权和明显不当的情形下，人民法院判决撤销或者部分撤销，并可以判决被告重新作出行政行为。但司法实践中的种种情形显示，很多时候行政机关重新作出的行政行为会再次引发争议，不仅有损司法权威，也增加了当事人的诉累，浪费司法资源。[1]

在该案的评析部分，法官指出："如果在案证据反映的事实、应当适用的法律规范，只能得出一个行政处理结论时，行政机关作为执法机关，其职权来源于法律规范，其行使应当遵守法律规范，在其并不具有进一步裁量审查判断的余地时，司法权进一步裁判的时机已经成熟，可以径直设定被告重新作出的具体行政行为的内容，这属于对重新作出的具体行政行为的'内容上的进一步限定'，而不构成司法权代替、超越行政权的情形。"[2] 这被称之为裁判时机成熟理论，即行政机关就当事人的申请已经没有裁量空间时，法院可以直接判令行政机关作出特定内容的行政行为。[3] 问题在于，何时才能认定行政机关不再拥有裁量空间了呢？德国法上将行政机关的裁量空间变小，乃至只有一种选择时称之为裁量收缩理论（Ermessensreduzierung）。

裁量收缩理论的产生与法律人对法律适用安定性的追求密不可分[4]：行政机关在运用裁量权时会产生案情类似却有着不同处理结果的局面，而两种处理又都合乎法律规定；裁量授权虽然让行政机关获得一定的决策空间，但其必须详细说明裁量决定的理由何在，特别是利益权衡过程，这增加了行政机关的工作量。对于提起诉讼要求行政机关采取特定措施的普通公民来说，理性角度上看行政裁量空间不复存在时，法院仅要求行政机关重作行政决定，有违诉讼经济原则。[5]

基于上述原因，德国法在"二战"后就发展出了裁量收缩理论，并不断扩展其适用范围。经过德国联邦最高法院判例的认可，裁量收缩在今天成为

〔1〕 最高人民法院行政审判庭编：《中国行政审判案例》（第4卷），中国法制出版社2012年版，第167页。

〔2〕 最高人民法院行政审判庭编：《中国行政审判案例》（第4卷），中国法制出版社2012年版，第167页。

〔3〕 章剑生、黄锴主编：《行政法判例选析（Ⅰ）》，法律出版社2017年版，第314页。

〔4〕 Udo Di Fabio, Die Ermessensreduzierung – Fallgruppen, Systemüberlegungen und Prüfprogramm, VerwArch 86（1995）, 214, 215.

〔5〕 BVerwG, Urt. v. 12. 7. 1963–Ⅳ C 177/62, NJW 1963, 1890, 1891.

裁量理论的固定组成部分。近年来，我国学者承袭德日学说，对裁量收缩构成要件、案例类型和边界进行了细致讨论。[1]一致的观点是，当重要法益遭受严重威胁时，行政机关的裁量权在个案中收缩，继而负有介入的义务。[2]有疑问的是法院在适用裁量收缩理论时应该遵循什么样的审查步骤。

（一）产生于司法裁判的裁量收缩

德国联邦行政法院在 1960 年的一起公法相邻诉讼中正式承认裁量收缩理论：干扰或者危害强度极高时，行政机关不予介入的决定可以被认定为构成瑕疵裁量。法律授予的裁量自由可以收缩到行政机关只有介入才是无瑕疵的决定，最多在采取具体措施上仍留有裁量空间。[3]法院直接认定裁量收缩亦不僭越行政权。[4]

（二）裁量收缩的原因

引发裁量收缩的原因不尽相同，综合司法判例，可以将导致裁量收缩的因素分为两类：第一类是其他法律规范对裁量产生的影响，如基本权利导致的裁量收缩；第二类则是案件本身的特殊情形导致只有一个行政决定是合法的，如公民遭受严重的危险或者干扰。如果将后者称为裁量收缩的事实因素，那么前者可以称为法律因素。

认定裁量收缩的早期判例中，法院强调了危险或者干扰的强度对于裁量行使有着决定性意义。[5]根据个案的特殊情形来认定裁量收缩并不意味着法律因素在其中不起作用，相反，裁量规范本身起着重要的作用：行政机关被赋予的裁量权限越大，个案情势就必须越严重才能发生裁量收缩。[6]因此，裁量收缩的发生以法律规范和具体事实共同作用为前提，不过在不同类型的

---

〔1〕 "德国法上的裁量收缩" 见史艳丽："行政裁量缩减论"，载《比较法研究》2012 年第 2 期。"日本法上的裁量收缩" 见王贵松："行政裁量权收缩之要件分析"，载《法学评论》2009 年第 3 期；王天华："裁量收缩理论的构造与边界"，载《中国法学》2014 年第 1 期。

〔2〕 史艳丽："行政裁量缩减论"，载《比较法研究》2012 年第 2 期；王天华："裁量收缩理论的构造与边界"，载《中国法学》2014 年第 1 期。

〔3〕 案情介绍参见史艳丽："行政裁量缩减论"，载《比较法研究》2012 年第 2 期。

〔4〕 BVerwG, Beschluss vom 03. 10. 1988-1 B 114. 88, BeckRS 1988, 31277198.

〔5〕 BVerwG, Urteil vom 18. 8. 1960-I C 42/59, NJW 1961, 793.

〔6〕 Wolff in : Helge Sodan/Jan Ziekow（Hrsg.）, Verwaltungsgerichtsordnung Großkommentar, 4. Aufl. 2014, § 114 Rn. 130.

案件中二者发挥的作用程度存在差别。

1. 裁量收缩的内部原因

裁量收缩的内部原因主要是裁量授权规范本身结合案件特殊事实所产生的裁量收缩，可以分为裁量规范的目的、裁量规范的字面意思和一方利益更为重要。

（1）裁量规范的目的。

裁量规范的目的对行政机关行使裁量权有着基础性意义。在"刘云务诉山西省太原市公安局交通警察支队晋源一大队道路交通管理行政强制案"中，最高人民法院认为，存在裁量余地时，对违法车辆的扣留应以实现行政目的为限。[1]一致的观点是，裁量规范的目的也可能导致裁量收缩。[2]当案件事实本身存在着特殊性，只有一种行政决定才符合裁量目的时，即发生裁量收缩。行政机关和法院在判断时应当兼顾规范目的和事实本身。法律构成要件实现程度越强，规范目的也就越被满足，裁量也就越可能收缩。

以《德国行政程序法》第51条的重开行政程序为例，除了第51条第1款列举的例外情形，重开行政程序原则上属于行政裁量范围。[3]德国联邦行政法院从该规定中得出下列结论：只有在严重"不可忍受"的情形中，立法者才允许以法的安定性为代价重开行政程序，满足实体正义的需求。当出现与第51条第1款所规定的例外相似的情况时，发生裁量收缩。[4]

（2）裁量规范的字面意思。

裁量规范的字面表达也可能导致裁量收缩的发生，即裁量规范本身或者与裁量规范紧密相连构成要件的加重。前者如《德国巴伐利亚州费用法》第16条第2款第1句中规定，如果收取费用对于个案具体情形来说显得不公平，行政机关可以不再确定费用，予以费用请求或者退还已缴费用。判例认为，征收费用的公平或者不公平性可以产生裁量收缩的效果。[5]后者如《德国社会法典》第一编第66条第1款的规定，如果申请社会福利金的公民不履行配

〔1〕 最高人民法院（2016）最高法行再5号行政判决书。

〔2〕 Udo Di Fabio, VerwArch 86 (1995), 214, 229.

〔3〕 Sachs, in: Stelkens/Bonk/Sachs (Hrsg.), 8. Aufl. 2014, VwVfG, § 51 Rn. 15.

〔4〕 BVerwGE 95, 86, 92.

〔5〕 VGH München, Urteil vom 18.02.2013-10 B 10.1028, BeckRs 2013, 48042, Rn. 32.

合义务严重影响澄清事实的，给付主体可以拒绝发放社会福利金。判例认为，给付主体客观上无法调查澄清事实时，可以构成裁量收缩。[1]

（3）一方利益更为重要。

行政机关行使裁量时经常要权衡相互冲突的利益，如若一方利益明显占有优势且不存在其他选择，此时构成裁量收缩。个案中权衡相互冲突的利益时也必须注意到裁量规范的目的，其中一方利益明显占有优势导致只有一种行政决定符合规范目的，即构成裁量收缩。典型的例子是公法相邻关系诉讼。各地法院的判例一致性的观点是，如果保护相邻关系人的法律规定只是轻微地被违反，不产生裁量收缩。[2] 如果建设工程无需审批，对裁量收缩的要求通常也会被降低。[3] 慕尼黑高等行政法院对建设工程行政中的裁量缩减提出三个条件：首先，建设工程给相邻关系人的生命、健康和财产带来直接危险；其次，通过其他方式不能消除危险；最后，经过权衡，相邻关系人的利益明显更为重要。[4]

裁量收缩的内部原因原则上是进行规范解释，并结合案件特有事实，查明是否存在裁量收缩，上述所列三种原因并不是独立分开的，司法判例经常将规范目的和利益损害程度相结合来判定是否发生裁量收缩。

2. 裁量收缩的外部原因

法律规范之间并不是完全独立的，而是彼此之间相互关联作用，形成整个法律体系制度。相应的，同一生活事实很可能会被不同的法律规范所规制，这可以是一般性法律，也可以是宪法；可以是实证法规定，亦可以是不成文法律原则。[5] 当其他法律规范或者法律原则对裁量行使产生决定性影响时，被称为裁量收缩的外部原因。导致裁量收缩常见的外部原因常常是上位法，特别是宪法。

---

〔1〕 OVG Lüneburg, Beschluss vom 22. 6. 2017-4 PA 128/17, BeckRS 2017, 115292.

〔2〕 OVG Koblenz, Urteil vom 12. 6. 2012-8 A 10291/12, NVwZ-RR 2012, 749, 751; VGH Hessen, 25. 11. 1999-4 UE 2222/92, BauR 2000, 873, 876.

〔3〕 Veith Mehde/Stefan Hansen, Das subjektive Recht auf Bauordnungsverfügungen im Zeitalter der Baufreistellung-Eine Bilanz, NVwZ 2010, 14, 16.

〔4〕 BayVGH, B. v. 20. 4. 2010-9 ZB 08. 319, BeckRS 2011, 46233, Rn. 3.

〔5〕 Alfons Gern, Die Ermessensreduzierung auf Null, DVBl 1987, 1194, 1198.

（1）宪法。

宪法规范作为国家根本大法，行政机关行使裁量权时也必须受其约束，充分考虑到宪法所保护的基本权利在行政裁量中的意义。个案中，基本权的效力能够使得行政机关没有任何裁量的空间，只能作出保护基本权利的决定。如德国"大麻种植案"，为了保护申请人《德国基本法》第 2 条第 2 款第 1 句规定的身心健康，在不存在其他法定拒绝原因时，行政机关必须颁发种植许可。房屋被他人违法侵入并占用，出于《德国基本法》第 14 条规定的财产权保障，房屋所有权人拥有警察介入请求权，警方只在何时介入问题上享有一定裁量权。[1]

从上述判例可以看出，行政机关行使裁量时应当考虑到对公民基本权利的保护义务。因此有学者认为"当基本权利的保护义务获得确认时，即可推导出裁量缩减的结论"。[2]此观点值得商榷，确认国家对基本权利的保护义务并不能马上得出裁量收缩的结论，行政机关只是负有义务将其纳入到裁量权衡之中，只有得出其更值得保护的判断时方可认定裁量收缩。[3]在是否遣返一名与德国人结婚的外国人问题上，德国联邦行政法院认为，《德国基本法》第 6 条第 1 款对婚姻家庭的保护会压缩裁量界限，但这并不必然导致其不受遣返，行政机关应当权衡国家执行遣返的利益和维护婚姻家庭的利益。[4]在道路使用特别许可上，《德国巴登州道路法》第 16 条第 2 款规定，道路管理机关按照合乎义务裁量地颁发许可。只有在没有妨碍到他人权利（交通参与者、附近居民等）时，《德国基本法》第 5 条规定的艺术自由或者第 21 条规定的政党自由基本权才会导致裁量收缩，联邦行政法院为此要求行政机关通过实践调和原则来平衡相互冲突的利益地位。[5]

（2）欧盟法。

欧盟法也对行政机关的裁量产生影响，特别是具有直接效力的欧盟条约和条例。当本国法赋予行政机关一定的裁量余地，而欧盟法则在此事务上作

---

[1] VG Freiburg, Urt. v. 26.3.1987-4 K 6/86, Verwaltungsblätter für Baden-Württemberg 1987, 349.

[2] 史艳丽："行政裁量缩减论"，载《比较法研究》2012 年第 2 期。

[3] Norbert Ullrich, VerwArch 102（2011），383, 400.

[4] BVerwG, Urt. v. 03.05.1973-I C 20.70, NJW 1973, 2077, Rn. 20 und 28.

[5] BVerwG, Urt. v. 09.11.1989-7 C 81.88, NJW 1990, 2011, Rn. 16.

出明确特定的要求，此时发生裁量收缩。[1] 面对违法的行政行为，《德国行政程序法》第 48 条第 1 款赋予行政机关裁量权来决定是否撤销该行政行为。如果行政机关违反欧盟规定发放补贴，德国联邦行政法院认为，本国法的适用必须充分考虑到欧盟的利益，确保欧盟法所要求的追回补贴不能在实际中变得不可能。[2] 因此，在此种情形中行政机关的裁量收缩至零，其必须撤销该授益行政行为。[3]

（3）专门法律。

如果专门法律对一项事务作出实证性的规定，那么也可能导致行政机关裁量收缩。在一起外国公民请求德国行政机关撤销遣返的诉讼中，联邦行政法院认为，行政行为违法并不是撤销行政行为的充分条件，立法者通过赋予行政机关裁量权表明，法的安定性和行政合法原则具有同等地位。只有根据专门法律在例外情况下作出不同判断时，才能考虑发生裁量收缩。[4]

（4）行政的自我拘束。

构成裁量收缩的一种重要情形是行政自我拘束，这种自我拘束一般从行政惯例（ständige Verwaltungspraxis）和行政保证（《德国行政程序法》第 38 条）中产生。[5] 依据《德国行政程序法》第 38 条第 3 款，行政机关签发的行政保证有着严格的约束力，可以对后续的行政裁量产生收缩效果。

（5）其他法律原则。

除此之外，德国法院还在判例中肯定法律原则也可以导致裁量收缩，如信赖保护原则。[6] 诚实信用原则是一般性的不成文法律原则，公法领域内也应当遵守。[7] 坚持原来的违法行政行为违反诚实信用原则时，裁量也可能发生收缩。[8]

---

[1] Udo Di Fabio, VerwArch 86（1995），214，228.

[2] BVerwGE 92，81，85.

[3] Walter Frenz, Handbuch Europarecht Band 5: Wirkungen und Rechtsschutz, 2010, Rn. 1854.

[4] BVerwG, Urt. v. 20. 03. 2008-1 C 33/07, Rn. 12.

[5] Michael Gerhardt, in: Schoch/Schneider/Bier（Hrsg.），VwGO, 32. EL. Oktober 2016，§ 114 Rn. 22.

[6] FG Nürnberg, Urt. v. 08. 04. 2014-1 K 554/12.

[7] Karl Heinz Auer, Das Menschenbild als rechtsethische Dimension der Jurisprudenz, 2005, S. 125.

[8] VG Karlsruhe, Urt. v. 27. 04. 2009-3 K 77/09.

（三）裁量收缩的排除

即使个案满足裁量规范的构成要件且出现上述列举原因，法院并不能就此同意公民的诉讼请求，从而要求行政机关作为。裁量收缩并不是不受限制的，当公民所要求的行政机关的作为出现法律或者事实上的不能以及不可期待时，裁量收缩的发生被排除。[1]

1. 法律或者事实不能

行政机关介入义务可能受到信赖保护原则的排除，它不仅约束客观法律的执行，更强制性地限制相邻关系人的请求权。[2]违反建设规划法的房屋使用原则上赋予相邻关系人行政介入请求权，但如果建设监管机关有意地不予处置，且建设人信赖于此投入大量财力，那么建设人的信赖利益就是值得保护的，此时排除行政介入。[3]

即使拥有最严密的警察和监控，国家也不能实现对公民权利十全十美的保护。因社会生活的多样性和事件的突发性，行政机关必须对紧急事件快速做出反应。为了维护行政决策空间，不能以事后详尽调查结果来判断行政机关对个案的及时处理。[4]如"方某某与广州市公安局白云区分局行政不作为及请求国家赔偿纠纷上诉案"中，对于警察将上诉人之子带回公安局予以救助，没有将其送往医院治疗导致死亡的事实，法院认为，由于上诉人之子所患病症具有神经内科疾病的特征，"要求民警通过病人的外观及行为判断是否应当将其送往医院不切合实际"，从而没有支持上诉人的诉讼请求。该案中上诉人之子在被救助后尚能自主进食，警察不具备医学知识来判断其患有神经内科疾病，立即送往医院的保护措施在事实上不能。

2. 期待可能性

期待可能性作为比例性原则的具体表现也可能排除裁量收缩。[5]出于财政预算和职能精简的考虑，行政机关在财力和人力上都存在着局限性。为了保证行政机关正常运转和履行职责，它有权根据自身行政资源和所要实现的

---

[1] Udo Di Fabio, VerwArch 86 (1995), 214, 230.

[2] OVG Koblenz, Urt. v. 12. 6. 2012-8 A 10291/12, NVwZ-RR 2012, 749, 751.

[3] OVG Münster, Beschl. v. 18. 11. 2008-7 A 103/08, NVwZ－RR 2009, 364.

[4] 广州市中级人民法院（2005）穗中法行终字第 176 号行政判决书。

[5] OVG Münster, Urt. v. 30. 11. 1992-23 A 1471/90, NVwZ 1994, 795.

行政职能做出合理调配，在存在其他更为紧急必要情形时作出拒绝保护的决定。[1] 此时的裁量决定同样合法，并不产生裁量收缩的情形。在"李尚英等与广饶县交通局不履行法定职责行政赔偿上诉案"中，[2] 交通局以"行政机关资源有限"为由抗辩就涉及行政机关履行职责的期待可能性问题，法院在认定责任时认为，交通局的职责是"保障公路完好、安全和畅通"，而"涉案公路上堆放的猪粪，持续时间长达十余天"，交通局清理安全隐患是完全可以实现的，因此不排除裁量收缩。保障公民至关重要的权利（如生命和健康）是国家的核心任务，行政机关不能以人力财力有限为由而拒绝。[3]

行政机关资源的有限性是否意味着面对众多违法行为时，它可以"选择性执法"呢？以建设行政为例，同一区域存在着许多先后建成的违章建筑，建设监管机关责令其中一个建设人拆除违章建筑，这是否有违平等原则？德国联邦行政法院认为，平等处理原则并没有要求行政机关必须"全面地"对所有违法行为采取措施，只要具备实质理由，它可以将处理违法行为限制在个案上。为了防止之前的违章建设情况进一步恶化，建设监管部门可以先处置新建违章建筑。[4]

3. 民事救济手段

建设行政案件中，相邻关系人请求建设监管部门介入调查时，行政机关经常会以相邻关系人可以使用民事救济手段为由而不予介入。亦有学者认为，"当人民可以自己处理特定的危险或干扰状态，特别是其可以通过民事救济途径解决问题的，行政机关即无需采取行动义务，否则将使行政机关陷入民事争议的纠葛之中"。[5] 按照这种观点，公民通过民事救济解决问题的可能性会排除裁量收缩的发生。

诚然，为了履行基本权保护义务，立法者赋予公民多种手段来维护自身权利地位，如民法上的自卫和自助行为、刑法上的正当防卫和紧急避险等。

---

〔1〕 BVerfG, Beschl. v. 10. 5. 2006-1 BvQ 14/06, NVwZ 2006, 1049.

〔2〕 山东省东营市中级人民法院（2004）东行终字第 53 号行政判决书。

〔3〕 Markus Thiel, *Rechtsgüter gegen urbanes Lebensgefühl?* 2014, S. 76.

〔4〕 BVerwG, Beschl. v. 24.07.2014-4 B 34.14, BeckRS 2014, 55543; VGH München, Beschl. v. 07.06.2017-9 ZB 15.255.

〔5〕 王锴："行政法上请求权的体系及功能研究"，载《现代法学》2012 年第 5 期。

德国很多州的警察法亦规定，只有无法及时得到司法保护且没有警察介入权利就无法实现或者严重受阻的，个人权利才受到警察保护，该规定被称为辅助条款（Subsidiaritätsklausel）。[1] 由于民事权利救济同样有效，当房屋使用人认为邻居家树木过多的落叶给行人带来危险，要求行政机关命令邻居砍伐树木时，行政机关可以以存在民事权利救济手段为由不予介入。[2]

不过，辅助条款原则上只适用于单纯民事争议所形成的危险状态。[3] 而且即使是单纯民事争议，如果具体案情表明民事救济手段并不有效或者威胁到不特定人群，行政机关仍然可以选择介入。[4] 当公民的个人权益不仅受民法保护，还受到公法保护时，对该个人权益的威胁也就意味着威胁到公共安全，此时并不排除行政介入请求权。[5]

以建设行政为例，如果建设人的建设项目侵犯相邻关系人民事权利的同时违反保护相邻关系人的公法规定，相邻关系人既可以主张民事权利，要求建设人清除妨碍，也可以要求建设机关介入，如建筑物间距不符合法定标准的情形。个别学者认为，此时公法对相邻关系人的保护比起民事保护更为特殊，应为首选，而不能让其寻求民事救济。[6] 德国联邦行政法院则认为，建设监管部门在接到相邻关系人的申请时，必须对支持和否定采取行政措施的各个方面进行权衡，个案中相邻关系人直接向建设人提起民事诉讼这一可能性也应当纳入到行政裁量之中。[7] 对于微不足道的权利侵害，行政机关经过裁量权衡，可以告知相邻关系人通过民事途径解决；对于重要的建设规划法要求和严重侵害，行政机关不能只是告知通过民事途径解决而不予介入。[8]

"常山县东案乡人民政府不履行城乡行政规划管理法定职责案"中，乡政府以"原告已向法院提起民事诉讼，被告将视法院处理结果而定"为由拒绝介入调查建设人是否按照规划许可进行厨房和围墙建设，法院没有采纳该理

---

〔1〕 Friedrich Schoch, in: ders. (Hrsg.), Besonderes Verwaltungsrecht, 13. Aufl. 2013, 2. Kapitel Rn. 117.

〔2〕 VG Minden, Urt. v. 2.12.2005-11 K 1662/05, NJW 2006, 1450, 1451.

〔3〕 VGH Mainheim, Beschl. v. 10.6.2011-1 S 915/11, NJW 2011, 2532, 2534.

〔4〕 OVG Koblenz, Urt. v. 29.09.1987-7 A 34/87, NJW 1988, 929.

〔5〕 Norbert Ullrich, VerwArch 102 (2011), 383, 402.

〔6〕 Klaus Rabe/Felix Pauli/Gerhard Wenzel, Bau- und Planungsrecht, 7. Aufl. 2014, S. 484.

〔7〕 BVerwG, Beschl. v. 10.12.1997-4 B 204/97, NVwZ 1998, 395.

〔8〕 OVG Hamburg, Urteil vom 11.11.2009-2 Bf 201/06, BeckRS 2010, 45119.

由，并指出"加强乡村规划管理，引导村民合理进行建设"是政府职责，其应当履行。[1] 因此，相邻关系人的民事救济手段只构成行政裁量中应当注意的因素，不会必然导致排除裁量收缩的发生。

（四）裁量收缩的司法审查框架

从对裁量收缩内部、外部原因和排除的分析可以看出，裁量收缩以裁量规范为出发点，结合个案的特殊情形，必要时引入其他裁量约束因素，事实和法律的共同作用且作用程度不一，使得很难为个案是否存在裁量收缩提供公式化的判断模式。为了防止审判权僭越行政权，尊重行政机关的裁量空间，裁量收缩必须限制在例外情形内。[2] 这对法院的司法审查技术提出了特别要求。

1. 裁量收缩的事实基础

公民在请求行政机关作为时，必须陈述可能导致裁量收缩的事实。[3] 法院则在理由部分对诉讼请求独立地作出分析，不受行政机关裁量权衡的约束。如果行政机关没有意识到存在裁量规范，但选择了裁量收缩产生的唯一合法的处理结果，那么就不存在裁量瑕疵。重要的是行政决定的客观合法性和行政机关履行说明义务。[4]

对于个案只有一种行政决定合法，法院的表述应当是"肯定的"，而非"极有可能"；裁量收缩的发生必须是显而易见的。[5] 法院虽然负有听取诉讼双方意见和澄清案情的义务，但为了尊重行政裁量权，法院没有义务调查考量所有可能的行政决定并确认是否存在裁量收缩。[6] 当行政决定缺乏重要事实依据或者没有将重要利益纳入裁量权衡之中，法院不得超越审查权限认定裁量收缩。[7]"霞浦县运输管理所履行法定职责案"中，法院认为原告的申请"是否符合法定条件、内部审核意见是否得到批准，均处于不确定状态"，即

---

〔1〕 浙江省常山县人民法院（2015）衢常行初字第 28 号行政判决书。

〔2〕 BVerwGE 28, 233, 238.

〔3〕 VGH München, Beschl. v. 23.06.2016-10 ZB 14.1058, BeckRS 2016, 48794, Rn. 7.

〔4〕 BVerwG, Beschl. v. 03.10.1988-1 B 11488.

〔5〕 VGH München, Urt. v. 18.02.2013-10 B 10.1028, BeckRs 2013, 48042, Rn. 32.

〔6〕 Michael Gerhardt, in: Friedrich Schoch/Jens-Peter Schneider/Wolfgang Bier (Hrsg.), Verwaltungsgerichtsordnung Kommentar, 32. EL. Oktober 2016, § 114 Rn. 27.

〔7〕 BVerwGE 78, 40, 46; VGH München, Urt. v. 18.02.2013-10 B 10.1028, BeckRs 2013, 48042, Rn. 32.

缺乏重要事实依据；霞浦县运输管理所"还应权衡考虑当地班线客运秩序以及案外人利益"则表明缺失利益权衡。鉴于公私多方利益交织，法院不能代替行政机关来权衡从而要求其做出审批。[1]

2. 审查步骤

综合上面裁量收缩主导因素和排除裁量收缩情形的论述，当立法者在特定事务上赋予行政机关一定的裁量权限，公民请求行政机关介入或者采取特定措施时，法院的审查步骤可以是：[2]首先，公民是否拥有请求行政机关作出无瑕疵裁量决定的权利？只有公民拥有主观请求权，才可能进入到后续审查。其次，是否存在着保护公民权利的法律要求，以至于行政机关在行使裁量时必须予以重点考虑？此处法院可以考虑裁量收缩的外部原因，如具有保护相邻关系人利益的行政结果除去义务。再次，是否存在着内在理由从而导致裁量收缩？建设行政中，相邻关系人遭受的利益损害程度越强，裁量权衡时对其利益会更倾斜。最后，公民向行政机关所提出的特定请求在事实和法律上是否可能、权衡公私利益后是否具有期待可能性？只有满足上述条件，法院才能做出要求行政机关作为或者采取特定措施。因关涉到行政权的独立性，法院必须在课以义务判决中详细阐述理由。

【后续影响及借鉴意义】

多年来行政诉讼的历程表明，作为行政争议救济渠道的行政诉讼应当确立的重要价值取向之一就是实质性地化解行政争议。[3]法院在适用各种判决方式时固然应当尊重行政机关的首次判断权，但也应当结合法律因素和事实证据尽可能具体直接地回应原告的诉求，而不是简单地判令行政机关在一定期限内履行法定职责。这种原则性的判决只会影响行政争议的及时解决，违背有效权利救济原则。

"尹荷玲诉台州市国土资源局椒江分局土地行政批准案"的判决中明确对

---

〔1〕 陈伏发："不确定事实不能作为认定行政裁量限缩的依据"，载《人民司法》2008 年第 6 期。

〔2〕 Udo Di Fabio, VerwArch 86 (1995), 214, 233.

〔3〕 最高人民法院行政审判庭编：《中国行政审判案例》（第 4 卷），中国法制出版社 2012 年版，第 165 页。

"裁判时机成熟"理论进行了阐述，使其成为我国裁判实务中的一项重要准则。[1]该案判决也丰富了行政惯例适用的情形，即不明显违背上位法的行政惯例，可以作为人民法院认定行政机关具有职责行使的依据，不再局限于行政惯例在裁量过程中的使用。

德国法上，裁判时机成熟（Spruchreife）产生于两种情形：[2]请求权规范要求行政机关作出一个羁束行政行为；抑或行政机关虽被法律赋予裁量权，但在个案中裁量空间发生收缩。此时法院应当要求行政机关签发有着具体内容的行政行为，而且不被视为僭越行政权。裁量收缩理论的运用对法官在事实和法律层面都有着较高的要求，其必须"肯定"个案只有一种行政决定合法，而非"可能"，即裁量收缩的发生必须是显而易见的。

值得思考的是，本案中的台州市国土资源局椒江分局是否从一开始就被法律赋予了行政裁量权，或者说这种裁量权在抽象层面上就被限制，而无需再考察是否具有"裁量审查判断余地"？因为如果请求权规范要求行政机关作出一个羁束行政行为时，法院也就应当根据法律废止行政机关的拒绝行为，要求其签发特定行政行为。

---

〔1〕 章剑生、黄锴主编：《行政法判例选析（Ⅰ）》，法律出版社 2017 年版，第 314 页。

〔2〕 Reiner Stein, Die Verpflichtungsklage in der verwaltungsrechtlichen Fallbearbeitung, Deutsche Verwaltungspraxis, 2013, 90, 92.

五、举证责任

案例　沙明保等诉马鞍山市花山区人民政府房屋强制拆除行政赔偿案

罗智敏*

【案例名称】

沙明保等诉马鞍山市花山区人民政府房屋强制拆除行政赔偿案［安徽省高级人民法院 2015 年 11 月 24 日（2015）皖行赔终字第 00011 号行政判决；最高人民法院第 91 号指导案例］

【关键词】

强制拆除　行政赔偿　举证责任

【基本案情】

2011 年 12 月 5 日，安徽省人民政府作出皖政地〔2011〕769 号《关于马鞍山市 2011 年第 35 批次城市建设用地的批复》，批准征收马鞍山市花山区霍里街道范围内农民集体建设用地 10.04 公顷，用于城市建设。2011 年 12 月 23 日，马鞍山市人民政府作出 2011 年 37 号《马鞍山市人民政府征收土地方案公告》，将安徽省人民政府的批复内容予以公告，并载明征地方案由花山区人民政府实施。苏月华名下的花山区霍里镇丰收村丰收村民 B11-3 房屋在本次

---

* 作者简介：罗智敏，中国政法大学法学院行政法研究所教授，博士生导师。

征收范围内。苏月华于 2011 年 9 月 13 日去世，其生前将该房屋处置给四原告所有。原告古宏英系苏月华的女儿，原告沙明保、沙明虎、沙明莉系苏月华的外孙。在实施征迁过程中，征地单位分别制作了《马鞍山市国家建设用地征迁费用补偿表》《马鞍山市征迁住房货币化安置（产权调换）备案表》，对苏月华户房屋及地上附着物予以登记补偿，原告古宏英的丈夫领取了安置补偿款。2012 年年初，被告组织相关部门将苏月华户房屋及地上附着物拆除。原告沙明保等四人认为马鞍山市花山区人民政府非法将上述房屋拆除，侵犯了其合法财产权，故提起诉讼，请求人民法院判令马鞍山市花山区人民政府赔偿房屋损失、装潢损失、房租损失共计 282.7680 万元；房屋内物品损失共计 10 万元，主要包括衣物、家具、家电、手机等 5 万元，实木雕花床 5 万元。

马鞍山市中级人民法院判决审理认为，沙明保、沙明虎、沙明莉、古宏英对涉案房屋享有一定的权益，与马鞍山市花山区人民政府拆除该房屋的行为有利害关系，具有本案原告主体资格。根据《中华人民共和国土地管理法实施条例》（以下简称《土地管理法实施条例》）第 45 条的规定，土地行政主管部门责令限期交出土地，被征收人拒不交出的，申请人民法院强制执行。马鞍山市花山区人民政府提供的证据不能证明原告自愿交出了被征土地上的房屋，在土地行政主管部门没有作出责令交出土地的决定，也没有申请人民法院强制执行的情况下，其于 2012 年年初强制拆除原告居住的花山区霍里镇丰收村丰收村民组 B11-3 房屋的行为违法。根据《中华人民共和国国家赔偿法》（以下简称《国家赔偿法》）第 2 条第 1 款、第 4 条第 4 项的规定，行政机关及其工作人员在行使行政职权时有侵犯他人合法财产权的，受害人有取得赔偿的权利。但涉案房屋被合法征收，被告依照征收政策已经给予补偿，原告要求赔偿拆除行为造成的涉案房屋毁损损失 2 064 000 元、装潢损失 516 000 元的赔偿请求不能成立，依法不予支持。

原告要求被告赔偿拆除行为造成的物品损失 100 000 元，根据《国家赔偿法》第 15 条第 1 款的规定，人民法院审理行政赔偿案件，赔偿请求人和赔偿义务机关对自己提出的主张，应当提供证据。本案原告仅提供赔偿物品清单一份，未提供其他证据佐证，故该请求缺乏证据支持，不予采纳；原告要求赔偿房租损失 247 680 元，根据《国家赔偿法》第 36 条第 8 项的规定，对财产权造成其他损害的，按照直接损失给予赔偿，故原告该项诉请缺乏法律依据，亦不予支持。依照《最高人民法院关于审理行政赔偿案件若干问题的规定》第33条的规定，判决驳回原告沙明保、沙明虎、沙明莉、古宏英的赔偿请求。

沙明保等四人不服，上诉称：（1）2012年初，马鞍山市花山区人民政府对案涉农民集体土地进行征收，未征求公众意见，上诉人亦不知以何种标准予以补偿；（2）2012年8月1日，马鞍山市花山区人民政府对上诉人的房屋进行拆除的行为违法，事前未达成协议，未告知何时拆迁，屋内财产未搬离、未清点，所造成的财产损失应由马鞍山市花山区人民政府承担举证责任；（3）2012年8月27日，上诉人沙明保、沙明虎、沙明莉的父亲沙开金受胁迫在补偿表上签字，但其父沙开金对房屋并不享有权益且该补偿表系房屋被拆后所签。综上，请求二审法院撤销一审判决，支持其赔偿请求。马鞍山市花山区人民政府未作书面答辩。

安徽省高级人民法院于2015年11月24日作出（2015）皖行赔终字第00011号行政赔偿判决：撤销马鞍山市中级人民法院（2015）马行赔初字第00004号行政赔偿判决；判令马鞍山市花山区人民政府赔偿上诉人沙明保等四人房屋内物品损失8万元。

本案涉及的法律条款有：

《行政诉讼法》第38条第2款规定：

"在行政赔偿、补偿的案件中，原告应当对行政行为造成的损害提供证据。因被告的原因导致原告无法举证的，由被告承担举证责任。"

《国家赔偿法》第2条第1款规定：

"国家机关和国家机关工作人员行使职权，有本法规定的侵犯公民、法人和其他组织合法权益的情形，造成损害的，受害人有依照本法取得国家赔偿的权利。"

《国家赔偿法》第4条规定：

"行政机关及其工作人员在行使行政职权时有下列侵犯财产权情形之一的，受害人有取得赔偿的权利：……（四）造成财产损害的其他违法行为。"

《国家赔偿法》第15条第1款规定：

"人民法院审理行政赔偿案件，赔偿请求人和赔偿义务机关对自己提出的主张，应当提供证据。"

《国家赔偿法》第36条规定：

"侵犯公民、法人和其他组织的财产权造成损害的，按照下列规定处理：……（八）对财产权造成其他损害的，按照直接损失给予赔偿。"

《土地管理法实施条例》第45条规定：

"违反土地管理法律、法规规定，阻挠国家建设征收土地的，由县级以上人民政府土地行政主管部门责令交出土地；拒不交出土地的，申请人民法院强制执行。"

《最高人民法院关于审理行政赔偿案件若干问题的规定》第33条规定：

"被告的具体行政行为违法但尚未对原告合法权益造成损害的，或者原告的请求没有事实根据或法律根据的，人民法院应当判决驳回原告的赔偿请求。"

【裁判要旨】

在房屋强制拆除引发的行政赔偿案件中，原告提供了初步证据，但因行政机关的原因导致原告无法对房屋内物品损失举证，行政机关亦因未依法进行财产登记、公证等措施无法对房屋内物品的损失举证的，人民法院对原告未超出市场价值的符合生活常理的房屋内物品的赔偿请求，应当予以支持。

【裁判理由与论证】

安徽省高级人民法院经二审后审理认为，一审判决认定事实清楚，但适用法律部分不当。上诉人沙明保等四人关于被上诉人应赔偿其物品损失的上诉理由部分成立，依法予以支持。依照《行政诉讼法》第89条第1款第2项规定判决如下：（1）撤销马鞍山市中级人民法院（2015）马行赔初字第00004号行政赔偿判决；（2）被上诉人马鞍山市花山区人民政府于本判决生效之日起30日内赔偿上诉人沙明保、沙明虎、沙明莉、古宏英被拆房屋内物品损失8万元；（3）驳回沙明保、沙明虎、沙明莉、古宏英其他诉讼请求。

在判决理由部分，安徽省高级人民法院主要围绕三个主要问题进行回应：

首先关于马鞍山市花山区人民政府组织实施拆除房屋的行为是否违法进行确认；其次对在行政赔偿案件中举证责任的分配进行认定；最后使用了法官酌情裁量权确定了赔偿数额。

一、土地征收中强制拆除房屋行为是否违法

上诉人沙明保等四人认为马鞍山市花山区人民政府非法拆除其房屋，侵犯了其合法财产权，在一审及二审中请求人民法院判令赔偿房屋毁损损失、装潢损失、财产损失及房租损失。

该案首先涉及的问题是马鞍山市花山区人民政府强制拆除房屋的行为是否违法。如果违法，则涉及赔偿问题，如果合法，则属于补偿问题。无论是一审法院还是二审法院，针对原告的赔偿请求，都将马鞍山市花山区人民政府的行为划分为土地征收与房屋拆除两个阶段，均认为土地征收行为依法应给予补偿，房屋拆除行为是违法行为，对于违法拆除造成损害，应该给予赔偿。一审法院认为，"涉案房屋被合法征收，被告依照征收政策已经给予补偿，原告要求赔偿拆除行为造成的涉案房屋毁损损失 2 064 000 元、装潢损失 516 000 元的赔偿请求不能成立，依法不予支持"；二审法院并没有直接确认土地征收行为是否合法，只是指出上诉人有获得补偿的权利，"关于被拆房屋及其装潢损失问题，根据《中华人民共和国土地管理法》第 47 条的规定，征收土地的，按照被征收土地的原用途给予补偿，其中包括对地上附着物的补偿。上诉人主张的房屋及其装潢损失，属于土地征收补偿范畴，依法应由征地实施机关给予补偿安置，其房屋虽被拆除，但并不影响其依法获得补偿的权利，且其已经获得了补偿，故对其该项赔偿请求，依法不予支持"。

对于马鞍山市花山区人民政府强制拆除房屋的行为，一审与二审法院均认为属于违法行为。《土地管理法实施条例》第 45 条规定："违反土地管理法律、法规规定，阻挠国家建设征收土地的，由县级以上人民政府土地行政主管部门责令交出土地；拒不交出土地的，申请人民法院强制执行。"根据此条规定，土地行政主管部门进行强制拆除的前提有三个：首先，被征收土地的主体有阻挠建设征地的行为；其次，土地行政主管部门作出责令交出土地的

行政决定；再次，土地行政主管部门向人民法院申请强制执行。[1]二审法院认为，"马鞍山市花山区人民政府并无证据证明沙明保等四人已自愿交出被征土地及其地上房屋，其在土地行政主管部门未作出责令交出土地决定亦未申请人民法院强制执行的情况下，对涉案房屋组织实施拆除的行为违法"。

二、行政赔偿案件中举证责任的分配

对于原告提出的第三项赔偿请求，即因拆除房屋而造成的物品损失，一审法院认为，应该由原告提供证据加以证明，依据是《国家赔偿法》第15条第1款，即"人民法院审理行政赔偿案件，赔偿请求人和赔偿义务机关对自己提出的主张，应当提供证据"。按照这个规定，在行政赔偿案件中，实行的是"谁主张、谁举证"的举证规则，原告请求行政机关赔偿，必须提出证据证明自己所受到的损害，因此，原告在赔偿请求中提出因拆除房屋行为造成的物品损失100 000元，应该提出有力的证据，一审法院因此认为，"本案原告仅提供赔偿物品清单一份，未提供其他证据佐证，故该请求缺乏证据支持，不予采纳"。

二审法院则认为，关于被拆房屋内物品损失问题，应该适用《行政诉讼法》第38条第2款的规定，即"在行政赔偿、补偿的案件中，原告应当对行政行为造成的损害提供证据。因被告的原因导致原告无法举证的，由被告承担举证责任"。这意味着首先由原告对损害事实承担举证责任，但是如果出现证明妨碍的情形，即因被告的原因导致原告无法举证时，举证责任倒置，举证责任由被告承担。因此，二审法院认为，"马鞍山市花山区人民政府组织拆除上诉人的房屋时，未依法对屋内物品登记保全，未制作物品清单并交上诉人签字确认，致使上诉人无法对物品受损情况举证，故该损失是否存在、具

---

[1] 最高人民法院在（法释〔2011〕20号）《关于审理涉及农村集体土地行政案件若干问题的规定》第14条指出："县级以上人民政府土地管理部门根据土地管理法实施条例第45条的规定，申请人民法院执行其作出的责令交出土地决定的，应当符合下列条件：（一）征收土地方案已经有权机关依法批准；（二）市、县人民政府和土地管理部门已经依照土地管理法和土地管理法实施条例规定的程序实施征地行为；（三）被征收土地所有权人、使用人已经依法得到安置补偿或者无正当理由拒绝接受安置补偿，且拒不交出土地，已经影响到征收工作的正常进行；（四）符合《最高人民法院关于执行〈中华人民共和国行政诉讼法〉若干问题的解释》第86条规定的条件。人民法院对符合条件的申请，应当裁定予以受理，并通知申请人；对不符合条件的申请，应当裁定不予受理。"

体损失情况等，依法应由马鞍山市花山区人民政府承担举证责任"。

三、法官对于赔偿数额的酌情裁量

对于原告所要求的赔偿数额问题，二审法院使用了酌情裁量权进行确认。对于原告证明自己损害事实无法证明的困难，法官根据常识进行基本推断，对事实予以初步确定，在对方没有反证的情况下直接认定事实成立，并根据公平原则，进行损失估算。因此，原告主张屋内有 5 万元日常生活必需品，符合一般的常识，法院予以确认，"上诉人主张的屋内物品 5 万元包括衣物、家具、家电、手机等，均系日常生活必需品，符合一般家庭实际情况，且被上诉人亦未提供证据证明这些物品不存在，故对上诉人主张的屋内物品种类、数量及价值应予认定"。对于原告提出的实木雕花床的赔偿要求，法院进行了估算，认为"上诉人主张实木雕花床价值为 5 万元，已超出市场正常价格范围，其又不能确定该床的材质、形成时间、与普通实木雕花床有何不同等，法院不予支持"。二审法院在作出判决时，还考虑了公平原则，在强拆中如何保护被侵权人的利益问题，认为"出于最大限度保护被侵权人的合法权益考虑，结合目前普通实木雕花床的市场价格，按'就高不就低'的原则，综合酌定该实木雕花床价值为 3 万元"。

【涉及的重要理论问题】

本案涉及的重要理论问题在于行政诉讼中举证责任的配置，尤其是在行政赔偿诉讼中原被告的举证责任以及法官在裁判中如何行使裁量权，主要集中在以下三个方面。

一、行政诉讼中举证责任的含义

在我国三大诉讼法中，都没有对举证责任的概念作出非常明确的规定，理论界对于何谓举证责任存在争议，使用的术语也不一致，有的使用"举证责任"，有的使用"证明责任"，因此，首先需要明晰"举证责任"与"证明责任"这两个概念的区别。一般认为，"举证责任"这个概念是 19 世纪末从日本传入我国的，日本学者将德语 Beweislast（证明责任）翻译成"举证责任"，我国诉讼法中的"举证责任"一词就来自于此。[1] 在理论界，大部分学者不将"举证责任"与"证明责任"进行区别，而是作为同一含义的术语使用；[2] 也有学者认为举证责任与证明责任是两个不同的概念，认为举证责任是为了避免承担败诉后果而有举证必要的行为意义上的责任，而证明责任是事实真伪不明时承担不利的裁判结果的结果意义上的责任。[3] 在民事诉讼法学界，大多数学者认为我国已经接受了作为大陆法系国家民事诉讼基本理论的证明责任理论，特别是 2015 年最高人民法院颁布《关于适用〈中华人民共和国民事诉讼法〉的解释》第 91 条明确提出"举证证明责任"的概念后，司法解释已经接受了大陆法系德国学者罗森贝克所创的"规范说"理论，"证明责任"更是频繁出现在学者们的论著中，但基本没有明确区分二者的区别。[4] 同样，在行政诉讼法学界，尽管学者们使用的术语并不一致，有的使用举证责任，也有很多关于行政诉讼中证明责任的论述，但是基本上没有将二者进行非常明确的区分。[5] 从立法和司法解释以及司法实践来看，也没有对举证责任与证明责任进行区分。

---

〔1〕 陈刚：《证明责任法研究》，中国人民大学出版社 2000 年版，第 15~16 页。

〔2〕 例如柴发邦等早期著作中认为，证明责任即当事人对自己的主张所根据的事实负有提供证据的责任，也称"举证责任"，参见柴发邦等：《民事诉讼法通论》，法律出版社 1982 年版，第 224 页；李大勇教授在其《行政诉讼证明责任分配：从被告举证到多元主体分担》一文中，题目使用的是"证明责任"，但文章中一直使用"举证责任"，并未将二者进行区别，参见李大勇："行政诉讼证明责任分配：从被告举证到多元主体分担"，载《证据科学》2018 年第 3 期；王振宇、阎魏法官在《论行政诉讼证明责任的重构》一文中，认为证明责任就是举证责任，参见王振宇、阎魏："论行政诉讼证明责任的重构"，载《法律适用》2014 年第 1 期；王亚新教授也认为举证责任又称"证明责任"，参见王亚新："民事诉讼中的举证责任"，载《证据科学》2014 年第 1 期。

〔3〕 李浩："民事判决中的举证责任分配——以《公报》案例为样本的分析"，载《清华法学》2008 年第 6 期。但在此文中，李浩教授将举证责任与证明责任作为同一概念使用。王亚新："民事诉讼中的举证责任"，载《证据科学》2014 年第 1 期。在行政诉讼法学界，代表人物如孔祥俊法官提出，从严格意义上讲，举证责任的字面含义是提出证据的责任，结果责任是一种证明责任，即当事人一方不能证明特定的案件事实时应承担的败诉风险。参见孔祥俊："行政诉讼证据规则通释"，载《法律适用》2002 年第 10 期。湛中乐教授认为，借鉴英美法理论，应该将举证责任与证明责任进行明确划分，证明责任包括两层含义，一为说服责任，二为举证责任，对证明责任作这样的区分更有利于清楚划分原被告双方当事人在诉讼中所承担的证据方面的责任，从而便于诉讼的顺利进行。参见湛中乐、李凤英："行政诉讼中的证明责任"，载《行政法学研究》2000 年第 4 期。

〔4〕 胡学军："证明责任'规范说'理论重述"，载《法学家》2017 年第 1 期。

〔5〕 成协中："中国行政诉讼证明责任的分配模式与规则重构"，载《北大法律评论》2008 年第 1 期。

关于举证责任的性质，曾经有三种观点，即"行为责任说""结果责任说"与"双重含义说"。[1] 行为责任说认为，举证责任与当事人是否败诉并没有直接关系，举证责任是当事人提供证据进行诉讼的责任；结果责任说则认为举证责任是法律预先设定的，在案件事实真伪不明时承担不利后果的法律推定；而双重含义说则认为举证责任既包括行为意义上的举证责任，也包括结果意义上的举证责任。行为意义上的举证责任是当事人为了免于不利的事实认定及败诉的后果，从诉讼开始就努力收集和提出证据，就其诉讼主张向法院提供证据的责任，也称为主观的举证责任、形式意义上的举证责任等；结果意义上的举证责任是指如果当事人因没有举证或者虽然提出了证据却未能使法官的心证达到证明标准，特别是当诉讼到了最终阶段案件事实却处于"真伪不明"状态时，将要承担的败诉风险，这种结果只是在举证诉讼的最终阶段才显示出其作用来，又被称为客观的举证责任、败诉风险责任。[2] 目前，这种意义上理解的举证责任为最高人民法院所承认，成为通说。

行政诉讼法学界学者们在论述举证责任时，通常将举证责任与败诉的结果联系起来，更多强调结果意义上的举证责任，认为举证责任"是指原、被告等当事人之间发生争议的事实，在没有证据或证据不足以证明的情况下，由谁承担败诉责任，即后果责任"。[3] 结合《行政诉讼法》及相关司法解释的规定，举证责任实际上既有行为意义上的举证责任，也包含结果意义上的举证责任。

---

〔1〕 江伟主编：《证据法学》，中共中央党校出版社 2002 年版，第 82 页。

〔2〕 王亚新："民事诉讼中的举证责任"，载《证据科学》2014 年第 1 期。姜明安：《行政法与行政诉讼法（第六版）》，北京大学出版社 2015 年版，第 463 页。江必新：《〈中华人民共和国国家赔偿法〉条文理解与适用》，人民法院出版社 2010 年版，第 151 页。另外，很多学者借鉴英美国家的证据理论，将举证责任分为推进责任或提出证据责任与说服责任，这与大陆法系国家的主观举证责任与客观举证责任的划分基本一致。

〔3〕 刘善春："行政诉讼举证责任分配规则论纲"，载《中国法学》2003 年第 3 期。类似的阐述如，"所谓举证责任是指法律上规定的诉讼当事人，对应当确认的案卷事实，有责任提出证据加以证明。如果不能提供证据，则可能要承担败诉的后果。举证责任不是一般意义上的举证义务或提供证据的权利，它是一种把提供证据同诉讼结果联系起来的诉讼制度，是一种使法院用以查明全部案件事实，也能判断胜诉和败诉的审判规则"。参见黄杰：《中华人民共和国行政诉讼法诠释》，人民法院出版社 1994 年版，第 104 页。"证明责任是在双方当事人举证能力穷尽，而案件的证明仍处于真伪不明状态下所启用的一种司法推测机制。"参见沈亚萍："行政诉讼证明责任分配规则研究——以法律要件说为切入点"，载《黑龙江省政法管理干部学院学报》2013 年第 4 期。

我国现行《行政诉讼法》明确规定"举证责任"字眼的有三个条文，第34条第1款规定："被告对作出的行政行为负有举证责任，应当提供作出该行政行为的证据和所依据的规范性文件。"第37条规定："原告可以提供证明行政行为违法的证据。原告提供的证据不成立的，不免除被告的举证责任。"第38条规定："在起诉被告不履行法定职责的案件中，原告应当提供其向被告提出申请的证据。但有下列情形之一的除外：（一）被告应当依职权主动履行法定职责的；（二）原告因正当理由不能提供证据的。在行政赔偿、补偿的案件中，原告应当对行政行为造成的损害提供证据。因被告的原因导致原告无法举证的，由被告承担举证责任。"从目前的规定来看，毫无疑问，被告在行政诉讼中对作出的行政行为负有举证责任，原告在特殊情形下也负有举证责任。但是如前所述，由于理论界对举证责任的概念理解不一，对于被告举证责任的性质及原告承担举证责任的范围及性质也存在着分歧。鉴于篇幅原因，不在本案中探讨。

二、行政赔偿诉讼中举证责任的分配

（一）行政赔偿诉讼中原告的举证责任

行政赔偿案件中举证责任与一般行政诉讼案件不同，涉及的是赔偿请求，通常的行政侵权行为构成要件，包括损害事实、行为的违法性、行为与损害之间有因果关系。按照规范说的理论，这些要件事实均是请求权成立的事实，应该由原告负举证责任。由于行政赔偿的特殊性，行政赔偿的前提是行政行为已经被确认为违法，或者即使没有被确认违法，违法性也应该由行政机关承担举证责任。因此，剩下的就是原告是否对损害事实以及对违法性与损害事实之间的因果关系承担举证责任。

最初规定行政赔偿案件举证责任的是1997年《最高人民法院关于审理行政赔偿案件若干问题的规定》第32条，该条规定"原告在行政赔偿诉讼中对自己的主张承担举证责任。被告有权提供不予赔偿或者减少赔偿数额方面的证据"。这里明确提出原告就自己的主张承担举证责任。随后，2000年《执行解释》第27条第3项规定，"在一并提起的行政赔偿诉讼中，证明因受被诉行为侵害而造成损失的事实"，这里只是提到一并提起行政赔偿诉讼的案件中原告对损害事实的举证责任。2002 年《最高人民法院关于行政诉讼证据若干问题的规定》第 5 条规定："在行政赔偿诉讼中，原告应当对被诉具体行政行为造成损害的事实提供证据。"对于此条文中规定的原告举证责任问题出现了不同的理解，一部分观点认为该条并没有明确原告在行政赔偿损失中对行使行政职权的行为与损害结果之间因果关系的证明责任，而是让法官根据具体情况来酌定，一般行使行政职权的行为与损害结果之间的因果关系应当由原告承担证明责任。[1]也有观点认为，这一条明确了原告只是就损害事实的法律要件承担举证责任，其他的要件由被告行政机关承担举证责任。[2] 2010 年修订的《国家赔偿法》第 15 条第 1 款规定："人民法院审理行政赔偿案件，赔偿请求人和赔偿义务机关对自己提出的主张，应当提供证据。"该条文被很多学者认为在行政赔偿诉讼中，应该适用民事诉讼的举证规则，即"谁主张、谁举证"。随后，2014 年修改的《行政诉讼法》第 38 条第 2 款规定："在行政赔偿、补偿的案件中，原告应当对行政行为造成的损害提供证据。因被告的原因导致原告无法举证的，由被告承担举证责任。"2018 年《行诉解释》第 47 条规定："在行政赔偿、补偿案件中，因被告的原因导致原告无法就损害情况举证的，应当由被告就该损害情况承担举证责任。"这两条非常明确地肯定了原告在行政赔偿案件中要对损害事实承担举证责任，因果关系应该由行政机关承担举证责任。

对于原告就损害事实承担举证责任是行为意义上的举证责任还是结果意义上的举证责任，有观点认为，"只要原告能够提供其主张的受损财产存在的初步证据，被告就应当承担原告受损事实不存在的举证责任，如果其不能提供充分证据反驳原告的主张，应当承担败诉责任"。[3]似乎可以推断出原告承担的是行为意义上的举证责任，而被告承担的是结果意义上的举证责任。类似的观点进一步区分不同情形，认为"该条文首先规定了原告的行为意义上的举证责任，即对行政行为造成的损害提供证据的责任，继而表明在出现

---

[1] 蔡小雪："行政诉讼原告承担举证责任的范围"，载《人民司法》2005 年第 11 期。

[2] 孔祥俊：《行政诉讼证据规则与法律适用》，人民法院出版社 2005 年版，第 47 页。李大勇："行政诉讼证明责任分配：从被告举证到多元主体分担"，载《证据科学》2018 年第 3 期。

[3] 江必新主编：《〈中华人民共和国行政诉讼法〉理解适用与实务指南》，中国法制出版社 2015 年版，第 177 页。

证明妨碍的情形即因被告的原因导致原告无法举证时，证明责任发生转移，由被告承担结果意义上的举证责任"。[1] 也有观点认为，原告就损失金额承担的举证责任，是结果意义的举证责任而非行为意义的举证责任，只要原告所提供的证据不能证明其有关遭受损失及损失金额的主张，且对方又不认可其有关损失金额的主张，法院经调查核实后仍无法准确认定，有关损失金额的案件事实处于真伪不明的状态时，原告将因举证不能或者未能完全履行举证责任而承担其主张得不到法院支持的不利后果。[2] 此观点没有区分行政诉讼法规定的不同情况，而将原告的举证责任完全定性为结果意义上的举证责任。

举证责任分配的一般规则是如果当事人作出肯定性主张则必须提出证据证明该主张，如果当事人作出否定性主张则不负举证责任，但是行政赔偿诉讼案件有其特殊性，尤其是行政机关违法行使职权，造成当事人无法取证或者举证困难，完全让原告承担责任是不公平的。按照《行政诉讼法》第 38 条第 2 款的规定，原告的举证责任分为两种情形，第一种情况是原告既承担行为意义上的举证责任，也要承担结果意义上的举证责任，这种情况是一般情形，即原告并非因被告的原因而举证不能，原告对其遭受损害的事实最为清楚，应该承担损害事实的举证责任，包括是否有损害以及损害的价值；第二种情形是特殊情形，即原告举证不能是因为被告的原因导致，被告实施的行政行为违法，而该违法行为又直接导致原告无法固定、取得相应的损失的证据，此种情况下，原告没有受到损害事实的举证责任由行政机关承担，这是一种结果意义上的举证责任的倒置，正如在"沙明保案"中，二审法院明确指出："本案中，马鞍山市花山区人民政府组织拆除上诉人的房屋时，未依法对屋内物品登记保全，未制作物品清单并交上诉人签字确认，致使上诉人无法对物品受损情况举证，故该损失是否存在、具体损失情况等，依法应由马鞍山市花山区人民政府承担举证责任。"并明确指出了一审法院认定由原告承担举证责任是错误的，"一审判决要求上诉人承担举证责任，适用法律不当，本院依法予以纠正"。但是此时原告仍然具有行为意义上的举证责任，即初步

---

〔1〕 王鲲："拆迁案件中一类诉权事实举证责任的转承——兼谈新《行政诉讼法》第 38 条第 2 款的适用"，载《山东审判》2016 年第 6 期。

〔2〕 最高人民法院（2017）行申 26 号行政裁定书。

提出证据证明自己受到损害。实际上，在《行政诉讼法》第38条第2款明确规定之前，就已经出现类似的判决。例如，在"禄久顺、邢瑞英诉郑州市中原区人民政府行政强制措施及行政赔偿案"中，法院认为，依据《执行解释》第27条第3项的规定，"原告本应对本案被诉行为造成损害的事实提供具体证据，但鉴于本案的实际情况，由于被告违法的强制行为导致原告举证不能，在此情况下，仍要求原告承担举证责任不符合公平原则，故应由被告针对原告具体的赔偿请求提供相应证据，承担举证责任"。[1]

（二）行政赔偿诉讼中被告的举证责任

如前所述，出于公平原则的考虑，一般情况下的行政赔偿案件中，行政机关对于行为的违法性以及损害与违法行为之间的因果关系都要承担举证责任，这一点基本没有异议。至于损害事实问题，如果并非由被告原因导致原告举证不能，在法院经调查核实后仍无法准确认定，就损害事实以及有关损失金额事实处于真伪不明的状态时，原告将因举证不能承担不利后果。但是，在现实生活中，尤其是强拆案件中，经常出现行政机关违反法定程序搞突袭，不制作现场笔录、不对建筑物内的物品进行转移登记保存、不制作扣押物品清单等情形，导致被执行人措手不及。由于建筑物已被清除，物品已经灭失，相关证据无法收集固定，原告很难获得能够证明其损失的证据。为此，《行政诉讼法》第38条第2款的后半句规定："因被告的原因导致原告无法举证的，由被告承担举证责任。"尽管如此，对于被告是否就损害事实承担举证责任以及《行政诉讼法》第38条第2款规定的被告承担举证责任属于举证责任倒置还是举证责任转移，仍然存在不同认识。

1. 被告是否对损害事实承担举证责任的不同认识

有学者认为，不能将《行政诉讼法》第38条第2款规定的"由被告承担举证责任"，扩大理解为由被告对原告主张的存在损失及损失金额多少承担举证责任，更不能进一步认为该举证责任属于结果意义上的举证责任。因被告行政机关违反正当程序，不依法公证或者制作证据清单，给原告履行举证责任造成困难的，人民法院可以在原告已就损失金额提供证据初步证明的基础上，

---

〔1〕 河南省高级人民法院（2008）豫法行终字第126号行政判决书。

适当降低证明标准，或者通过推定等方式，依法作出对被告不利的认定。[1] 在 2014 年《行政诉讼法》修改之前，也有学者认为不应将《国家赔偿法》第 15 条第 2 款的规定理解为举证责任倒置，[2] 应该将这一条款理解为是立法者在行政赔偿制度中引入表见证据制度的一个典型例证，是对原告证明责任的一种负担减轻。[3] 持类似观点的学者认为，在强制拆除行政赔偿案件中，原告应当对损害事实承担举证责任，被告对不予赔偿或者减少赔偿的抗辩承担举证责任，由于被告的过错导致原告不能充分证明损害事实的，应当降低原告的证明标准，而不是通过举证责任转移或者倒置，来维护行政相对人的合法权益。[4] 这些观点与 2018 年最高人民法院的《行诉解释》第 47 条规定相悖，因为该条明确规定，"在行政赔偿、补偿案件中，因被告的原因导致原告无法就损害情况举证的，应当由被告就该损害情况承担举证责任"。

诚然，按照举证责任分配的一般规则，如果当事人作出肯定性主张则必须提出证据证明该主张，如果当事人作出否定性主张则不负举证责任。有些学者指出，在行政赔偿诉讼中，让本会作出不存在损害事实（否定性主张）的被告提出证据证明其行为给相对人造成损害（肯定性主张），相当于"自证其罪"。[5] 但是，举证责任的设置应该符合公平正义的原则，还要与一个国家的发展和行政机关依法行政的具体情形相适应。我国大量的行政赔偿案件中，因为被告的违法行为，原告根本无法取证，由原告承担证明谁实施了侵权、遭受了多大损失的完全证明责任明显偏颇，现实中饱受诟病，[6] 导致原告无法获得赔偿。被告行政机关本应依法作出行政行为，且举证能力较强，由其承担举证责任能够更好地促进其依法行政，从而减少对行政相对人的损害，《行政诉讼法》与《行诉解释》对于被告举证责任的规定的确是"举证

---

〔1〕 最高人民法院（2017）行申 26 号行政裁定书。

〔2〕 此条明确规定了因果关系由行政机关承担举证责任。《国家赔偿法》第 15 条第 2 款规定："赔偿义务机关采取行政拘留或者限制人身自由的强制措施期间，被限制人身自由的人死亡或者丧失行为能力的，赔偿义务机关的行为与被限制人身自由的人的死亡或者丧失行为能力是否存在因果关系，赔偿义务机关应当提供证据。"

〔3〕 陈国栋："行政赔偿诉讼证明责任分配的基础规范——从《行政诉讼法》到《国家赔偿法》"，载《行政法论丛》2012 年第 1 期。

〔4〕 李年清："行政强拆赔偿案件中损害事实的举证责任"，载《时代法学》2015 年第 1 期。

〔5〕 李年清："行政强拆赔偿案件中损害事实的举证责任"，载《时代法学》2015 年第 1 期。

〔6〕 王晓滨："审理征收拆迁案件适用新行诉法司法解释评析"，载《法律适用》2018 年第 13 期。

制度完善的又一创新与亮点"。[1]

2. 被告承担举证责任是举证责任倒置还是举证责任转移

《行政诉讼法》第 38 条第 2 款规定的被告承担举证责任是举证责任倒置还是举证责任转移,目前在理论界及实务界都有不同的理解,[2]行政诉讼实务界对于举证责任倒置与举证责任转移、举证责任转换有时混用,并不刻意区分。[3]然而,只有明确被告承担的举证责任性质,才能更有利于行政机关依法行政,实现实质公平。

一般认为,举证责任倒置与举证责任转移是大陆法系的概念,举证责任倒置是指本应该由一方当事人举证证明某事实存在,而倒置为由相对方当事人从相反的方向举证证明该事实不存在的责任,如果该相对方不能证明该事实不存在就应当承担不利的诉讼后果,[4]即免除了提出肯定性主张的一方当事人就某种事实的存在或不存在所应承担的举证责任,而将此举证责任置于反对的一方当事人身上;举证责任转移是在举证责任既定的前提下因当事人的举证行为而产生的具体证明对象,[5]一方当事人提供证据证明以后,举证责任转移到另一方当事人,并不免除任何一方当事人举证的责任。尽管表面上看举证责任的转移与举证责任倒置,均是将举证责任从一方当事人移至另一方当事人,但是,结果意义上的举证责任是静态的,是事先由实体法确定

---

〔1〕 最高人民法院行政审判庭编著:《最高人民法院行政诉讼法司法解释理解与适用》,人民法院出版社 2018 年版,第 265 页。

〔2〕 有学者指出,举证责任倒置违反客观规律,其免除原告的举证责任和举证责任直接由被告承担都是缺乏根据的。无论刑事诉讼、行政诉讼还是民事诉讼,举证责任均不能倒置,参见裴苍龄、魏虹:"举证责任不能倒置",载《政治与法律》2007 年第 1 期;也有学者认为行为意义上与结果意义上的举证责任都不能发生转移,参见喻乐云:"民事举证责任可转移理论之异议",载《湖北科技学院学报》2006 年第 1 期。

〔3〕 例如王晓滨法官认为举证责任转换就是举证责任倒置,参见王晓滨:"审理征收拆迁案件适用新行诉法司法解释评析",载《法律适用》2018 年第 13 期。同样是最高人民法院法官所撰写的对于《行政诉讼法》与《行诉解释》条文的分析,一本书中认为此条规定属于举证责任转移,另一本书则认为是举证责任倒置。参见《行政诉讼法及司法解释关联理解与适用》,中国法制出版社 2018 年版,第 319 页;最高人民法院行政审判庭编著:《最高人民法院行政诉讼法司法解释理解与适用》,人民法院出版社 2018 年版,第 264 页。梁凤云法官对于《行政诉讼法》第 38 条第 2 款的规定,有时认为是举证责任倒置,有时认为是举证责任转移,参见梁凤云:"《行诉解释》重点条文理解与适用",载《法律适用》2018 年第 11 期。

〔4〕 李浩:"举证责任倒置:学理分析与问题研究",载《法商研究》2003 年第 4 期。

〔5〕 汤维建:"论民事诉讼中的举证责任倒置",载《法律适用》2002 年第 6 期。

的，具有案件事实真伪不明时法官如何裁判的功能，因此不能转移，只有行为意义上的举证责任才会发生转移。[1]

应该明确，《行政诉讼法》第38条第2款规定的被告承担举证责任是举证责任的倒置，属于结果意义上的举证责任倒置，如果原告因被告原因导致不能举证，在损害事实真伪不明时，由行政机关承担败诉的风险。之所以目前很多行政赔偿案件中判决原告败诉，是因为法官们并不认为结果意义上的举证责任应该由行政机关来承担。从"沙明保案"的判决中可以看出，法官虽然没有明确指出该案属于举证责任倒置，但是从相关的判决理由中，可以看出法官认为行政机关承担的是结果意义上的举证责任，在判决中明确指出马鞍山市花山区人民政府的行为"致使上诉人无法对物品受损情况举证，故该损失是否存在、具体损失情况等，依法应由马鞍山市花山区人民政府承担举证责任"。也有一些行政判决书中明确指出被告的举证责任属于举证责任倒置，例如2017年10月18日无棣县人民法院作出的（2017）鲁1623行初40号行政判决书"李荣星与无棣县住房和城乡建设局行政赔偿案"中指出，"无棣住建局应赔偿从李荣星处拉走的建筑工具和建筑材料款41335元。无棣住建局拉走的李荣星物品，现查找不到无法返还，因此，应折价赔偿。无棣住建局采取强制措施时没有制作和送达保全物品清单，根据《行政诉讼法》第38条第2款规定：'在行政赔偿、补偿的案件中，原告应当对行政行为造成的损害提供证据。因被告的原因导致原告无法举证的，由被告承担举证责任。'因此，举证责任倒置，被告没有证据证明原告所列物品不是原告建房所需，或者不在保全的物品总数之内，被告保全的物品应依据原告所列缺失物品为准"。

3. 证明妨碍理论的运用

因被告的原因导致原告举证不能，规定的举证责任倒置正是证明妨碍理论在行政赔偿案件举证责任分配中的运用。所谓证明妨碍，即"负证明负担的当事人的对方，如有因其有责任行为，导致原本可以为证据提出而发生提出不能情形时，将此举证不能的结果责任转由实施此有责任行为的一方，即

---

[1] 陈刚："再论民事诉讼证明责任的转移"，载《政法论丛》2011年第4期；李浩："举证责任倒置：学理分析与问题研究"，载《法商研究》2003年第4期。

负证明或举证负担的当事人的对方负担"。[1] 证明妨碍理论也是体现了公平原则，负有客观举证责任的人如果竭尽所能收集取证，对方当事人故意或过失毁损、隐匿相关证据，就属于证据妨碍行为，在事实真伪不明时，如果按照实体法规定或隐藏的客观举证责任分配规则进行裁判，难免造成不公平。

在我国行政赔偿案件中，尤其是拆迁案件中，经常发生行政机关强拆或者突袭，违反法定程序不送达强制拆除决定书，不对建筑物的价值进行评估，不通知当事人在场，不转移或者保存室内物品，不制作扣押物品清单，不制作现场笔录并由当事人或见证人签字等情形，这些行为均为证明妨碍行为，造成原告无法存留证据，我国《行政诉讼法》第38条第2款规定的举证责任倒置也是证明妨碍理论的运用，改变了以前行政机关的行为虽然被确认为违法但是相对人的损害却无法得到救济的局面。正如"沙明保案"判决书中所指出的"马鞍山市花山区人民政府组织拆除上诉人的房屋时，未依法对屋内物品登记保全，未制作物品清单并交上诉人签字确认，致使上诉人无法对物品受损情况举证，故该损失是否存在、具体损失情况等，依法应由马鞍山市花山区人民政府承担举证责任"。

三、事实推定及法官的酌情裁量权

虽然出于公平原则的考虑，因被告导致原告举证不能的，由行政机关对损害事实承担结果意义上的举证责任。然而，有时也会出现这样的情形，原告对于自己的损失无法举证，被告也没有留下任何能够证明物品损失情况的记录或者其他资料，没有证据证明损失的数额，如果完全依照原告的赔偿数额请求也有可能损害公共利益，因为的确存在原告漫天要价的情形。为此，需要法官针对具体情形，对损害事实进行推定，酌情确定赔偿数额。所谓事实推定，是指由审判者在诉讼活动中依据一定规则进行的推定，即由审判者根据经验法则和逻辑推理原则，基于自由心证作出的推定。[2] "沙明保案"就充分体现了法官运用生活经验与逻辑推理进行推定，体现了法官的酌情裁量权，在进行事实推定时，法官需要达到盖然性的判断，形成对某种事实确

---

[1] 陈界融：《证据法：证明负担原理与法则研究》，中国人民大学出版社2004年版，第210页。

[2] 毕玉谦：《民事证据原理与实务研究》，人民法院出版社2003年版，第564~565页。

认的心证，在这个过程中，允许当事人针对通过经验法则进行事实推定所得出的结论提出相反的证明，如果相反的证明成立，则该事实推定不能成立。在判决书中，法官非常明确地指出，"上诉人主张的屋内物品包括衣服、家具、手机等，均系日常生活必需品，符合一般家庭实际情况，且被上诉人亦未提供证据证明这些物品不存在，故对上诉人主张的屋内物品种类、数量应予认定。在上诉人主张的物品价值方面，除实木雕花床外，其他均未超出正常、合理的市场价范围，依法亦应予采信"。法院之所以认同原告这部分赔偿请求，是因为符合一般的生活经验与正常的市场价格范围，但是同时又指出"上诉人主张其实木雕花床价值为5万元，已超出市场正常价格范围，其又不能确定该床的材质、形成时间、与普通实木雕花床有何不同等，本院不予采信"。在原被告都不能提出有力的证据证明时，法官运用逻辑推理和生活经验、生活常识等进行推断，没有认同原告提出的5万元的赔偿请求，但是又"出于最大限度保护被侵权人的合法权益考虑，结合目前普通实木雕花床的市场价格，按'就高不就低'的原则，综合酌定该实木雕花床价值为3万元"。该判决为今后类似案件提供了一个较好的范本。

随后在很多案件中，法官都使用了酌情裁量权。"于保志与安徽太和经济开发区管理委员会等强制拆迁行政赔偿上诉案"的判决书中指出，[1]被告"未依法对物品清点登记或公证，导致于保志在请求赔偿时无法提供物品损失的证据及依据。根据生活常理，结合原告出具的物品清单，酌情赔偿，符合法律规定"；"孙美玉、谈惠芳等与杭州市江干区人民政府彭埠街道办事处案"的判决书中指出，[2]"孙美玉提供了部分现场照片，行政机关虽不予认可，亦不能举出反证，综合本案情况，可酌情确定赔偿金额"；"刘新学与湘潭市雨湖区人民政府行政赔偿案"的判决书中指出，[3]"虽然刘新学在二审中提供了具体物品损失清单，但该清单上记载的物品除有一审提交的屋内物品照片可以佐证外，仍有部分所称的贵重物品无其他证据予以证明。鉴于刘新学的收入、消费属于当地中下水平，根据上述法律规定，其家居物品和金器的重置价格在扣除协议约定已补偿的附属设施设备外，酌情确定为7万元"。

---

〔1〕 安徽省阜阳市中级人民法院（2016）皖12行赔终13号行政判决书。

〔2〕 杭州市中级人民法院（2017）浙01行赔终27号行政判决书。

〔3〕 湖南省高级人民法院（2018）湘行赔终13号行政判决书。

当然，法官酌情裁量权并非没有任何限制，2018 年的《行诉解释》规定，只有在当事人的损失因客观原因无法鉴定时，人民法院才应当结合当事人的主张和在案证据，遵循法官职业道德，运用逻辑推理和生活经验、生活常识等，酌情确定赔偿数额。因此，法官酌情裁量权的前提是损失无法鉴定，同时要求法官结合"当事人的主张和在案证据"进行审查，这是法官进行逻辑推理的基础事实，此外法官必须"运用逻辑推理和生活经验、生活常识"进行裁量，这都要求法官"全面、客观、公正地对原告提出的赔偿请求逐项进行分析判断，通过法官自由心证，合理酌定其损失赔偿数额"。[1]

【后续影响及借鉴意义】

我国近些年涉及强拆的行政争议大量涌现，尤其是行政机关的强拆行为被确认违法，原告难以就其损害事实提供证据而被法院判决败诉的案件时有发生。"沙明保案"中，政府实施违法强拆引发的赔偿诉讼判决引起了理论界与实务界的关注。尽管在该案之前，也有其他类似的判决，但此案被确认为最高人民法院的指导性案例，影响更为广泛。"沙明保案"对确立此类案件中的举证责任分配标准，以及双方当事人都不能证明损害事实时，如何判定原告的损失数额具有一定的借鉴意义：第一，本案诠释了行政赔偿诉讼中原、被告的举证责任。根据《行政诉讼法》第 38 条第 2 款，行政机关因其违法行政行为，导致原告客观上无法举证其损害事实的，该损害事实的举证责任由行政机关负担。第二，本案确立了人民法院行使自由裁量权判定损失的职责和界限。对原告所主张的、双方均未能举证证明的损害数额，客观事实真伪不明时，法官结合举证责任规则、实际调查和日常生活经验，对所有证据进行全面、客观和公正地分析与判断，酌情裁量决定损失的合理范围和价值。

然而，法律的规定仍然存在完善的空间，尽管 2018 年的《行诉解释》进一步规定了法官的酌情裁量权，但是仍然需要在理论上明确举证责任的含义以及行政赔偿诉讼中原告举证责任的性质，因为在实践中，仍然有一些法官简单地以原告举证不能为由，判决驳回其行政赔偿诉讼请求。此外，因被告

---

[1] 郭修江："监督权力 保护权利 实质化解行政争议——以行政诉讼法立法目的为导向的行政案件审判思路"，载《法律适用》2017 年第 23 期。

的原因导致原告无法举证的情况中，仍然需要确定原告对"因被告的原因"提供证据的证明标准问题，实践中也经常出现原告对此无法证明而败诉的案例。最后，还需要加强判决书的说理性，即使《行诉解释》规定法官可以根据经验法则及逻辑推理进行判断损失的数额，判决书中也应该说明理由，正如 2018 年 6 月 1 日《最高人民法院关于加强和规范裁判文书释法说理的指导意见》所规定，"采用推定方法认定事实时，应当说明推定启动的原因、反驳的事实和理由，阐释裁断的形成过程"。

六、行政公益诉讼

案例一 陆良县人民检察院诉陆良县住房和城乡建设局不履行法定职责案

卞修全*

【案例名称】

陆良县人民检察院诉陆良县住房和城乡建设局不履行法定职责案［云南省曲靖市中级人民法院（2018）云03行终8号行政判决］

【关键词】

人民检察院　行政公益诉讼　易地建设费　法定职责

【基本案情】

云南省曲靖市麒麟区人民法院一审查明的事实如下：2013年10月，云南云帆酒店管理有限公司在陆良城延长线以北开发建设弘悦湖大酒店。2014年3月31日该公司向陆良县人民防空办公室提交民用建筑防空地下室易地建设申请，经陆良县人民防空办公室审批后同意该公司向陆良县人民防空办公室提出缴纳防空地下室易地建设费的申请，经审批同意缴纳防空地下室易地建设费1 952 538.70元，并向该公司颁发了民用建筑防空地下室易地建设许可证。2014年3月26日，该公司缴纳防空地下室易地建设费100 000.00元，同

---

* 作者简介：卞修全，中国政法大学法学院行政法研究所教授，硕士生导师。

日承诺下欠的人民防空工程易地建设费 1 852 538.70 元缓至 2014 年 11 月 30 日前缴 552 538.70 元，剩余尾款于 2015 年 11 月 30 日前缴清。2016 年 12 月 6 日，陆良县人民防空办公室向云南云帆酒店管理有限公司发出书面通知，要求该公司于收到该通知 30 日内交清下欠的易地建设费，若逾期不办理，将依法进行处罚。但该公司仍未按承诺履行交款义务。陆良县人民检察院在履行职责过程中发现该情况后，于 2017 年 2 月 24 日向陆良县住建局发出检察建议：第一，采取有力措施，追缴防空地下室易地建设费；第二，全面履行法定职责，有效保护国家利益。并要求陆良县住建局在一个月内将办理情况书面回复。2017 年 3 月 29 日，陆良县住建局对陆良县人民检察院的检察建议书进行了书面回复：经多次催缴，云南云帆酒店管理有限公司承诺对下欠款项在年内缴清，并对欠费追缴工作及今后办理民用建筑易地建设许可证制定了相应措施。但该公司仍未对下欠的易地建设费履行缴款义务，现仍欠防空地下室易地建设费 1 852 538.70 元。2015 年 12 月，陆良县人民政府将原陆良县人民防空办公室的职责划入陆良县住建局，由陆良县住建局承担全县人民防空工作规划及相关工作，承担人民防空工程项目审批，并对全县各类人民防空设施进行管理和维护。公益诉讼人陆良县人民检察院认为陆良县住建局在收到检察建议后未全面履行法定职责，建设单位至今仍下欠防空地下室易地建设费 1 852 538.70 元，遂根据相关规定，向法院提起行政公益诉讼。

一审法院经审理后认为，陆良县人民检察院作为国家法律监督机关，在履行职责中发现国有资产保护等领域负有监督管理职责的行政机关违法行使职权或者不作为，造成国家和社会公共利益受到侵害，在依法履行诉前程序发出检察建议后，相关行政机关仍未全面正确履行法定职责，造成国家和社会公共利益仍处于受侵害状态，有权对陆良县住建局提起行政公益诉讼。本案中，陆良县人民防空办公室在建设单位云南云帆酒店管理有限公司未缴清防空地下室易地建设费用的前提下就向建设单位颁发了《防空地下室易地建设许可证》，并审核同意办理建设工程规划许可的行为违反了相关法律、法规及规章规定，且未采取措施积极向建设单位追缴拖欠的易地建设费，造成国家利益受到损害。因陆良县人民防空办公室的行政职责被划入陆良县住建局，陆良县住建局应当继续行使职权向建设单位履行追缴易地建设费的义务。陆良县住建局虽然向建设单位发出书面催缴通知书，但建设单位仍然未交清欠款。检察机关发出检察建议，旨在督促行政机关依法正确履行职责，促进行政机关依法行政，保护国有资产，维护国家利益。但陆良县住建局在收到检察建议后，仅口头向建设单位进行催缴，并未采取有效措施收回被建设单位长期拖欠的易地建设费 1 852 538.70 元，导致国家利益持续处于被侵害状态。造成这一后果系陆良县住建局未全面正确履行监管职责所致，陆良县住建局怠于履行监管职责的行为存在违法。故陆良县人民检察院要求确认陆良县住建局对云南云帆酒店管理有限公司长期拖欠防空地下室易地建设费未全面履行法定职责的行为违法的请求成立，予以支持，鉴于建设单位云南云帆酒店管理有限公司至今仍下欠防空地下室易地建设费 1 852 538.70 元，陆良县住建局仍应继续履行法定的监督管理职责，在一定期限内追缴下欠的防空地下室易地建设费。陆良县住建局提出追缴易地建设费不是其法定职责，只属于陆良县住建局的后续义务以及陆良县住建局履行追缴易地建设费的后续义务是行政协议，不属于行政案件受理范围的辩解理由与法律规定不符，不予采纳。综上，依照《行政诉讼法》第 72 条、第 76 条，《执行解释》第 60 条第 2 款之规定，判决：一、确认陆良县住房和城乡建设局对云南云帆酒店管理有限公司长期拖欠防空地下室易地建设费未全面履行法定职责的行为违法。二、责令陆良县住房和城乡建设局继续履行监督管理职责，在判决生效后 90 日内向云南云帆酒店管理有限公司追缴下欠的防空地下室易地建设费。被告不服，提起上诉，请求撤销原判，改判驳回上诉人的诉讼请求。[1]

【裁判要旨】

行政不作为一直是法治政府建设的重大障碍之一，一再影响行政机关在公众心中的形象，必须下大力气，采取有力措施加以克服。行政公益诉讼把一定范围内的行政不作为纳入审查对象，就是有力措施之一。本案判决在查明被告行政机关确实存在未全面履行法定职责的情况下，确认其未全面履行法定职责的行为违法，并责令其限期全面履行法定职责，有力地监督了行政机关的行为，有利于法治政府建设的推行和全面依法行政的实现。

---

[1] 云南省曲靖市中级人民法院（2018）云 03 行终 8 号行政判决书。

【裁判理由与论证】

云南省曲靖市中级人民法院经二审审理，判决确认了一审法院查明确认的事实，认为一审判决认定事实清楚，适用法律、法规正确，应予维持。

在裁判理由部分，云南省曲靖市中级人民法院对上诉人的上诉理由进行了回应，并将本案的争议焦点总结为两点，进行了具有说服力的分析与论证。

一、本案是否属于行政诉讼的受案范围

《人民法院审理人民检察院提起公益诉讼案件试点工作实施办法》第11条规定，"人民检察院认为在生态环境和资源保护、国有资产保护、国有土地使用权出让等领域负有监督管理职责的行政机关或者法律、法规、规章授权的组织违法行使职权或不履行法定职责，造成国家和社会公共利益受到侵害，向人民法院提起行政公益诉讼，符合行政诉讼法第49条第2项、第3项、第4项规定的，人民法院应当登记立案"。本案中，陆良县人民检察院认为在国有资产保护等领域负有监督管理职责的陆良县住建局不履行法定职责，造成国家和社会公共利益受到侵害，向人民法院提起行政公益诉讼，符合《行政诉讼法》第49条第2项、第4项的规定，应予受理。陆良县住建局关于本案不属于行政诉讼受案范围的上诉主张不能成立。[1]

二、陆良县住建局是否具有追缴云南云帆酒店管理有限公司拖欠的防空地下室易地建设费的法定职责

《中华人民共和国人民防空法》（以下简称《防空法》）第7条第3款规定："县级以上地方各级人民政府人民防空主管部门管理本行政区域的人民防空工作。"第6款规定："县级以上人民政府的计划、规划、建设等有关部门在各自的职责范围内负责有关的人民防空工作。"第22条规定："城市新建民用建筑，按照国家有关规定修建战时可用于防空的地下室。"《云南省实施〈中华人民共和国人民防空法〉办法》第14条规定："应当修建防空地下室，因地质、地形等条件限制，或者应建地下室面积不足100平方米等原因不宜

---

〔1〕 云南省曲靖市中级人民法院（2018）云03行终8号行政判决书。

修建的，建设者必须向县级以上人民政府人民防空主管部门缴纳易地建设费，由人民防空主管部门负责统一修建。"《人民防空工程建设管理规定》第 50 条规定："任何部门和个人无权批准减免应建防空地下室建筑面积和易地建设费，或者降低防空地下室防护标准。"第 54 条规定："经人民防空主管部门批准需缴纳防空地下室易地建设费的，建设单位在办理建设工程规划许可证前，应当先缴纳防空地下室易地建设费。"《云南省防空地下室建设管理工作程序（试行）》第 2 条第 2 项规定："对不宜修建防空地下室的建设项目，按以下程序办理。（1）由建设单位提出申请，并附有关依据和相关的技术资料。人民防空主管部门审核同意后，依照易地建设费征缴标准，核定缴费金额。（2）建设单位根据人民防空主管部门出具的核定缴费数额，到银行网点缴纳防空地下室易地建设费；经人民防空主管部门确认缴款后，由人民防空主管部门向建设单位颁发《防空地下室易地建设许可证》。（3）未经人民防空主管部门审核同意，不得办理建设工程规划许可。"本案中，原陆良县人民防空办公室是收取防空地下室易地建设费及进行民用建筑防空地下室易地建设许可的行政主体。原陆良县人民防空办公室在云南云帆酒店管理有限公司没有足额缴纳防空地下室易地建设费的情况下即向云南云帆酒店管理有限公司颁发《民用建筑防空地下室易地建设许可证》的行为违反法律规定。由于未依法先收费后许可，故原陆良县人民防空办公室对云南云帆酒店管理有限公司拖欠的防空地下室易地建设费有追缴的法定职责，这种法定职责基于上述法律规定及原陆良县人民防空办公室的先行行为产生。本案中，2015 年 12 月原陆良县人民防空办公室的职责被划入陆良县住建局，作为继续行使原陆良县人民防空办公室职权的行政机关，陆良县住建局自 2015 年 12 月起具有追缴云南云帆酒店管理有限公司拖欠的防空地下室易地建设费的法定职责。在原陆良县人民防空办公室向云南云帆酒店管理有限公司颁发《民用建筑防空地下室易地建设许可证》后，陆良县住建局一直不具有采取有效措施积极收取云南云帆酒店管理有限公司欠缴的人民防空工程易地建设费，陆良县住建局没有依法全面履行法定职责。陆良县住建局关于其不具有追缴防空地下室易地建设费的法定职责的上诉主张不能成立。一审判决确认陆良县住建局对云南云帆酒店管理有限公司长期拖欠防空地下室易地建设费未全面履行法定职责的行为违法，及责令继续履行职责并向云南云帆酒店管理有限公司追缴下欠的防空地下室易地建设费并无不当。[1]

【涉及的重要理论问题】

行政不作为历来是我国行政执法领域的痼疾，但由于我国既有监督制度与行政诉讼制度的不完善，这一痼疾一直得不到很好的纠正，由此催生了我国行政公益诉讼制度。本案中，一审法院和二审法院通过审理查明的事实，确认陆良县住建局具有追缴云南云帆酒店管理有限公司拖欠的防空地下室易地建设费的法定职责却又未全面履行法定职责，属于典型的行政不作为，同时属于《行政诉讼法》中行政公益诉讼的受案范围，应责令陆良县住建局继续履行法定职责。本案的重要理论问题，主要包括以下四个方面。

一、行政公益诉讼的制度创设

为了维护公民、法人或者其他组织的合法权益，监督行政机关依法行政，1989年4月4日，第七届全国人民代表大会第二次会议通过了《行政诉讼法》，该法于1990年正式实施，正式确立了我国的行政诉讼制度。自此以后，我国的行政诉讼为保护公民、法人或者其他组织的合法权益做出了积极的贡献，但囿于当时的立法水平，当时的《行政诉讼法》中没有设计行政公益诉讼制度，这不能不说是一个制度缺失。这就导致在行政机关违法行使职权或者不履行法定职责，有公共利益受到损害的情况下，无法通过行政诉讼监督行政机关依法履行职责。这一制度缺失，很早就为行政法学界发现，并对行政公益诉讼进行了长期的理论研究与制度设计。2014年10月，党的十八届四中全会通过了《关于全面推进依法治国若干重大问题的决定》，其中明确提出："检察机关在履行职责中发现行政机关违法行使职权或者不行使职权的行为，应该督促其纠正，探索建立检察机关提起行政公益诉讼制度。"这就为在我国建立行政公益诉讼制度提供了理论依据，但可惜的是，在随后进行的《行政诉讼法》第一次大修中，却未能贯彻这一主张。

2015年7月1日，为了充分发挥检察机关法律监督的职能作用，强化对国家和社会公共利益的保护，促进行政机关严格执法、依法行政，全国人大

---

[1] 云南省曲靖市中级人民法院（2018）云03行终8号行政判决书。

常委会通过了《关于授权最高人民检察院在部分地区开展公益诉讼试点工作的决定》，授权最高人民检察院在北京、内蒙古、吉林、江苏、安徽、福建、山东、湖北、广东、贵州、云南、陕西、甘肃13个省、自治区、直辖市，在生态环境和资源保护、国有资产保护、国有土地使用权转让、食品药品安全等领域开展公益诉讼试点，试点期限为两年。为了贯彻上述党的十八届四中全会与全国人大常委会的决定，2015年7月2日，最高人民检察院发布《检察机关提起公益诉讼改革试点方案》，2016年2月25日，最高人民法院印发《人民法院审理人民检察院提起公益诉讼案件试点工作实施办法》，对行政公益诉讼进行了具体的制度设计，并在上述地区的检、法机关迅速展开，我国的行政公益诉讼正式付诸实施。经过为期两年的试点工作，2017年6月27日，《行政诉讼法》进行了第二次修改，行政公益诉讼被写入行政诉讼法典，我国的行政公益诉讼正式建立。2018年3月2日，最高人民法院和最高人民检察院发布《关于检察公益诉讼案件适用法律若干问题的解释》，对《检察机关提起公益诉讼改革试点方案》和《人民法院审理人民检察院提起公益诉讼案件试点工作实施办法》的内容进行了整合、补充，其中部分内容对行政公益诉讼进行了更加具体的规定，进一步增加了这一制度的可操作性。

根据现行《行政诉讼法》与上述两高的司法解释，行政公益诉讼案件除了遵守《行政诉讼法》的一般规定外，还有以下特别规定。

第一，一审行政公益诉讼案件，由基层人民检察院向被诉行政机关所在地基层人民法院起诉。这是规定行政公益诉讼的管辖。级别管辖方面，行政公益诉讼由基层人民法院管辖；地域管辖方面，行政公益诉讼原则上遵循原告就被告原则。

第二，人民法院开庭审理人民检察院提起的行政公益诉讼案件，应当在开庭3日前向人民检察院送达出庭通知书。人民检察院应当派员出庭，并应当自收到人民法院出庭通知书之日起3日内向人民法院提交派员出庭通知书。派员出庭通知书应当写明出庭人员的姓名、法律职务以及出庭履行的具体职责。这是规定人民法院和人民检察院开庭前的一些准备工作。

第三，出庭检察人员履行以下职责：（1）宣读公益诉讼起诉书；（2）对人民检察院调查收集的证据予以出示和说明，对相关证据进行质证；（3）参加法庭调查，进行辩论并发表意见；（4）依法从事其他诉讼活动。这是规定庭审过程中，出庭检察官应履行的职责。

第四，人民法院审理第二审案件，由提起公益诉讼的人民检察院派员出庭，上一级人民检察院也可以派员参加。这是规定了行政公益诉讼二审程序中人民检察院派员出庭制度，即原则上由提起公益诉讼的人民检察院派员出庭，上一级人民检察院也可以派员参加。

第五，人民检察院在提起行政公益诉讼前，应当先向行政机关提出检察建议，督促其依法履行职责。行政机关应当在收到检察建议书之日起2个月内依法履行职责，并书面回复人民检察院。出现国家利益或者社会公共利益损害继续扩大等紧急情形的，行政机关应当在15日内书面回复。行政机关不依法履行职责的，人民检察院依法向人民法院提起诉讼。这是规定行政诉讼的诉前程序，即人民检察院在提起行政公益诉讼前，应该先向行政机关提出检察建议，督促行政机关依法履行职责，如果行政机关未在法定的时间内依法履行职责，并书面回复人民检察院的，人民检察院再依法提起行政公益诉讼。

第六，人民检察院提起行政公益诉讼应当提交下列材料：（1）行政公益诉讼起诉书，并按照被告人数提出副本；（2）被告违法行使职权或者不作为，致使国家利益或者社会公共利益受到侵害的证明材料；（3）检察机关已经履行诉前程序，行政机关仍不依法履行职责或者纠正违法行为的证明材料。这是规定人民检察院提起行政公益诉讼应该提供的法律文书与证据材料。

第七，人民法院区分下列情形作出行政公益诉讼判决：（1）被诉行政行为具有行政诉讼法规定的应当确认违法或者确认无效情形的，判决确认违法或者确认无效，并可以同时判决责令行政机关采取补救措施；（2）被诉行政行为具有行政诉讼法规定的应当撤销或者部分撤销情形的，判决撤销或者部分撤销，并可以判决被诉行政机关重新作出行政行为；（3）被诉行政机关不履行法定职责的，判决在一定期限内履行；（4）被诉行政机关作出的行政处罚明显不当，或者其他行政行为涉及对款额的确定、认定确有错误的，判决予以变更；（5）被诉行政行为证据确凿，适用法律、法规正确，符合法定程序，未超越职权，未滥用职权，无明显不当，或者人民检察院诉请被诉行政机关履行法定职责理由不成立的，判决驳回诉讼请求。这是规定行政公益诉讼的五种判决形式，其中第三种判决形式是专门针对行政机关不履行法定职责而设计的。

本案中，陆良县人民检察院就是严格按照《行政诉讼法》及上述司法解释的规定，依法履职，在提出检察建议未能达到应有的法律监督效果的情况下，及时提起行政公益诉讼，陆良县人民法院则在经审理查明陆良县住建局确实没有全面履行法定职责的情况下，判决确认陆良县住建局不全面履行法定职责违法，并责令其继续履行法定职责。

二、行政公益诉讼的受案范围

按照学界的通说，行政诉讼受案范围的确立方式分为概括式、列举式和混合式等。概括式是由行政诉讼法典对受案范围作原则性、概括性的规定，其优点是简单、灵活，但可能出现具体解释的困难。列举式是指法律明确规定法院可以或者不能受理行政争议的种类，有肯定式列举和否定式列举两种，其优点是具体、易于掌握，但存在烦琐、挂一漏万的缺陷。混合式是将上述两种方式混合使用，以发挥各种方式的长处，避免各自的不足，相互弥补，是世界上大多数制定法国家采用的方式。[1] 我国行政诉讼受案范围的确立方式属于混合式，其特点是：概括式规定与列举式规定相结合，肯定式列举与排除式列举相结合，直接起诉与附带审查相结合，《行政诉讼法》的一般规定与单行法律法规的个别规定相结合。

具体来说，《行政诉讼法》第 2 条规定："公民、法人或者其他组织认为行政机关和行政机关工作人员的行政行为侵犯其合法权益，有权依照本法向人民法院提起诉讼。前款所称行政行为，包括法律、法规、规章授权的组织作出的行政行为。"这是用概括式的方式规定了我国行政诉讼的受案范围。在此基础上，该法第 12 条第 1 款用肯定列举的方式规定了十二类可以直接起诉的具体行政行为，第 13 条用否定列举的方式规定了四类不得提起行政诉讼的事项。司法解释在上述两条的基础上有所扩展。

但是如前所述，关于行政公益诉讼，《行政诉讼法》在 1989 年制定之初就没有规定，在 2014 年第一次大修中也没有涉及，直到 2015 年 7 月，全国人大常委会才授权最高人民检察院进行行政公益诉讼试点。此后，在试点的过

---

〔1〕 应松年主编：《行政法与行政诉讼法学》，高等教育出版社 2016 年版，第 331~332 页。

程中，最高人民检察院和最高人民法院先后公布司法解释，对行政公益诉讼进行了试点性的制度设计。其中，关于行政公益诉讼的试点案件范围，最高人民检察院发布的《检察机关提起公益诉讼改革试点方案》规定："检察机关在履行职责中发现生态环境和资源保护、国有资产保护、国有土地使用权出让等领域负有监督管理职责的行政机关违法行使职权或者不作为，造成国家和社会公共利益受到侵害，公民、法人和其他社会组织由于没有直接利害关系，没有也无法提起诉讼的，可以向人民法院提起行政公益诉讼。试点期间，重点是对生态环境和资源保护领域的案件提起行政公益诉讼。"明确在试点期间行政公益诉讼的受案范围主要包括负有监督管理职责的行政机关在生态环境和资源保护、国有资产保护、国有土地使用权出让三个领域，违法行使职权或者不作为，造成国家和社会公共利益受到侵害，但公民、法人和其他社会组织由于没有直接利害关系，没有也无法提起诉讼的案件。最高人民法院印发的《人民法院审理人民检察院提起公益诉讼案件试点工作实施办法》则重申了上述规定。

2017年6月，《行政诉讼法》进行了第二次修改，主要的就是加入了行政公益诉讼制度。具体来说，就是在第12条增加一款作为第2款："除前款规定外，人民法院受理法律、法规规定可以提起诉讼的其他行政案件。"第25条增加一款作为第3款："人民检察院在履行职责中发现生态环境和资源保护、食品药品安全、国有财产保护、国有土地使用权出让等领域负有监督管理职责的行政机关违法行使职权或者不作为，致使国家利益或者社会公共利益受到侵害的，应当向行政机关提出检察建议，督促其依法履行职责。行政机关不依法履行职责的，人民检察院依法向人民法院提起诉讼。"这里除了规定了人民检察院提起行政诉讼的程序性规定外，就是把试点方案和实施办法规定的行政公益诉讼的受案范围由生态环境和资源保护、国有资产保护、国有土地使用权出让等三个领域扩展到生态环境和资源保护、食品药品安全、国有财产保护、国有土地使用权出让等四个领域，即为应对我国食品药品安全日益严峻的形势，增加了食品药品安全类案件作为行政公益诉讼的受案范围。最高人民法院和最高人民检察院发布《关于检察公益诉讼案件适用法律若干问题的解释》则重申了《行政诉讼法》规定的上述范围。

本案中，2015年12月原陆良县人民防空办公室的职责被划入陆良县住建局后，作为继续行使原陆良县人民防空办公室职权的行政机关，陆良县住建局在原陆良县人民防空办公室向云南云帆酒店管理有限公司颁发《民用建筑防空地下室易地建设许可证》后，一直没有采取有效措施积极收取云南云帆酒店管理有限公司欠缴的防空地下室易地建设费，没有依法全面履行法定职责。而收取防空地下室易地建设费属于国有财产保护的范畴，陆良县住建局已构成在国有财产保护方面的不作为，属于上述行政公益诉讼的受案范围。陆良县人民检察院依法提起行政公益诉讼，陆良县人民法院依法审判，并确认陆良县住建局不全面履行法定职责违法，责令继续全面履行职责是正确的。

三、不履行法定职责的认定

所谓不履行法定职责（行政不作为），一般是指公民、法人或者其他组织申请行政机关履行保护人身权、财产权等合法权益的法定职责，行政机关拒绝履行或者不予答复的行为。

人民法院在审查是否受理这类案件时，最重要的是要分清作为被告的行政机关是否有相应的法定职责。这类案件形成的一般条件是：（1）公民向行政机关提出了保护申请。但是有两种情况除外：第一，行政机关已经通过其他途径获知有关情况。第二，行政机关负有主动履行职责的情况。如当某公民遭到歹徒抢劫时，被执行治安巡逻的民警看见，即使该公民未申请民警保护，民警也必须主动履行保护职责，否则，该公民有权对民警所在的公安机关起诉。（2）接到申请的行政机关负有法定职责。行政机关各有自己的法定职责分工，如果公民选择了错误的行政机关，该行政机关予以拒绝的，则不构成拒不履行法定职责，但是有告知正确的行政机关的义务。（3）行政机关对公民、法人或者其他组织的申请拒绝答复或者不予答复。在公民面临侵害而申请保护的情况下，行政机关拒绝或者不予及时答复的，即构成不履行法定职责。[1]

一般情况下，法定职责应当在工作时间履行，公民请求行政工作人员在非工作时间履行保护法定职责，属于保护请求不合法，则不属于行政机关不

---

〔1〕 马怀德主编：《行政诉讼法学》，北京大学出版社2015年版，第50页。

履行职责。但是下列情况例外：第一，对具有应急职责的行政机关而言，工作人员实际上随时处于待命上岗状态，如公安民警等。第二，任何行政工作人员，无论是在工作时间之内或之外，只要身着标志其身份的国家行政机关制服，其就是代表着行政机关并处于在岗状态，对公民要求履行保护职责的申请予以拒绝或者不予答复的，都属于不履行法定职责行为。

参照上述理论，并依据最新的司法解释，行政公益诉讼中不履行法定职责案件的构成需要以下三个要素：（1）人民检察院向行政机关提出了履行法定职责的检察建议，督促行政机关依法及时履行法定职责。（2）接到申请的行政机关负有法定职责。如前所述，行政机关各有自己的法定职责分工，如果人民检察院选择了错误的行政机关，该行政机关予以拒绝的，则不构成拒不履行法定职责，但是接到检察建议的行政机关有进行解释，并告知正确行政机关的义务。（3）行政机关接到人民检察院的检察建议，不及时依法履行法定职责或者书面回复人民检察院。行政机关应当在收到检察建议书之日起2个月内依法履行职责，并书面回复人民检察院。出现国家利益或者社会公共利益损害继续扩大等紧急情形的，行政机关应当在15日内书面回复。在国家利益或者社会公共利益面临侵害而接到检察建议的情况下，行政机关拒绝及时依法履行法定职责或者不予及时书面回复的，即构成不履行法定职责。

本案中，为督促陆良县住建局全面履行职责，陆良县人民检察院于2017年2月24日向陆良县住建局发出检察建议，要求陆良县住建局采取有力措施，追缴防空地下室易地建设费，全面履行法定职责，有效保护国家利益，并要求陆良县住建局在一个月内将办理情况书面回复。如前所述，接到检察建议的陆良县住建局由于承接了原陆良县人民防空办公室的职责，追缴云南云帆酒店管理有限公司拖欠的防空地下室易地建设费属于其法定职责。针对陆良县住建局上诉所称的没有追缴防空地下室易地建设费的法定职责，只属后续义务，后续义务不是行政概念，不影响法定职责的构成，二审法院不予认可。而陆良县住建局接到检察建议后，尽管进行了书面回复，但仅口头向建设单位进行催缴，并未采取有效措施收回被建设单位长期拖欠的防空地下室易地建设费1 852 538.70元，导致国家利益持续处于被侵害状态，没有及时依法履行法定职责。陆良县住建局已经构成不履行法定职责，所以陆良县人民检察院依法向陆良县人民法院提起了行政公益诉讼。

四、关于防空地下室易地建设费

对前述认定陆良县住建局未全面履行法定职责的主要原因是其未及时追缴云南云帆酒店管理有限公司拖欠的防空地下室易地建设费，那么，什么是人民防空工程地下室？什么是人民防空工程地下室易地建设费？应该由谁收缴？如何收缴？依据《防空法》《人民防空工程建设管理规定》的相关规定，人民防空工程包括为保障战时人员与物资掩蔽、人民防空指挥、医疗救护等而单独修建的地下防护建筑，以及结合地面建筑修建的战时可用于防空的地下室。城市新建民用建筑，按照国家有关规定修建防空地下室。民用建筑包括除工业生产厂房及其配套设施以外的所有非生产性建筑。新建民用建筑应当按照下列标准修建防空地下室：（1）新建10层（含）以上或者基础埋深3米（含）以上的民用建筑，按照地面首层建筑面积修建6级（含）以上防空地下室。（2）新建除第一款规定和居民住宅以外的其他民用建筑，地面总建筑面积在2000平方米以上的，按照地面建筑面积的2%~5%修建6级（含）以上防空地下室。（3）开发区、工业园区、保税区和重要经济目标区除第一款规定和居民住宅以外的新建民用建筑，按照一次性规划地面总建筑面积的2%~5%集中修建6级（含）以上防空地下室：按第二、三款规定的幅度具体划分：一类人民防空重点城市按照4%~5%修建：二类人民防空重点城市按照3%~4%修建；三类人民防空重点城市和其他城市（含县城）按照2%~3%修建。（4）新建除第一款规定以外的人民防空重点城市的居民住宅楼，按照地面首层建筑面积修建6B级防空地下室。（5）人民防空重点城市危房翻新住宅项目，按照翻新住宅地面首层建筑面积修建6B级防空地下室。新建防空地下室的抗力等级和战时用途山城市（含县城）人民政府人民防空主管部门确定。

按照规定应修建防空地下室的，防空地下室建筑面积单列。所需资金由建设单位筹措，列入建设项目总投资，并纳入各级基本建设投资计划。防空地下室的概算、预算、结算，应当参照人民防空工程概（预）算定额。防空地下室的设计必须由具有相应资质等级的设计单位，按照国家颁布的强制性标准进行设计。防空地下室的施工，应当与地上建筑一起实行招标，确定具有相应资质等级的施工单位承担。建设单位和施工单位必须按照审核批准的防空地下室施工图设计文件利国家强制性标准的要求施工。因故确需变更设计的，必须经原设计文件批准部门批准。修建防空地下室选用的防护设备，必须符合国家规定的标准。防空地下室竣工验收实行备案制度，建设单位在向建设行政主管部门备案时，应当出具人民防空主管部门的认可文件。人民防空主管部门应当将审批、验收防空地下室过程中形成的文字、图纸、技术资料依法归档保存，并将防空地下室纳入人民防空工程进行统计。由单位、个人投资建设或者连同地面建筑整体购置的防空地下室，平时由投资者或使用者按照有关规定进行维护、管理和使用，战时由人民防空主管部门统一安排使用。

县级以上地方各级人民政府人民防空主管部门管理本行政区域的人民防空工作。县级以上人民政府的计划、规划、建设等有关部门在各自的职责范围内负责有关的人民防空工作。县级以上人民政府人民防空主管部门参与城市应建防空地下室的民用建筑计划和项目报建联审，按照国家有关规定负责防空地下室防护方面的设计审查和质量监督。在对应建防空地下室的民用建筑设计文件组织审核时，应当由人民防空主管部门参加，负责防空地下室的防护设计审核。未经审核批准或者审核不合格的，规划部门不得发给建设工程规划许可证，建设行政主管部门不得发给施工许可证，建设单位不得组织开工。

按照规定应修建防空地下室的民用建筑，因地质、地形等原因不宜修建的，或者规定应建面积小于民用建筑地面首层建筑面积的，经人民防空主管部门批准，可以不修建，但必须按照应修建防空地下室面积所需造价缴纳易地建设费，由人民防空主管部门统一就近易地修建。防空地下室易地建设费的收取标准，由省、自治区、直辖市人民政府价格主管部门会同财政、人民防空主管部门按照当地防至地下室的造价制定。防空地下室易地建设费，按照国家国防动员委员会、财政部和省、自治区、直辖市人民政府财政主管部门的规定，全额上缴同级财政预算外专户，实行收支两条线管理，专项用于人民防空建设，任何单位和个人不得平调、截留和挪用。任何部门和个人无权批准减免应建防空地下室建筑面积和易地建设费，或者降低防空地下室防护标准。经人民防空主管部门批准需缴纳防空地下室易地建设费的，建设单位在办理建设工程规划许可证前，应当先缴纳防空地下室易地建设费。建设单位缴纳易地建设费后，人民防空主管部门应当向建设单位出具由财政部或者省、自治区、直辖市人民政府财政主管部门统一印制的行政事业性收费票据。前述的《云南省防空地下室建设管理工作程序（试行）》对先缴费后许可进行了重审并规定了具体的程序。

本案中，由于陆良县人民防空办公室在没有收缴防空地下室易地建设费的情况下，就向云南云帆酒店管理有限公司颁发《民用建筑防空地下室易地建设许可证》的做法，违背了上述先缴费后许可的规定，陆良县人民防空办公室应该履行追缴防空地下室易地建设费的法定职责，而2015年12月原陆良县人民防空办公室的职责被划入陆良县住建局后，作为继续行使原陆良县人民防空办公室职权的行政机关，继续追缴防空地下室易地建设费就变为陆良县住建局的法定职责。

【后续影响及借鉴意义】

本案是一起典型的因行政机关不履行法定职责，由人民检察院提起行政公益诉讼并获人民法院支持的案件，对推动当地政府（部门）依法行政，克服行政不作为具有积极的影响。除了本案，根据中国裁判文书网公布的判决书，在这前后，针对陆良县住建局没有及时追缴云南万家灯火房地产开发有限公司、陆良县馨宜置业有限公司、陆良县金水房地产开发有限公司拖欠的防空地下室易地建设费的问题，陆良县人民检察院也都提出了行政公益诉讼，均获两级人民法院支持。本案的借鉴意义有以下几点：

首先，对人民检察院而言，在工作过程中如果发现存在上述行政公益诉讼受案范围的事项中，有行政机关违法行使职权或者不作为，损害国家利益或者社会公共利益，影响政府形象，阻碍法治政府建设的，要积极履行监督职能，及时提出检察建议，督促行政机关依法行政，必要时提起行政公益诉讼，通过行政公益诉讼促使行政机关依法履行职权。司法实践证明，人民检察院通过及时发现问题，充分调查取证，积极准备，提起的大量行政公益诉讼，很多都得到了人民法院的支持，有力地促进了行政机关依法行政，推动了法治政府建设的进程。

其次，对人民法院来说，对人民检察院依法提起的行政公益诉讼，要及时审查立案，及时审理判决，做出公正判决，尤其是对行政机关不（全面）履行法定职责的案件，如果经过审理，发现行政机关确有违法行使职权或者不作为的情形，更应及时判决，确认行政机关违法，必要时责令行政机关采取补救措施，积极履行法定职责。

再次，对各级各地行政机关而言，要牢固树立全心全意为人民服务的思想，锐意进取，依法及时履行职责。对待人民的申请或者人民检察院的检察建议，要及时作出应对，不能敷衍塞责，更不要等到被告上法庭，才想起补救，最终劳民伤财，严重影响党和政府在人民心中的形象。

最后，对人民群众来说，要积极行动起来，依法监督行政机关依法行政。人民群众是依法治国的践行者和主力军，在生产生活过程中，发现各级行政机关违法行使职权或者不作为，要敢于监督，与自己的合法权益相关的，积极通过行政复议或者行政诉讼的方式合法维权，如果属于上述行政公益诉讼的受案范围，自己不便申请行政复议或提起行政诉讼的，应积极向当地人民检察院反映情况，协助人民检察院发现问题和积极履行法律监督职能。

案例二 个旧市检察机关诉个旧市国土资源局 不履行法定职责案

王成栋*

【案例名称】

个旧市检察机关诉个旧市国土资源局不履行法定职责案 [云南省个旧市人民法院（2017）云 2501 行初 1 号行政判决]

【关键词】

行政公益诉讼　诉前程序　履行法定职责

【基本案情】

公益诉讼人云南省个旧市检察机关因认为被告个旧市国土资源局对个旧市腾晟房地产开发有限公司（以下简称腾晟房地产开发公司）拖欠国有土地出让金的行为未正确、全面履行监督管理职责，于 2017 年 1 月 20 日向个旧市人民法院提起行政公益诉讼。

个旧市检察院诉称：2014 年 5 月 26 日，被告个旧市国土资源局与腾晟房地产开发公司签订《国有建设用地使用权出让合同》，并在合同中约定：（1）出让坐落于个旧市××村，编号为个 G 挂（2013）-21 号宗地给腾晟房地产开发公司，该宗地面积为 5100 平方米，成交地价为每平方米 1500 元，出让合同总价为人民币 765 万元；（2）由腾晟房地产开发公司分两期向出让人

---

* 作者简介：王成栋，中国政法大学法学院行政研究所教授，硕士生导师。

个旧市国土资源局支付出让金，第一期于 2014 年 6 月 25 日前支付人民币 383 万元，第二期于 2015 年 5 月 22 日前支付人民币 382 万元。合同签订后，腾晟房地产开发公司按期缴纳了第一期出让金 383 万元，未按期履行第二期国有土地出让金缴纳义务。被告分别于 2015 年 4 月 20 日、5 月 22 日两次向腾晟房地产开发公司发出《出让金催缴告知书》，但仍未催缴成功。个旧市检察机关在履职中发现上述事实后，于 2016 年 7 月 13 日作出个检民行政违监（2016）02-03 号《检察建议书》，督促被告履行职责。2016 年 7 月 14 日，被告向腾晟房地产开发公司发出《关于转发〈个旧市检察机关检察建议书〉的通知》，并于 2016 年 7 月 19 日回复检察院，针对拖欠的国有土地出让金人民币 382 万元，被告已责成腾晟房地产开发公司制定《还款计划书》，约定于 2016 年 7 月 25 日前缴纳人民币 100 万元、2016 年 10 月 10 日缴纳人民币 100 万元、2016 年 12 月 10 日前缴纳人民币 182 万元。后腾晟房地产开发公司如期缴纳了还款计划中第一期出让金人民币 100 万元，第二期、第三期款项 282 万元至 2017 年 1 月 24 日，腾晟房地产开发公司才全部缴清，但因拖欠出让金而产生的银行利息人民币 593 548.8 元及违约金人民币 1 146 000 元仍未缴纳。对此个旧市国土资源局于 2017 年 3 月 1 日向腾晟房地产开发公司发出催缴银行利息和违约金的催缴通知书，但腾晟房地产开发公司并未按期缴纳。

个旧市检察机关认为，我国依法实施国有土地有偿、有期限使用制度，土地管理部门依法对土地市场和土地资产进行管理和监督工作，拟定并按照规定组织实施土地使用权出让，确认土地使用权价格，负责土地收益的征收管理。根据《中华人民共和国城镇国有土地使用权出让和转让暂行条例》（以下简称《城镇国有土地使用权出让和转让暂行条例》）第 8 条规定："土地使用权出让是指国家以土地所有者的身份将土地使用权在一定年限内让与土地使用者，并由土地使用者向国家支付土地使用权出让金的行为。土地使用权出让应当签订出让合同。"第 11 条规定："土地使用权出让合同应当按照平等、自愿、有偿的原则，由市、县人民政府土地管理部门与土地使用者签订。"所以，依法出让国有土地使用权是法律、法规赋予市、县人民政府土地管理部门的权利和义务，土地管理部门应当严格依法履职。根据 2004 年的《土地管理法》第 55 条规定："以出让等有偿使用方式取得国有土地使用权的建设单位，按照国务院规定的标准和办法，缴纳土地使用权出让金等土地有偿使用费和其他费用后，方可使用土地。自本法施行之日起，新增建设用地的土地有偿使用费，30%上缴中央财政，70%留给有关地方人民政府，都专项用于耕地开发"，即国有土地使用权出让金的依法收取，同时涉及国家利益和社会公共利益的实现。

根据《城镇国有土地使用权出让和转让暂行条例》第14条"土地使用者应当在签订土地使用权出让合同60日内，支付全部土地使用权出让金。逾期未全部支付的，出让方有权解除合同，并可请求违约赔偿"之规定，本案中，被告与腾晟房地产开发公司也在《国有建设用地使用权出让合同》第30条中约定了以上相关内容。据此，被告应当依法、按约采取有效措施追缴土地出让金或者依法解除合同收回土地，并追究腾晟房地产开发公司的违约责任。本案中，在个旧市检察机关向个旧市人民法院起诉后，腾晟房地产开发公司按《国有建设用地使用权出让合同》于2017年1月24日缴清该出让土地的本金282万元，但至今仍未缴纳因拖欠出让金而产生的违约损失，国家利益和社会公共利益没有完全得到保护，应当依法追缴。被告个旧市国土资源局在腾晟房地产开发公司长期拖欠国有土地出让金的情况下仍未依法正确、全面履行法律赋予的职责，积极收缴本案拖欠的出让金及违约损失，致使国家利益和社会公共利益长期处于受侵害状态，该行为影响了国家利益和社会公共利益的实现，属于违法行为，应依法监督确认，并予以纠正。为切实从根本上解决、预防国有土地出让金遭受损失的情形，维护地方公共利益的实现，根据《全国人民代表大会常务委员会关于授权最高人民检察院在部分地区开展公益诉讼试点工作的决定》和《检察机关提起公益诉讼试点工作实施办法》第41条的规定，提起行政公益诉讼。（1）请求个旧市人民法院判令被告个旧市国土资源局在一定期限内履行法定职责，向腾晟房地产开发公司催缴因拖欠的国有土地出让金产生的银行利息人民币593 548.8元及违约金人民币1 146 000元。（2）请求判令确认个旧市国土资源局未全面、正确依法追缴腾晟房地产开发公司拖欠国有土地出让金的行为违法。

被告个旧市国土资源局辩称：（1）被告个旧市国土资源局认真履职，严格依法依规履行合同。2014年5月26日，个旧市国土资源局与腾晟房地产开发公司依法签订《国有建设用地使用权出让合同》，合同履行过程中，腾晟房地产开发公司未依法履行合同，没有按期全部缴纳土地出让金，对该公司的违约行为，个旧市国土资源局依据合同约定，依法履职，分别于 2015 年 4 月 20 日、2015 年 5 月 22 日两次向该公司发出《出让金催缴通知单》，并多次打电话通知，要求该公司尽早缴清欠缴部分土地出让金人民币 382 万元及因欠缴所产生的利息。《出让金催缴通知单》发出后，腾晟房地产开发公司仍未按合同缴清拖欠的土地出让金、利息及违约金，个旧市国土资源局及时向上级主管部门汇报。2016 年 5 月 6 日，个旧市人民政府办公室召开了关于催缴土地出让金的会议，按照会议要求，个旧市国土资源局加大了催缴力度，在腾晟房地产开发公司仍不按要求缴清土地出让金的情况下，着手准备向个旧市人民法院起诉腾晟房地产开发公司，追缴土地出让金，并书面请求个旧市检察机关给予配合。（2）认真落实个旧市检察机关检察建议书，履职尽责，维护国家利益和社会公共利益。2016 年 7 月 14 日，个旧市国土资源局收到个旧市检察机关检察建议书，于同日将该建议书转发给腾晟房地产开发公司，并约谈企业主要负责人，要求该公司在收到检察建议书后 10 日内缴纳欠缴的土地出让金或制订缴款计划。腾晟房地产开发公司因资金筹措困难，于 2016 年 7 月 18 日制订了《土地出让金还款计划》，计划分三期缴清土地出让金。个旧市国土资源局把落实检察建议书的情况于 2016 年 7 月 18 日书面报告个旧市检察机关。2016 年 8 月 4 日，腾晟房地产开发公司向个旧市国土资源局缴纳土地出让金人民币 100 万元。2016 年 9 月 30 日，个旧市国土资源局向腾晟房地产开发公司发出《出让金缴纳提醒通知单》，2016 年 10 月 11 日，该公司向个旧市国土资源局申请缓交土地出让金，并保证在 2016 年 12 月 10 日前将全部出让金一并缴纳。2016 年 12 月 10 日后，个旧市国土资源局及时以电话方式并多次到该公司通知腾晟房地产开发公司缴纳土地出让金。2017 年 1 月 24 日，腾晟房地产开发公司把剩余的土地出让金人民币 282 万元缴纳至个旧市检察机关，个旧市检察机关于 2017 年 2 月 6 日把该款转至个旧市国土资源局专款账户，至此，腾晟房地产开发公司拖欠的全部土地出让金人民币 382 万元全部缴清。同时，鉴于腾晟房地产开发公司没有全面履行《国有建设用地使用权出让合同》，已经构成违约，个旧市国土资源局通过口头、书面等多种形式，通知腾晟房地产开发公司于 2017 年 3 月 10 日前缴清利息和违约金，但腾晟房地产开发公司至今未缴清利息和违约金，个旧市国土资源局已经着手准备向个旧市人民法院起诉腾晟房地产开发公司追缴利息和违约金。（3）被告个旧市国土资源局已经全面、正确履行职责，行为没有违法。本案中，腾晟房地产开发公司长期拖欠国有土地出让金未缴清，个旧市国土资源局依法在其职责范围内采取了多种追缴措施，并在个旧市检察机关的监督、支持和配合下取得了良好的效果，而并非如个旧市检察机关在诉状中所述"仅两次采用《追缴通知书》作简单追缴"。

【裁判要旨】

国土资源局作为土地市场和土地资源的主管监督部门，负有对本地区土地资源依法管理、征收管理土地收益的职责，并要承担继续履行追缴因拖欠国有土地出让金所造成的利息损失和违约金的法定职责。个旧市国土资源局与腾晟房地产开发公司签订还款协议约定还款期限违反法律规定，其未及时采取措施要求该公司承担违约责任构成违法。

【裁判理由与论证】

云南省个旧市人民法院依法组成合议庭对该案进行了审理，在查明案件事实的基础上，认为被告个旧市国土资源局作为土地市场和土地资源的主管监督部门，负有对本地区土地资源依法管理、征收管理土地收益的职责，其仍然要承担继续履行对腾晟房地产开发公司追缴因拖欠国有土地出让金所造成的利息损失和违约金的法定职责。依照《行政诉讼法》第 72 条、第 74 条第 2 款第 2 项之规定，判决如下：一、确认被告个旧市国土资源局未全面、正确依法追缴腾晟房地产开发公司拖欠的国有土地出让金的行为违法。二、责令被告个旧市国土资源局依法继续履行对腾晟房地产开发公司的土地出让金监管职责。

在判决理由部分，个旧市人民法院针对个旧市国土资源局是否依法全面履行法定职责这一焦点问题进行了回应。个旧市人民法院认为，根据《城镇国有土地使用权出让和转让暂行条例》第 8 条、第 11 条和第 14 条的规定，个旧市国土资源局作为个旧国有土地出让、监督、管理的主要部门，应当严格依法履职。而在与合同相对人腾晟房地产开发公司签订《国有建设用地使用权出让合同》并履行合同的过程中，个旧市国土资源局应该依法依规及按照合同约定严格履行。无论从履行行政职责还是履行合同条款来讲，个旧市国土资源局均应对腾晟房地产开发公司未按期缴纳国有土地出让金的行为采取有效的措施予以制止和处罚。在本案中，被告个旧市国土资源局仅对腾晟房地产开发公司发出两次《出让金催缴通知单》、一次《缴款通知》，其虽表示采用了电话催缴、上门催缴等方式，但无工作台账等证据证实，本院不予采信。根据《城镇国有土地使用权出让和转让暂行条例》第14条之规定，土地使用者支付全部土地使用权出让金的期限是合同签订后60日内，逾期未全部支付的，出让方有权解除合同，并可请求违约赔偿。本案中，个旧市国土资源局与腾晟房地产开发公司在《国有建设用地使用权出让合同》第30条也约定了相关内容。在合同履行过程中，个旧市国土资源局于2016年5月6日经个旧市人民政府办公室召开的关于催缴土地出让金会议后着手准备向法院起诉腾晟房地产开发公司，但又于2016年7月18日与该公司达成《还款协议》，一方面，政府会议不能取代法律规定；另一方面，被告与腾晟房地产开发公司对缴纳土地出让金的时间的约定已经违反了《城镇国有土地使用权出让和转让暂行条例》的规定，是违法的。因此，个旧市国土资源局未全面、正确履职的行为实际上是放任了腾晟房地产开发公司逾期缴纳土地出让金。腾晟房地产开发公司自2015年5月22日缴纳第二期土地出让金人民币382万元的期限到期后，到2016年8月4日才缴纳人民币100万元，后又因筹款困难，余款人民币282万元在个旧市检察机关的监督下，于2017年1月24日才全部缴清，并于2017年2月6日经个旧市检察机关转划至个旧市国土资源局专款账户。至此，腾晟房地产开发公司实际拖欠国有土地出让金的时间长达一年零七个多月，致使国家利益和社会公共利益长期处于受侵害状态。而在此期间，被告个旧市国土资源局一方面并未及时依法、依合同主张腾晟房地产开发公司的违约责任，也并未采取更有效的措施催缴国有土地出让金和违约金、利息，其怠于履行职责的行为未完全尽到行政监督管理职责，应当确认被告未积极履行职责的行为违法。

【涉及的重要理论问题】

管窥历史可知，我国行政公益诉讼是在民事公益诉讼的基础上发展起来的。[1] 早在 20 世纪 90 年代，河南省方城县检察机关为了防止国有资产流失而以民事诉讼原告身份起诉河南省方城县独树镇工商所，请求法院判决工商所将价值 6 万余元的门面房以 2 万元的价格卖给私人之民事行为无效，[2] 该案被认为是我国行政公益诉讼的雏形，开行政公益诉讼之先河。资料显示，"方城经验"很快被复制到其他地方，取得了良好的效果，但因具体法律依据不足，最高人民法院和最高人民检察机关先后下发司法文件，要求暂时中止公益诉讼的探索，[3] 客观上阻止了行政公益诉讼成为一项合法制度的进程。当然，虽然普遍的行政公益诉讼实践被限制，但并没有阻止部分地方检察院探索通过行政诉讼监督行政权的热情。据学者考察，我国 2000～2013 年环境诉讼案件总计 60 起，其中近三分之一是由检察机关和行政机关作为原告提起的诉讼，[4] 可见地方检察院仍然在探索建立行政公益诉讼制度方面作出了努力。近年来，环境、食品安全和国有财产保护等领域风险和问题井喷，严重危害了国家利益和公共利益，依法督促行政机关履行职责受到中央的关注，并在 2014 年 10 月 23 日十八届四中全会通过的《关于全面推进依法治国若干重大问题的决定》（以下简称《全面推进依法治国决定》）中明确"探索建立检察机关提起公益诉讼制度"。为落实《全面推进依法治国决定》的要求，2015 年 7 月 1 日，全国人大常委会授权最高检察机关在部分地区开展公益诉讼试点工作。试点工作的开展把行政公益诉讼制度的探索推向了一个新阶段。2017 年全国人大常委会对《行政诉讼法》进行了修改，正式确立行政公益诉讼制度，标志着我国行政公益诉讼制度从"试点"上升为法律制度。

个旧市检察院诉个旧市国土资源局不履行法定职责案，是行政公益诉讼试点期间发生的案例，反映了行政公益诉讼的新动态，为行政公益诉讼理论

---

[1] 梁凤云：《行政诉讼法司法解释讲义》，人民法院出版社 2018 年版，第 445 页。

[2] 刘艺："检察公益诉讼的司法实践与理论探索"，载《国家检察官学院学报》2017 年第 2 期。

[3] 最高人民法院在《关于恩施市人民检察院诉求张苏文返还国有财产一案复函》（[2004]民立他字第 53 号）中认为"检察院以保护国有资产和公共利益为由，以原告身份代表国家提起民事诉讼，没有法律依据"。最高人民检察院在《关于严格依法履行法律监督职责推进检察改革若干问题的通知》（最高检发 [2004]）中规定"检察机关不得对民事行政纠纷案件提起诉讼。近年来一些地方检察机关试行了提起民事行政诉讼，鉴于这一做法没有法律依据，尚需进一步研究和探索，今后，未经最高人民检察院批准，不得再行试点"。

[4] 杨伟伟、谢菊："新环保法视角环保 NGO 公益诉讼分析"，载《城市观察》2015 年第 2 期。

与实践提出了一些新问题。下文结合本案，对行政公益诉讼的受案范围、实践特征、诉前程序以及不履行法定职责的判定标准等问题进行逐一分析。

一、行政公益诉讼的受案范围

行政公益诉讼的受案范围是指检察机关可以对行政机关的哪些行为提起公益诉讼。行政公益诉讼的受案范围决定着检察机关对于行政机关的哪些行为可以通过行政诉讼的方式进行监督。对于行政公益诉讼的受案范围，《行政诉讼法》及司法解释并没有明确规定。2015 年 7 月，第十二届全国人民代表大会常务委员会第十五次会议通过的《全国人民代表大会常务委员会关于授权最高人民检察院在部分地区开展公益诉讼试点工作的决定》（以下简称《公益诉讼试点决定》）授权最高检察机关在生态环境和资源保护、国有资产保护、国有土地使用权出让、食品药品安全等领域开展提起公益诉讼试点。从《公益诉讼试点决定》的规定来看，立法机关有意对公益诉讼的范围进行聚焦，主要集中于"生态环境和资源保护、国有资产保护、国有土地使用权出让、食品药品安全"等四个领域，因为这四个领域往往关涉国家利益、公共利益，也是近年来问题高发、矛盾集中的领域。2017 年《行政诉讼法》修改时，依然主要聚焦这四个领域，只是将食品药品安全放在了第二位。[1]

立法对《公益诉讼试点决定》受案范围的"全面因袭"，特别是"等"字的使用，给理论与实务界带来了新的问题，即行政公益诉讼仅限于法律规定的四个领域，还是以这四个领域为重点，其他领域亦可以提起行政公益诉讼？对于这个问题，实务界的部分观点认为，法条中规定的"等"字是"等外等"，除了列举事项之外，只要涉及负有监督管理职责的行政机关违法行使职权或者不作为，致使国家利益或者社会公共利益受到侵害的，检察机关均可以提出检察监督建议督促其依法履行职责。例如，涉及安全生产、规划建设、政府财政资金运用、行政公共财产维护等导致公共安全、公共财产受到

---

[1]《行政诉讼法》第 25 条规定，人民检察院在履行职责中发现生态环境和资源保护、食品药品安全、国有财产保护、国有土地使用权出让等领域负有监督管理职责的行政机关违法行使职权或者不作为，致使国家利益或者社会公共利益受到侵害的，应当向行政机关提出检察建议，督促其依法履行职责。行政机关不依法履行职责的，人民检察院依法向人民法院提起诉讼。

侵害等领域的行为纳入公益诉讼监督范围。[1]应该说，实务界对行政公益诉讼受案范围的理解是符合公益诉讼的定位以及社会实际的。理由有两点：首先，行政公益诉讼的基本定位在于维护国家利益和公共利益，[2]因而只要行政机关违法履行职权导致或者可能导致国家利益或者公共利益被侵害，那么检察机关便可以提起行政公益诉讼，而不应仅限于《行政诉讼法》规定的四类情况。其次，实践中，可能对国家利益或者公共利益造成损害的行政行为，主要集中在上述四个领域，但不局限于上述四个领域。比如，教育、医疗、规划建设等领域，都有可能存在行政机关违法履行职权或者不作为导致国家利益或者公共利益受损失的情况。

因此，行政公益诉讼的受案范围并不局限于《行政诉讼法》明确列举的四个领域，只要检察机关履职过程中发现行政机关的行为侵害或者可能侵害国家利益或者公共利益，便可以提起行政公益诉讼，同时法院也应当受理检察机关提起的行政公益诉讼。当然，检察机关可以将上述四个领域作为工作的重点，优先开展行政公益诉讼，但不能仅限于四个领域，否则便不符合检察机关的职责。

二、行政公益诉讼实践的特征

从2015年《公益诉讼试点决定》颁布开始，行政公益诉讼遍地开花，在各级检察机关的努力下，行政公益诉讼实践取得了良好的效果。自2015年7月1日至2017年6月30日试点结束，全国法院共受理检察机关提起的公益诉讼案件1126件，审结938件。立法修改后，自2017年7月1日至2017年12月31日，全国法院共受理检察机关提起的公益诉讼案件257件，审结53件。2017年7月至2018年1月，全国检察机关共立案公益诉讼案件10 565件，提出检察建议和发布公告9497件，向法院提起诉讼272件。[3]案件类型涵盖生态环境保护、消费者权益保护、国有财产保护、国有土地出让等领域。

行政公益诉讼实践中体现出以下特点：第一，绝大部分公益诉讼案件在

---

〔1〕梁凤云：《行政诉讼法司法解释讲义》，人民法院出版社2018年版，第451页。

〔2〕姜明安："行政诉讼中的检察监督与行政公益诉讼"，载《法学杂志》2006年第2期。

〔3〕徐日丹、闫晶晶："最高检召开新闻发布会通报检察公益诉讼案件办理情况"，载《检察日报》2018年3月3日，第1版。

诉前程序便得以解决，真正提起诉讼的案件占比较低，诉前程序起到了督促行政机关依法履行职责或者及时举证的作用。仅以 2017 年 7 月至 2018 年 1 月的数据来看，全国检察机关立案的公益诉讼案件 10 565 件，提出检察建议和发布公告的 9497 起，占比接近 90%，实际提起公益诉讼的案件为 272 件，占比仅为 2.6%，可见绝大部分公益诉讼案件在诉前程序便已经解决。第二，行政公益诉讼以违法造成实际损害为起诉条件并以实质合法性为审查标准。检察机关认定的行政机关违法情形通常有两种，即"违法行使职权"与"不履行法定职责"。在经过诉前程序之后是否需要提起公益诉讼的问题上，检察机关需要判断行政机关在收到检察建议后，是否依法履职以及作出的行为是否合乎法律的要求。从目前的实践来看，行政公益诉讼案件实际上将"形式合法性"审查标准拓展到了"维护客观法秩序"的层面。第三，行政公益诉讼受案范围从行政行为扩展到行政活动。要完成立法课以的行政任务，行政机关通常需要采取包括行政行为、准行政行为或者事实行为在内的多种行政活动才能实现。如果行政活动违法，检察机关的起诉可能会指向多个行政机关，也可能会指向一个行政机关的多个行政行为。第四，行政公益诉讼中检察机关主要提起责令履职之诉。从三年的公益诉讼实践来看，检察机关主要提起责令履职之诉，确认之诉次之，提起撤销之诉的比例反而最小。[1]

三、行政公益诉讼中检察权与行政权的关系

在我国，目前立法将行政公益诉讼的原告资格限定为检察机关，使其显著区别于普通行政诉讼：普通行政诉讼是权利与权力之间的对抗；行政公益诉讼则是权力与权力之间的博弈。行政公益诉讼分为两个环节：诉前程序与行政诉讼程序，在这两个环节中，检察机关与行政机关的关系是不同的。在诉前程序中，检察机关作为法律监督机关，直接对行政机关进行监督，本质上是检察权与行政权的博弈，在行政公益诉讼中，检察机关是公益代表人身份，诉诸法院对行政机关进行监督，是检察权、审判权和行政权三方的博弈。行政公益诉讼制度的设计恰恰是以检察权与行政权关系为基础的。

首先，检察机关监督行政机关的检察权是宪法赋予的。我国《宪法》第

---

〔1〕 刘艺："构建行政公益诉讼的客观诉讼机制"，载《法学研究》2018 年第 3 期。

129 条规定"中华人民共和国检察机关是国家的法律监督机关"。在人民代表大会制度下，作为法律监督机关，检察机关有权监督除人大之外的任何国家机关遵守法律的情况，并依法督促各机关依法履行职权职责。同理，对于行政机关违法侵犯国家和社会公共利益的行政行为（作为或不作为），检察机关当然就有权实施监督。[1] 既然检察权是宪法赋予的，检察机关对行政权进行监督便具有较强的权威性和合法性。正是由于检察机关对行政机关具有独立的、权威的检察权，《行政诉讼法》才设定了行政公益诉讼的诉前程序。

其次，行政公益诉讼是检察机关监督行政权的方式之一。在行政公益诉讼制度确立之前，检察权监督行政权的方式主要有两个：对于一般违法违规行为提出检察建议与对于构成犯罪的行为提起公诉。从功能上看，行政公益诉讼实际上构成了检察权监督行政权的一种重要方式。国内外的经验证明，检察机关提起行政公益诉讼的方式对于监督、制约行政机关违法侵犯国家和社会公共利益的行政行为，维护国家和社会公共利益是有效的。[2]

从目前行政公益诉讼制度的设计来看，行政公益诉讼只是检察机关第二位的监督手段，因为《行政诉讼法》及《最高人民法院、最高人民检察院关于检察公益诉讼案件适用法律若干问题的解释》（以下简称《公益诉讼若干问题的解释》）均规定了检察院提起行政公益诉讼的前置性程序，即应当先向行政机关提出检察建议，督促其依法履行职责，只有行政机关不依法履行职责时，才能提起行政公益诉讼。换言之，检察机关应当优先使用传统的监督方式对行政机关进行监督，只有传统的检察建议无效时，其方可提起行政公益诉讼。这一制度设计既契合了检察权的独立性权威性，又有助于提高效率和节省司法资源。

四、行政公益诉讼的诉前程序

《行政诉讼法》第 25 条第 3 款以及《公益诉讼若干问题的解释》均规定了检察机关提起行政公益诉讼的前置程序——先向行政机关提出检察建议，督促其依法履行职责，行政机关两个月内未依法履行职责的，才可以提起行

---

[1] 姜明安："行政诉讼中的检察监督与行政公益诉讼"，载《法学杂志》2006 年第 2 期。
[2] 姜明安："行政诉讼中的检察监督与行政公益诉讼"，载《法学杂志》2006 年第 2 期。

政诉讼。行政公益诉讼的诉前程序一方面为行政机关主动纠正错误提供了空间，另一方面节约了司法资源。[1] 本案中，个旧市检察机关在向法院提起行政诉讼之前，依法作出个检民行政违监（2016）02-03 号《检察建议书》，督促个旧市国土资源局履行职责，符合诉前程序的要求。对于诉前程序，需要关注以下几个方面的问题：

第一，诉前程序是否适用于任何情形。按照《行政诉讼法》和《公益诉讼若干问题的解释》之规定，检察机关针对任何行政机关的任何行政行为均应当先提出检察建议，而不得直接提起诉讼，这种制度设计无疑可以强化制度刚性。但是在实践中，并非所有的案件都适宜诉前程序，比如，行政机关急于履行职责或者违法履行职责，但发出检察建议已经没有意义的情况下，似乎允许检察机关直接提起确认违法或者确认无效的诉讼更为合适。否则可能给检察机关提起公益诉讼造成壁垒，因为在特定情况下，检察机关无法提出检察建议或者检察建议没有意义。因而，未来《行政诉讼法》和《公益诉讼若干问题的解释》进行修改时，对于检察机关只需要起诉确认无效或者违法，履行职责已无意义的，允许检察机关直接提起行政公益诉讼。

第二，诉前程序中行政机关负有依法履行职责和向检察机关答复的义务。按照《公益诉讼若干问题的解释》之规定，行政机关收到检察建议后，应当在两个月内依法履行职责，出现国家利益或者社会公共利益损害继续扩大等紧急情形的，行政机关应当在 15 日内书面回复。该司法解释实际上为行政机关按照检察建议的要求履行法定职责设定了期限限制，并为行政机关设定了答复义务。这里需要注意的是，两项义务是独立的，违反其中任何一个义务，检察机关都可以提起行政公益诉讼。换言之，检察机关作出检察建议后，两种情形可以提起行政公益诉讼：其一，行政机关两个月内未依法履行职责的；其二，当出现国家利益或者公共利益损害继续扩大等紧急情形，行政机关未在 15 日内书面回复的。因为第二种情况如果还要等到两个月才能起诉，则可能导致国家利益或者公共利益不可估量的损失，应当允许检察机关尽快提起诉讼。本案中，被告个旧市国土资源局在收到检察建议的第六天便回复了检察机关，符合司法解释的规定。

---

[1] 梁凤云：《行政诉讼法司法解释讲义》，人民法院出版社 2018 年版，第 450 页。

而在实践中，还有一些具体问题需要解决：其一，行政机关是否必须在两个月内完成任务？某些行为，比如拆除违法建筑、关停并转污染企业，可能两个月内无法完成，此时是不是可以提起行政公益诉讼？我们认为，一般情况下，行政机关应当在两个月内开始履行并且完成法定职责，才能阻止检察院提起行政公益诉讼，行政机关认为两个月内无法完成的，应当向检察院做出说明，宽限履行期限，检察院综合考虑后，决定是否提起行政公益诉讼。这一点还有待未来司法解释进行明确。其二，如果行政机关依法履行了法定职责，但没有及时答复检察机关，检察机关是否可以提起行政公益诉讼？我们认为，行政公益诉讼是为了督促行政机关依法履行职责，只要行政机关依法履行了职责，即使未向检察机关及时回复，也不宜构成提起行政公益诉讼的理由。但实践中，由于信息不对称，检察机关在未收到行政机关答复的情况下，很难判断其是否已经履行了法定职责，检察机关基于行政机关不答复而提起行政公益诉讼的，法院应当受理。理由在于行政机关对于检察机关依法履行职责的行为负有予以尊重的义务。鉴于此，建议行政机关收到检察建议后，不仅要积极履行法定职责，而且应及时向检察机关做出答复，这里的答复既包括紧急情形下15日内书面回复，也包括两个月内履行职责情况的答复，从而确保检察机关及时了解案情，避免无效起诉。

第三，对诉前程序中行政机关不依法履行职责的理解。按照《行政诉讼法》及相关司法解释的规定，检察机关作出检察建议后，行政机关不依法履行职责的，才可以提起行政诉讼。因此，检察机关和法院均需要准确把握"不依法履行职责"的内涵。对于这个问题，最高人民法院梁凤云法官认为，"不依法履行职责"包括两个层面：其一，检察机关认为行政机关未按照检察建议中的要求履行监督管理职责；其二，检察机关认为行政机关未按照司法解释规定的答复期限、答复方式等书面回复检察机关。[1]从上述表述可知，其基本上遵循的是"主观主义"立场，即以是否履行检察建议中要求的义务来判断行政机关是否构成"不依法履行职责"。这一判断标准的优点就在于可操作性更强，检察机关更容易作出判断。虽然"主观主义"标准便于操作，但在司法实践中也可能存在一些争议。比如，行政机关按照检察建议的要求

---

〔1〕 梁凤云：《行政诉讼法司法解释讲义》，人民法院出版社2018年版，第451页。

采取行动并进行了答复，但没有达到法律规定的要求，检察机关是否应当起诉的问题。本案中，个旧市国土资源局的答辩理由之一便是其已经按照个旧市检察院的检察建议要求积极催缴，并且及时进行了答复。在这种情况下，个旧市检察院仍然提起行政诉讼是否符合《行政诉讼法》和《公益诉讼若干问题的解释》之精神呢？我们认为，诉前程序中，检察机关判断行政机关是否依法履行职责应当坚持"主观主义"和"客观主义"相结合的原则，即判断行政机关是否依法履行职责时，一方面要看行政机关是否按照检察建议的要求履行相应的职责，另一方面还要看行政机关履行职责的行为和结果是否确实符合法律的规定。

五、行政机关正确、全面履行法定职责的判断标准

本案中，个旧市国土资源局对于个旧市检察院的起诉"抱屈"，认为自己已经按照检察建议的要求积极行动、采取各种措施，并非不依法履行职责。因此，判断个旧市国土资源局是否依法履行了职责成为本案争议的焦点。实际上，判断行政机关是否依法履行了法定职责，是绝大多数行政公益诉讼的重点和难点问题。

行政机关履行法定职责可以分为两个层面：履行方式和履行结果。相应的，依法履行职责包含不可分割的两个方面：一方面，履行方式合法、正确和充分，另一方面，履行结果符合法律要求、立法（行政）目的、国家利益和公共利益。一般情况下，只有两个方面同时达到，才能确认行政机关依法履行了法定职责，除非出现客观履行不能的情况。

对于"履行方式合法、正确和充分"的理解应当把握以下几点：第一，履行方式合法包括按照法律规定的方式履行和不得违反法律的禁止性规定两个层面。当法律对于行政机关履行职权的方式进行了明确的规定时，行政机关只有按照法律规定的方式履行职权才属于合法履行职权。回到本案，个旧市国土资源局履行职责的方式便不具有合法性。原因如下：其一，《城镇国有土地使用权出让和转让暂行条例》第14条规定，土地使用者应当在签订土地使用权出让合同后60日内，支付全部土地使用权出让金。逾期未全部支付的，出让方有权解除合同，并可请求违约赔偿。该条实际上规定了行政机关履行职权的方式，当土地使用者逾期未全部支付出让金的，个旧市国土资源

局应当解除合同，并要求其承担违约赔偿金。其二，行政机关履行职责的方式不得违反法律的禁止性规定和法律基本原则，即行使方式本身不能违法。回到本案，个旧市国土资源局与土地使用权人签订还款协议的行为存在违法性，因为土地出让金是国有资产，关涉国家利益，在未得到法律授权的情况下，国土资源局并没有处分和协商权，因此一审法院认定个旧市国土资源局与土地使用权人签订还款协议之行为违法是值得肯定的。第二，履行方式正确不仅包括行政机关履职行为合法，还包括行政机关履行职权的方式具有科学性和有效性，即从专业角度或者理性人看来是正确的选择。第三，履行方式充分是指行政机关选择的方式对于目的的实现是足够充分的。履行方式正确、充分是对行政机关履行职责"质"和"量"的双重要求。以本案为例，个旧市国土资源局虽然积极采取了行动，但其未能满足"正确、充分"的要求，因为无论是签订还款协议、催告还是约谈，对于土地出让人都没有强制约束力而且无关痛痒。个旧市国土资源局本可以采取解除合同或者提起民事诉讼的方式督促土地使用权人及时履行赔偿义务，但其始终未选择这些方式，致使国家利益遭受长达 1 年多的损害，因此其虽然积极采取了行动，但职责履行显然并不正确也不充分。通过该案可知，判断行政机关履职方式的充分性，应当结合具体案情，检验行政机关所选择的履职方式对于行政目的之实现是否是必要的和充分的。只要从理论上或者通常情况下，行政机关履职方式能够达到法律目的或者行政目的，即使最后因为客观原因未能实现相应的目的，亦不能否认行政机关履职的充分性。

对于"履职结果符合法律规定、行政目的、公共利益或者国家利益"应把握以下几点：第一，当法律对于履职结果有明确规定时，行政机关的履职结果应符合法律的明确要求。以本案为例，法律、法规对履职结果便进行了明确的规定，即土地使用人按照约定缴纳土地出让金，否则解除合同并承担违约责任。本案中，个旧市国土资源局的履职行为未能使土地使用权人及时足额缴纳土地出让金和违约金，因而履职结果不符合法律的规定。第二，当法律对于履职结果没有明确规定时，行政机关的履职结果应当符合行政目的。实践中，立法不可能对所有的履职结果均进行明确的规定，此时判断履职结果适当性的依据应当是该结果是否符合行政目的。比如在生态环境领域，行政机关采取适当措施消除了特定污染源，才能认定符合特定行政目的。第三，行政机关履职结果符合国家利益和公共利益。以本案为例，国有资产的保值、增值便是一种国家利益，土地使用权人是否及时足额缴纳土地出让金以及违约后依法承担违约责任均关涉国家利益。因此，本案中，只有个旧市国土资源局采取措施使得土地使用权人及时缴纳土地出让金和赔偿金，才能认定其履职结果符合国家利益。

对于"客观履行不能"应把握两个方面：行政机关客观履行不能和被执行对象客观履行不能。前者是指行政机关因为特殊原因，无法继续履行职责，比如出现了不可抗力，导致行政机关无法继续履行职责，此时不能认为行政机关构成不履行法律职责。后者是指行政机关虽然采取了合法、正确和充分的措施，但由于被执行对象的原因导致无法达到履行结果的情况。以本案为例，在个旧市国土资源局采取了解除合同和起诉措施后，经法院认定土地出让人已经资不抵债，无法偿还土地出让金以及违约金的情况下，个旧市国土资源局便不构成"不依法履行职责"。

综上，我们认为，司法部门在认定行政机关是否构成"不依法履行职责"时，应当看行政机关的履行方式是否合法、正确和充分，履行结果是否符合法律规定、行政目的、国家利益和公共利益，只有两个方面均得到肯定的答案，才能排除行政机关不依法履行职责的嫌疑。当行政机关有证据证明，其未采取正确、充分的履行措施或者未实现履行结果，是因为不可抗力或者其他客观原因导致的履行不能，则不应认定行政机关构成"不履行法定职责"。

对于行政机关采取违法或者不当方式达到法律规定结果的情况如何处理也是司法实践需要面对的问题。以本案为例，假设土地出让人按照催告和还款协议足额偿还了土地出让金和违约金，此时对于个旧市国土资源局的履行行为如何认定呢？我们认为，个旧市国土资源局与土地出让人签订还款协议的方式，不符合法律的规定，虽然最后达到了履职目的，但履行方式不合法，因而仍应确认个旧市国土资源局履职行为违法。推而广之，当行政机关采取违法或者不当方式，达到法律规定的履行结果时，应当确认该行为违法，只是不需要判决继续履行职责。因此，检察机关不仅要对未达到"履职结果"之行为进行起诉，而且也要监督采取违法方式但达到履职结果之行为，从而起到督促行政机关依法行政的目的。总之，行政公益诉讼的检察监督和法院审查应当坚持"过程主义"和"结果主义"相结合的原则,既要看行政机关履职方式的合法性,也要看履职结果的适当性,不能只看结果不重过程,否则便可能纵容行政机关违法。

在肯定法院判决合法性的基础上,有必要进一步追问,行政机关灵活履职的可能性和正当性。以土地使用权出让为例,如果一概解除合同反而可能导致更大的损失,特别是行政相对人的利益得不到有效的保障,因而行政机关采取一些灵活措施以实现立法目的,未尝不可。比如行政机关所采取的措施对于实现行政目的是有效的,而采取其他手段反而不利于行政目的的实现。

【后续影响及借鉴意义】

"个旧市检察机关诉个旧市国土资源局不履行法定职责案"是行政公益试点中发生的案例,该案触及的理论与实践问题,对司法实践具有指导意义,也为理论研究提供了新的课题。首先,行政公益诉讼是检察权与行政权之间博弈的过程,具体分为两个环节:诉前程序和行政诉讼程序,从制度设计上看,立法者希望大多数案件能够在诉前程序得到解决,从而发挥检察权作用,并节约司法资源。其次,判断行政机关是否依法履行职责,既要看行政机关履职方式是否合法、正确和充分,也要看行政机关履职结果是否符合法律规定、行政目的、国家利益和公共利益。换言之,行政机关即使采取了积极的行动,只要其措施不具有正确性和充分性,结果不符合公共利益,仍应认定其构成"不履行法律职责"。再次,行政机关应当注意保留积极履行职责的证据和记录。本案中有一个细节值得关注,即法院认为,"虽然个旧市国土资源局表示采用了电话催缴、上门催缴等方式,但无工作台账等证据证实,不予采信"。这一点提醒行政机关在履行职责时应当遵循规范的程序,并且及时保留履职的证据材料。

除了对司法和行政执法实践的指导意义外,本案也为理论界提出了一些新的问题,包括但不限于:第一,行政公益诉讼的受案范围是否明确,立法者是否有意对受案范围进行限制?第二,诉前程序中,检察机关认定行政机关"不依法履行职责"应当坚持"主观主义"还是"客观主义",即以行政机关的行为是否符合检察建议要求为标准,还是以法律规定为标准?第三,行政机关正确、全面履行法定职责的标准问题。第四，在法律对行政机关履职方式进行明确规定的情况下，行政机关采取灵活措施履职的必要性和合法性问题。上述问题需要理论界结合行政公益诉讼的基本理论和实践做出理性的解答。